U0639610

日本阳明学研究名著译丛

邓红　欧阳祯人 —— 主编

明代思想研究

——明代的儒佛交流

［日］荒木见悟 著

陈晓杰 译

山东人民出版社·济南

国家一级出版社　全国百佳图书出版单位

图书在版编目（CIP）数据

明代思想研究：明代的儒佛交流/（日）荒木见悟著；
陈晓杰译 . -- 济南：山东人民出版社，2022.1
（日本阳明学研究名著译丛）
ISBN 978 - 7 - 209 - 11946 - 7

Ⅰ.①明… Ⅱ.①荒… ②陈… Ⅲ.①思想史—研
究—中国—明代 Ⅳ.①B248.05

中国版本图书馆 CIP 数据核字（2019）第 119156 号

Copyright © 荒木见悟（Kengo Araki），1972
『明代思想研究—明代における儒教と仏教の交流』（日本、東京、創文社、
1972）
Translated from the original Japanese edition
Philosophies of Ming Era
by Kengo Araki
Published in 1972 by Sobunsha，Tokyo，Japan

明代思想研究——明代的儒佛交流
MINGDAI SIXIANG YANJIU——MINGDAI DE RUFO JIAOLIU
［日］荒木见悟　著　陈晓杰　译

主管单位　山东出版传媒股份有限公司
出版发行　山东人民出版社
出 版 人　胡长青
社　　址　济南市市中区舜耕路517号
邮　　编　250003
电　　话　总编室（0531）82098914
　　　　　市场部（0531）82098027
网　　址　http://www.sd-book.com.cn
印　　装　济南万方盛景印刷有限公司
经　　销　新华书店

规　　格　16开（169mm×239mm）
印　　张　24.5
字　　数　323千字
版　　次　2022年1月第1版
印　　次　2022年1月第1次
ISBN 978 - 7 - 209 - 11946 - 7
定　　价　58.00元
　　　　　　如有印装质量问题，请与出版社总编室联系调换。

　　《日本阳明学研究名著译丛》为贵州省 2016 年度哲学社会科学规划国学单列课题（16GZGX09）。

　　本国学单列课题由贵州省社科规划办和贵阳孔学堂文化传播中心共同出资设立。

　　　　　　　　　　　　　　　　　　　谨此致谢

《日本阳明学研究名著译丛》编委会

学术总顾问　郭齐勇

主　　编　邓　红　欧阳祯人

《日本阳明学研究名著译丛》总序

　　"阳明"是中国明代思想家王守仁（1472—1529）的号。王守仁因筑室阳明洞讲学而名声大噪，世称"阳明先生"，称他的学说以及王门学问为"阳明之学""阳明之说"等。在《明儒学案》里，王阳明本人的学术被称为"姚江之学"，弟子们被称为"王门之学"，但是"阳明学"这一称谓，当时没有在中国流传开来。

　　作为一门近代学科的名称，"阳明学"是个典型的"和制汉语"，出现于19世纪八九十年代的日本。在此之前，日本人对王阳明一派的学问，也沿袭中国的学问传统，称"姚江"或"王学"。19世纪末到20世纪初叶，日本出现了一场由三宅雪岭、德富苏峰、陆羯南等当时的一些鼓吹日本主义的媒体人发动的、批判明治政府以"鹿鸣馆"为表象的全盘西化政策的社会运动。他们自称这场社会运动的目的是创造日本"国民道德"，创办了一本名为《阳明学》的杂志作为运动的主要阵地，于是"阳明学"这个类似于学术流派的名称成了这场精神运动的名称。

　　日本阳明学虽然号称起源自中国明代王阳明的姚江学派，但有完全不同的发展历程和自己的特色。在"阳明学运动"开展期间，出版了两本日本阳明学著作，奠定了日本阳明学的学术基础。一是高濑武次郎（1869—1950）的《日本之阳明学》（1898年铁华书院出版）。《日本之阳明学》以教科书的形式，分发端、陆象山、王阳明、心即理、知行合一、日本之王学者等章节对阳明学进行了阐述。二是井上哲次郎（1855—1944）的《日本阳明学派之哲学》（富山房1900年出版），该书按流派和人物全面论述了日本阳明学派的源流、哲学内容和思想特征。这两本书给予将日本阳明学传播到中国来的梁启超、张君劢、朱谦之等以重要影响。

但是与轰轰烈烈的日本阳明学之社会运动相比，日本作为学术研究的阳明学研究一直处于低潮。直到 20 世纪 40 年代，日本京都大学出现了两个阳明学研究方面的先驱者。

一是京都大学人文研究所研究员安田二郎（1905—1945）和他著述的《中国近世思想研究》（京都弘文堂 1948 年出版）。安田认为中国古代哲学家孔子的《论语》和王阳明的《传习录》那样的语录式著作，看上去杂乱无章，但内部有着某种必然的逻辑体系，于是他运用西方哲学史手法在《传习录》和其他朱王著作中去寻找这个逻辑，此书便是他研究的结晶。

二是京都大学原教授岛田虔次（1917—2000）的著作。岛田曾写过三本关于阳明学的著作。第一本是《中国近代思维的挫折》（1949 年筑摩书店出版，1970 年修订再版）。在该书中，岛田试图从王阳明、泰州学派、李贽的思想展开过程中，寻找中国近代思想，主要是近代市民意识的"萌芽"。第二本是《朱子学与阳明学》（岩波新书 C28，1967 年出版）。该书虽然是面向社会的通俗读物，写得简单通俗易懂，岛田却自认是对自己阳明学研究的总结。作为通俗读物，该书最大的特点在于将自己的阳明学论文和著作论证过的主要观点浓缩而总结概括出来。第三本是《中国思想史研究》（2002 年由京都大学出版会出版。邓红翻译，上海古籍出版社 2009 年出版）。日本和中国学界一般认为安田和岛田开创了战后日本的阳明学研究，特别是岛田，堪称世界阳明学研究的先驱。

随后，日本九州大学文学部中国哲学史研究室涌现出了一个阳明学研究群体。第一任教授楠本正继（1886—1963）著作有《宋明时代儒学思想之研究》（东京：广池学园出版部 1962 年出版）、《楠本正继先生中国哲学研究》（东京：国士馆大学附属图书馆 1975 年出版）。著名阳明学研究者冈田武彦、荒木见悟等都是其弟子。

日本最高学府东京大学的阳明学研究代表为山井涌（1920—1990），1964—1981 年任东京大学教授，《明清思想史研究》（东京大学出版会 1980 年出版）是他毕生研究的结晶，收集了中国近世思想史方面的 19 篇论文。在此之后，日本出现了山下龙二、友枝龙太郎、岩间一雄、沟口雄三、福田殖等阳明学家，延续至今。

如上所述，日本的阳明学研究发展起步较早，在很长一段时期内处于世界的领先地位，涌现出了一批世界级阳明学研究专家，出版了一系列阳明学研究的学术名著，形成了资料丰富、视野开阔、推论细腻、各当一面、深耕细掘的研究特点。他们的研究成果是全人类的共同财富，具有深远的学术意义，可为中国的阳明学研究提供借鉴。

中国的阳明学研究因为众所周知的原因在一段时期内严重滞后，但自从 1978 年改革开放以后，开始摆脱了教条主义的束缚，学者们积极从事学术研究活动，善于吸收外来先进成果，与海外学者特别是日本学者形成良好互动的学术局面，从而出现了一大批研究成果，掀起了一阵阵的阳明学热潮，在某些方面甚至可以说已经在世界处于领先地位。但是从整体上看，中国阳明学研究还没有完全恢复"心学固有的活泼天机状态"，还没有过日本阳明学在日本近代化进程、国民道德建设中发挥过巨大作用那样的成就，在冈田武彦式的民众启蒙和企业伦理教育的群众性实践活动方面也还有学习借鉴的余地。

本丛书以"知行合一、付诸实践"为宗旨，以吸收、参考、借鉴日本阳明学"知行合一、强调事功"的长处为主题，沿着上述日本阳明学的发展历程来翻译介绍日本阳明学研究名著。

以往也有一些日本方面的阳明学著作被翻译介绍到中国，但都显得零乱无序，既没有形成一套介绍推广日本阳明学研究成果的体制，也没有按照日本阳明学研究的历史发展来选择翻译对象，而是各取所好，有的译著甚至不是学术著作，翻译成果甚至还有不专业之处。

有鉴于此，本丛书旨在全面、系统、专业地翻译出版日本的阳明学研究成果。本丛书编委会在中日两国的中国哲学史学界集聚了一批精通中日双语的翻译人才。

本丛书的学术总顾问是武汉大学国学院院长郭齐勇教授。长期以来，郭教授为推动武汉大学乃至全国的阳明学研究，做出了极大的努力。武汉大学阳明学研究中心为这套丛书的翻译与出版做出了重要的贡献。本丛书的翻译者蒋国保教授、邓红教授都毕业于武汉大学，年青一代的陈晓杰博士、连凡博士、焦堃博士、符方霞博士、张亮博士分别毕业于日本关西大学、九州大学、京都大学和北九州大学，不仅精通日语，而且也是真正的阳明学研究的专家。陈晓杰博士、连凡博士、焦堃博士是武汉大学的在职教师，张亮博士是武汉大学的博士后，符方霞博士任教于广西师范学院外国语学院。

本丛书的日方主编邓红教授，1982 年毕业于武汉大学历史系，后来于日本九州大学中国哲学史专业博士毕业，直接聆听过冈田武彦、荒木见悟、福田殖等先生的教诲，现任武汉大学中国传统文化研究中心兼职教授。本丛书的中方主编欧阳祯人教授为武汉大学阳明学研究中心主任，《阳明学研究》杂志的执行主编，中华孔子学会阳明学研究会副会长，长期从事儒家性情思想和陆王心学的研究。所以，丛书的主编和翻译者们都长期浸润于阳明学和中国思想研究，有的本人便是驰名中外的阳明学家。他们对世界阳明学的研究动向有着深刻的把握，对日本阳明学研究的历史发展了如指掌，对先行研究的优缺点有着明晰的认识，对本丛书的翻译对象都仔细研读过，选定的都是日本最经典、最具代表性的阳明学研究著作，不仅能够为中国的学者们提供最佳参考资料，为中国的读者们提供满意的读物，而且能够为当政者提供重要的借鉴。

《日本阳明学研究名著译丛》为贵州省 2016 年度哲学社会科学规划国学单列课题（16GZGX09），是武汉大学中国传统文化研究中心近年来取得的重大研究成果。本"国学单列课题"由贵州省社科规划办和贵阳孔学堂文化传播中心共同出资设立。贵州是王阳明"悟道"的圣地，多年来贵州省为中华民族优秀传统文化的传承和创新做出了巨大的贡献，贵阳市和贵阳孔学堂为阳明学研究的发展和心学的实践做出了不懈的努力，在此特致以由衷的感谢。

邓　红　欧阳祯人
2020 年 10 月吉日于武汉珞珈山麓

序

    明代思想史，一般而言可以概括如下：一开始朱子学成为国教，此后一段时间内虽然辗转生出一些小的波澜，但总体还算是缓慢而单调的平稳时期，直到王阳明与湛甘泉等出现，才逐渐打开了新的方向，从此以后，与心学之名相吻合的思想家层出不穷，他们随心（亦即是根源性的统合的主体）之所欲，超越既成教学之框架，不涉经典之权威，完全遵从独自之思索与体认。在那里，确实也可以像《明儒学案》的叙述所勾勒出的那样，以诸如师资之传授或者出身地理分布，来对学者进行整理，但是独具一格的思想家在当时不断出现，仅仅依照涵盖相即、师资相承之谱系，是无法完全说明上述现象的。他们相互提出无法预测的问题，并为之争论不休。乍看之下，他们的讨论中频繁出现的术语或者思想素材的大部分似乎都是前朝的既有之物，或许未必能找到特别新奇的语词造句，但其实这些都全然是由天之所予我者的如是之心（天與のままのなまの心）所检证与操作，由此试图构造出崭新的人之理念乃至世界观，这才是明代思想的重要特征。所以在追寻明代思想的足迹之时，从当中抽取所涉及的思想性的素材并进行罗列与分析，对其思想类型冠之以"程朱派""陆王派""朱陆一体派""三教合一派""禅净融和派"等名号来进行条分缕析型的分类，这样的做法不仅无法了解明代思想之实际状态，更无法理解心学源头所在。对于心学家来说，传统思想之素材与其说是思想构成之必需要素，毋宁说更多是仅仅停留在作为取舍选择自由的参考条件的程度而已。在通过自己的本心的选择、淘汰、洗涤之后的尽头，所给予的素材最终能在多大程度上维持原状，或者必须成为几乎只是空虚的残骸而已，这可以说是探寻明代思想家的艰辛奋斗的一个重要线索，但无论如何，在心的原点重新追问存在之意义，这本身是至难的技艺，也是无法回避的命运，是不允许有任何动摇的一条直道。即便以心性论为例，由朱子学所构筑的非常精巧的性善说，本身已经无法适应士人阶层的本心，而由无善无恶、真妄一体、佛魔一如等诸说，从根源上受到一再追问——究竟是承认栖息于人的内心、深不见底的魔性，还是从对此魔性的注视当中移开而进行性善说的自我欺骗——必须这样坚持进行自我剖析而不容丝毫松懈。奉行心学、不管他人如何看待而坚持进行心的解体与再生的实验的人们，不再安于既成的价值观与人性论的学徒，他们会被诽谤为傲慢不逊、师心自用，在心学内部围绕着心的自由裁量权限问题而展开激烈的争论，而心学运动发祥的根本意图，如果是使得心（借用王阳明的话说就是良知）完全承担自我检视与自我充足的责任的话，那么心学就必须任由其内部所凸显的切实的冲动，飞跃一切既成之框架与拘束，从而往来自在地确立自身之道。

心学思潮的流行，产生了以往的思想史上前所未见的异常现象，其中特别值得注意的是，设定儒道佛之领域、划定自身的归属、尽可能避免与其他两者接触的异端排斥意识的减弱，将不受教派相互之间领域限制的心体放在最究极的根源，正因为让本心得到充分的展开，而能使得诸种教派被赋予其各自之职能，这种思考方式正逐渐蔓延开来。由此打开了这样的局面：以朱子学为主流、为了成为理想人格而必须排斥佛教与异端的口号，在此已经失去了效力，反而将排斥异端的做法视作成为真正的人的障碍。由此，作为儒家而寻求佛教或者道教的思想构成是对于正统之学的冒渎与对异端的屈服——这样的固有观念得以被打破，在正学与异端之区分的彼岸，寻求心体充足的自由之道路被人们认为是本然的要求。天之所与的赤裸裸的心，应是先于任何教旨而存在的。此心不能坠入道义之陷阱、规矩绳墨之拘束以及教权威力之压抑，否则好不容易以心学之名而开始高扬的人性复归运动之未来就会被阻塞。本来，即便在心学运动达到鼎盛的时候，其内部的排佛辟老之呼声也不绝于耳——但那是披着非心学的衣裳的任何学问都会被拒绝入门的情况下，当完全抛弃这层衣裳之时，佛教或者其他"异端"也被视为心学的有力之先辈而受到热烈的欢迎。所以心学内部的异端争论的焦点，不是与异端接触之是非或者浓淡，而是关乎由此摄取所带来的心学的充实与否。一旦无视对于盘踞于内心深处的魔性之情态的解明做出贡献的佛教心学的庞大遗产，可以说心学就已经开始丧失其天赋之姿态了。

由此可见，理解明代思想史的一个关键，很显然就在于正学与异端之间的总体之关联，以及对于各个方面的渗透与反映的样态的阐明。但是反映当时思想状况的大部分现存资料，都充斥着以儒家正统为认识之基调的论述，一旦对佛教抱有好意、亲近佛典，几乎都会得到"不纯狂荡"的评价，这些亲近佛教者在人性论方面的艰苦探索也好，其独创性思想的由来也罢，几乎都可能被轻易抹杀。现存资料的上述制约以及这方面的研究方法的不成熟，带来了明代思想研究的跛足现象，如此说也毫不为过。

这里收录的十二篇小论，是在上述问题意识之下，试图为明代心学思潮之阐明贡献微薄之力的尝试。与其介绍与评价第一流的人物，不如发掘在过去受到冷遇的思想家，并由此带来思想现象的解释范式之转换。笔者上述的执笔时的意图，究竟能得到多大的成果，姑且对此存疑，若能成为将来此方面研究的投石之作，将不胜荣幸。

本书未曾想能被收录到"东洋学丛书"之中，这完全是拜木村英一先生，以及代替病榻上的笔者不辞辛劳进行校对的创文社编辑部之诸位所赐。在此深表谢意。承蒙对笔者之健康投入万全之关注，并对此书之完成寄予深切关心的九大医院第一内科诸位医师之厚爱，笔者对此也将终生难忘。

又，本书因获得昭和四十七年度［译者按：即1972年］文部省研究成果出版赞助经费而得以出版，特此声明。

著　者

于九大附属医院

昭和四十七年五月

目 录

003

第一章

作为思想家的宋濂

一

　　作为明代文学草创期中数一数二的人物，宋濂的才学得到人们的广泛认可，但是说到他作为思想家的独创性以及影响力，其评价就未必与其文学家的地位相匹配，在儒学史上，毋宁说受到了严重的低估。这或许是由于他的思想、风格被评价为"非儒者气象"① （黄宗羲）、"其学术不纯"②（陆桴亭），又与佛学很接近的缘故。在宋濂之后约一百年左右出世的罗整庵［译者按：宋濂生卒年为 1310—1381，罗整庵生卒年为 1465—1547］，是如此叙述的：

　　　　国初，深于理学者，殊未多见，禅学中却尽有人（中略）当时宋潜溪为文臣之首，文章议论，施于朝廷而达之天下者，何可胜述？然观其一生受用，无非禅学而已。以彼之聪明博洽，使于吾道诚加之意，由博而约，当有必至之理，其所成就，岂不伟然为一代之钜儒哉！弃周鼎而宝康瓠，吾不能不深为潜溪惜也。（《困知记》卷二，万治刊本［译者按：指日本万治元年刊本，万治元年为公元 1658 年］）

宋濂之传不立于《明儒学案》，而入于《宋元学案》（卷八十二《北山四先

---

　　① 黄宗羲：《论文管见》《南雷文定》三集，卷二。蔡虚斋早已在评价宋濂的文章时指出："遇老谈老，遇佛谈佛，胸中本无定主。"（《蔡虚斋集》卷二《复林居鲁书》）
　　② "宋景濂一代儒宗，然其文大半，为浮屠氏作。自以为淹贯释典，然而学术为不纯矣。不特非孔、孟之门墙，抑亦倒韩欧之门户。八大家一派，宋景濂绝其防矣。"（《思辨录辑要》后集，卷十三）

生学案》),然不过三百五十字之略传而已,这是因为在编者看来,宋濂并未跨出元代儒学的藩篱一步,其中并不含有任何明代思想之萌芽。即便与宋濂为同乡(金华)的后学章枫山也不称宋濂为"道学"之传承者,而是"文章"之传承者①,赵鹤编纂《金华正学编》,完全抹杀了他的名字。对于宋濂的上述不协调的评价态度,清儒李穆堂就抱有强烈不满:"盖人固未有不见道而能以文章为一代之名者也。"② 李穆堂的真意实际上是基于载道主义而意欲彰显陆(象山)学而已,但他试图从宋濂的思想中找到独特的东西(参看后面的论述),这一点值得注意。万斯同《儒林宗派》云:"然较之学统学案诸书,则可为涮除锢习,无畛域之见矣。"(《四库提要》)从这样毫无门户之见的视角出发,在明代初期就重视宋氏学派,不得不说是非常有见地的。③ 也就是说,即便宋濂与"异端"频繁接触,是"不纯之儒者",但既然他作为开国之文臣雄霸文坛,被认为具有当世无双之博学④,那对支撑其名声的思想之内容,进行正确的检讨与评估,这应该也是对于研究明代初期思想之动向而言不可或缺的工作吧。

---

① 《枫山语录·人物类》。

② 《陆子学谱》卷末附录,三十四丁。

③ 钱牧斋曰:"故吾谓本朝之学者,当以宋文宪、王忠文暨先生为朱子之世适。"(《牧斋初学集》卷三十九《重刻方正学文集序》),陆桴亭在论述明代学脉变迁的时候也说:"国初之学,如宋景濂、方正学,皆与听其略而衍其绪。"(《陆桴亭先生文集》卷一《高顾两公语录大旨》)孙夏峰的《理学宗传》当中没有立宋濂的传,不过孙夏峰至少有收录的意思,这一点从《夏峰集》卷二"寄帐篷轩第二书"就可以看出。又,章学诚《文史通义》卷三"朱陆"条目里面,将宋濂、王祎视为朱子学正统路线的人物。

④ "国初博学者,无如宋文宪。且该通内典,自云,青萝山房有书余万余卷。"(《少室山房笔丛》卷四)"公于天下书无不读,而析理精微。百氏之说,悉得其指要。至于佛老之学,亦皆研究,尝用其义趣,模其语言,制为经论。参诸其书中,无辨也。"(万历刊《耿天台文集》卷十五《宋文宪公传》)

二

　　宋濂因为是从元代许白云的门人那里学习理学，所以就学统而言，属于黄勉斋系统的朱子学①。他说："孔子，天之孝子也；朱子，孔子之孝子也。"(《宋学士全集》② 卷五《理学纂言序》)③ 又认为周、二程、张、朱这五位夫子都得到文之心髓（《全集》卷七《徐教授文集序》），这都显示出他的朱子学者的面目。然而，他在"段干微"（《全集》卷二十八）一文中，概述宋儒之长短，论及金溪（陆象山）时，他对陆象山欠缺致知的工夫感到遗憾，但也同时对象山胸中没有丝毫纤翳的英迈之风格称许不已：

　　　　学不论心久矣。陆氏兄弟，卓然于此有见于此，亦人豪哉！故其
　　制行如青天白日，不是纤翳可干，梦寐即白昼之为，屋漏即康衢之见，
　　实足以变化人心。故登其门者，类皆紧超英迈，而无漫涣支离之病。
　　惜乎力行功加，而致知道阙，或者不无憾也。

不仅如此，在此文中，宋濂以朱子学式的定见为依据而认为得濂溪正学的

---

　　① 其学统如下图：
　　　　朱子——黄勉斋——何北山——王鲁斋——金仁山——许白云——〇——宋濂
　　　　　　　　　　　　　　　　　　　　柳贯┐
　　　　　　　　　　　　　　　　　　　　　　├————王祎
　　　　　　　　　　　　　　　　　　　　黄潜┘
但是，关于宋濂所师从的许白云的门人，有闻人梦吉、方三衢等说法（《宋元学案补遗》卷八十二），无法确定学术上的影响。
　　② 本文使用的是金华丛书所收本，以下简称《全集》。
　　③ 清代朱子学者熊赐履云："孔子，天之孝子也。朱子，孔子之孝子也。不意宋潜溪能为此言。"（《迩语》，一丁）

是朱子、吕东莱、张南轩这三人，在结论部分，却以"学以存此心，心存则理存"，作为其证言，他引用了陆象山非常著名的"东海有圣人出焉，此心同，此理同也"①。由此，在宋濂看来，天下之事大小繁简，很难一之，而都可以收摄入方寸之心（《全集》卷二十七《箩山杂言》），著"六经论"（同上，卷二十八），断定"六经皆心学""吾心即太极"，呼吁心学之复兴乃当今之急务。本来，"心学"这个词也并非不能适用于朱子学或者道学全体②，但这更适合于表现不区分性情理气、"宇宙内事即己分内事"的陆学的本质，事实上"心学"相对于性理学而用来称呼陆王学，并逐渐得到固定。因此像薛应旂这样，追溯宋濂的学问的系谱，认为"与陆象山、吴草庐后先同一辙"［译者按：原文为"况究观先生之学，在宋则有若陆子静，在元则有若吴幼清，盖皆圣学正传，后先一辙"。（《方山先生文录》卷十三）］（《浦江宋先生祠堂碑》），也必须承认是有其道理的。③

更值得注意的是，宋濂的"心学"概念，并不仅仅意味着朱子学与陆学的传承、融合，他还将佛教也界定为"心学"，通过这样的视角，佛教被整合到他的学问体系中。曰：

若《般若心经》，若《金刚般若经》，皆心学之所系，不可不讲习也。

（《护法录》卷六《新刻楞伽经序》，又参看同卷《新注楞伽经后序》）

---

① 参看《陆象山全集》卷二十二《杂说》以及《年谱》十三岁条。宋濂在"夹注辅教编序"（《宋文宪公护法录》卷六）当中也引用了这句话。

② 朱子似乎并没有将自己的立场称为"心学"。作为朱子学者而自称"心学"的可能始自真西山（《心经赞语》），在这之后，朱子学者在自称时开始混用"心学""理学"（性理学）。明代中期阳明学出现之后，开始有意识地揭开"心学"的旗帜，但即便在阳明学派内部，这两个称呼也依然是混用的。但若从思想的特征来看，窃以为朱子学更适合称之为"理学"，而陆王学与"心学"更相符合。可以参看拙稿《心学与理学》（《禅学研究》第八十五号）。

③ 李穆堂在《陆子学谱》中曾打抱不平，认为宋濂与王祎编纂的《元史》，因为以朱子学为标准而无吴澄之传（卷十七，五丁），也不立陈静明以及其他陆学之学者传（卷十九，十三丁），但另一方面宋濂在《金溪县孔子庙碑》（《全集》卷十六所收）中称赞陆子，可见其见识。这并不是穆堂本人的自相矛盾，而是本来宋濂就具有这样的多面性之缘故。

吾达摩大师，特来东土，以迦叶所传心学，化被有情。（同上，卷七《瑞严和尚语录序》）

他在宋代契嵩《辅教编》的序言（同上，卷六）中说道："儒之存心养性与佛之明心见性［译者按：此处原文为"为东鲁之学者，则曰我存心养性也；为西竺之学者，则曰我明心见性也"］，究其实虽若稍殊，世间之理，岂有出一心之外者哉。"立陈以心而言儒佛一致的观点，又曰："盖宗儒典，则探义理之精奥，慕真乘（佛教），则荡名相之粗迹。二者得兼，则空有相资，真俗并用，庶几周流而无滞者也。"主张儒佛相资能达到人之存在的完满性（同上，卷八《送璞原师还越中序》）。儒佛之合体进展至此，"近世大儒"[①] 的所谓佛教是剽窃庄列之精微的说法当然也就不会被认为是至论（《全集》卷二十七《诸子辩》列子条目）。

那么他的佛教观实质内容是什么呢？如前面所引用的那样，其主轴不用说是禅宗，但他却也并未执着于不立文字，"（教与禅）轨辙虽若稍殊，究其归极，则一而已"（《护法录》卷五《金华安化院记》），主张教禅一致，事实上，宋濂对于《般若心经》《金刚经》《楞伽经》等佛教经典的新注的工作，是有力的后援与提议者，在对上述三经撰写序言的同时，对《心经》还亲自作注释[②]。所谓教禅一致，直接会让人联想起唐代的圭峰宗密，确实，袁中郎就说："此公邃于禅，而教典尤博，紫阳、圭峰分身入流者也。"（《袁中郎集·杂录》"识篆书金刚经后"［译者按：袁中郎即袁宏道，此文收于上海古籍出版社的点校本《袁宏道集笺校》卷五十二《华嵩游草之二——游记序跋》]）宋濂的儒学摄取是极具包容性的，其佛学之受容也包

---

① 此"近世大儒"大概是指朱子吧。《朱子文集》别集卷八《释氏论》以及《朱子语类》卷一百二十六等等，此类说法散见于其中。

② 宋濂所作《般若心经节要》收录在《大日本续藏经》。

含了广阔的视野①。如此，他的心学理论完全超出了儒家的范围，如前所述，这是很多儒者诽谤他"一生受用，无非禅学而已"［译者按：罗整庵《困知记》之语］的原因所在，不过我们也不能由此而忽略了还有像钱牧斋这样为宋濂做辩护的人的存在，在钱牧斋看来，宋濂虽然服习程朱，但不仿效程朱之排佛，见识广博（参看《护法录序》）。

刘伯温认为宋濂之佛教研究是"至其驰骋之余，时取老、佛语，以资嬉戏"（《全集》卷三十四、刘基撰《潜溪集序》），但是——

> 濂自幼至壮，饱阅三藏诸文，粗识世雄氏（释氏）所以见性明心之旨。及游仕中外，颇以文辞为佛事。（《护法录》卷一上《佛性圆辩禅师净慈顺公逆川痤塔碑铭序》）②

宋濂的自我告白，已经非常明确地告诉我们在其人生经历中佛学的意义。

三

然则上面所论述的宋濂的心学思想，又是如何与当时的趋势相关联，与元代以来的思想发展又构成怎样的关系呢？宋濂与王祎（忠文）作为浙东的两位名儒，被明太祖所引荐，并被寄予深厚的信任，从编纂元史之参

---

① 由《全集》卷三十一《血书华严经赞序》，宋濂以为自己的前生是永明延寿（《宗镜录》作者），此事广为后世所知。参看《快雪堂集》卷五十九、日记、正月二十四日条目，《枣林杂俎义集·宋濂生前书华严经》条，《牧斋初学集》卷八十六《跋善继上人血书华严经后》，《居士传》卷三十七等。

② 参看《护法录》卷六《夹注辅教编序》。

与、礼乐典章之询问，到诏敕之起草，以上都是众所周知的，但是在明朝建国初期能够回应国家之要求，这与其说是朱子学的名分意识，不如说是他们两人所具有的广博的知识与良好的教养。王船山曰：

> 蒙古决裂天维护，而两浙三吴，文章盛于晚季，刘（基）宋（濂）章（溢）陶（安）藉之开一代之治，非姚枢、许衡①之得有传人也。（《宋论》卷二）

可以说是洞察了此中之机微。一直以来，金华之地，如朱子的亲友吕东莱的学风一般，有着将维持中华文献之传承、编纂兼顾物理［译者按：此处作者参考的应当是接下来宋濂之语的前面一句话："稽经以该物理，订史以参事情。"因而非物理学之意］的历史作为必须之修养的风习，宋濂又特别思慕吕东莱，认为"其所以尊古传而不敢轻于变易"②（《全集》卷二十八《段干微》），这是他面对元末明初由兵乱而导致烧毁、遗失与散佚的大量文化财产的爱惜之情，这并不是为了顽固地维持学统的纯粹性，而是将更深的关注点放在所有文化遗产的复兴整理与摄取保存上了。"濂之学文五十余年，群书无不观，万理无不穷，硕师钜儒无不亲。"（《全集》卷七《灵隐大师复公文集序》）他在出仕之初，也从纯粹的礼教维护的立场出发、祈求正孔庙之祭仪、配享而上书《孔子庙堂议》，却触犯了太祖之忌讳，不得不忍受被贬而流谪到安远的痛苦。③对于收拾时局、安定民心的基本方策，明太祖所考虑的是"简易""实效"，与时局不相应的繁文缛礼、虚誉空行，是其所深戒的。

以朱子学为基准的明代科举得以实施，是在洪武十七年；其前身的取

---

① 两者都是朱子学者。
② 参看《全集》卷二十九《思□人辞》以及《王忠文公集》卷五《思□人辞后记》。
③ 耿天台撰《宋文宪公传》以及《明史纪事本末》卷五十一。

士制度，早在洪武三年就定下来了。① 而从那时开始以朱子学为依据，可以由王祎之语"今国家建学立师，设科取士，一用朱氏说，天下之学者咸推朱氏为大宗"（《王忠文公文集》卷《送乐仲本序》）所推知。因此虽然在表面上朱子学压倒性地占据主流，但这未必是以偏狭的独善意识为前提而实施严厉的思想统治②，而是为了——促进天下统一之大业，收揽与安抚民心，复兴为战乱所破坏的传统文化——以上述几点作为国策之第一义。所以在对于异端他教的处理方面，也考虑得非常周到。这从太祖的各种著作当中也能看到这一点，甚至就连罗整庵这样的朱子学系统的学者也会承认（《困知记》卷二），在之后阳明学末流对于三教争论激化的时候，采取三教一致的立场者经常会从太祖的文集中寻找其主张之依据，从这一点上亦可以推知一二。③

宋濂与王祎等学者虽然把朱子学的道统论挂在嘴边，却未必具有对异端的激烈的对抗意识，相反，他们以宋儒的"明体适用"活用到历史性的现状中，认为能够包容收摄异端他教正是儒家的真面目，佛老二氏则有"有体而无用"之缺陷④，上述奇妙的理论转换，恰恰是与太祖的文教政策相配合的。当时，国家的权威与宗教是通过怎样的意图与感觉进行结合的，从宋濂的《新刻楞伽经序》（《护法录》卷六）就能清楚地看出来：

钦惟皇上，以生知之圣，一观辄悟；诏天下诸浮屠，是习是讲。

---

① 参看《王忠文公集》卷九《开科举诏》，《逊志斋集》卷十二《京闱小录后序》，《大学衍义补》卷九，以及《明史·选举志二》等。

② 全祖望曰："当明之初，宗朱者盖十八，宗陆者十二，弓冶相传各守其说，而门户不甚张也。"（《鲒埼亭集》卷二十八"陆桴亭先生传"）

③ 万历时期的学者管东溟曰："圣祖总理三教，方其矩而圆其规，真百王中之杰出者也，而名世见知之士，则宋景濂、沈士荣，其选欤。"（《从先维俗议》卷五）

④ 王祎言："若徒言心而不及用，乃有体无用之学，佛老氏之道也，岂圣人经言之所以哉。"（《王忠文公集》卷一"六经论"）上述王祎的"六经论"中引用了宋濂的"六经论"（《全集》卷二十八）的主要部分。王祎还在"宋景濂文集序"（《王忠文公集》卷二）当中评价景濂的文章"其推述之所，无不明理，而未尝有无补之空言也。"

将使真乘之教，与王化并行；治心缮性，远恶而趋善。斯心也，即如来拯度群生之心也，何其盛哉！

在《〈楞伽经〉注解》的末尾，他也说道：

> 至有不复赞叹梵行、亦令他人入不律仪者。吾知斯人自贻厥咎。然此经言，一切法唯自心现，苟知善恶唯心，奈何顺妄想而违圣教哉。戒之勉之。(《大正藏》卷三十九，第 424 页下)①

亦即是说，将一切诸法唯心所现的佛教唯心论规定为对王化、圣教进行翼赞、尊法的主体，实现其实用化。这是他所说的儒佛相资、空有相即的实态，是其心学能够具备现实适应性的缘故。蒋山（钟山）在太平兴国禅寺开始举行盛大的战死者慰灵祭（洪武五年），复兴寺塔，改革清规，整理滥僧等等，这一切都是根据"彰明内典而助化导"的国策。作为有力推进国策的学说，宋濂的心学一直是随着时代一同前进，发挥着思想乃至文学上的威严②。清代的汪大绅说：

> 许鲁斋以儒学导元世祖，兴一代文教。宋潜溪则以儒释之学辅明太祖。然文教之兴，潜溪其有明一代之权舆矣。二公皆朱子后人也。(《居士传》卷三十七，前引)

从宋学的风气来看，确实不得不说是有些奇异的牵强附会，不过对上述宋

---

① 参看《护法录》卷六《金刚般若经新解序》。
② 禅僧憨山德清曰："方敢言视天下为一家，视群生为一身，廓然大公。斯则人心自正，世道可淳。而致君泽民之效，无越于此矣。谛观宋濂溪之学，实出于此。故能羽翼圣祖，开万世太平之业。读护法编，未尝不抚卷而叹也。"(《梦游集》卷十八《答钱受之太史第三书》)

濂的立场以及明初思想界的动向可以说进行了很好的把握。

四

然而，如此朱陆、儒佛折中的心学风潮，与先前的思想界状况又是如何联系起来的呢？关于朱陆折中，首先会让我们想起元代大儒吴草庐，对此，先前引用的薛应旂也指出，宋濂的倾向并非吴草庐，而毋宁说与吴草庐之高徒虞集（文靖）比较相似。虞集也与他的老师一样采取朱陆折中的立场，这在其文集（《道园学古录》，四部丛刊收录）中随处可见，关于他的心学思想，下面这段话是很有名的：

> 古之所谓学者，无他学也，心学而已耳。心之本体，盖足以同天地之量，而致用之功，又足以继成天地之不能者焉。舍是弗学而外求焉，则亦非圣贤之学矣。（《学古录》卷九《思学斋记》）

由许鲁斋的努力而通达南北的朱子学，在异民族统治之下维持文运所起到的作用本来就不可低估：

> 其门人之得于文正（鲁斋）者，犹未足以尽文正之心也。（同上，卷五《送李扩序》）

虞集如此说道。当他直面朱子学的困境的时候，开始重新对"理"的实质性格进行反省，由此来促进其再生：

夫天下之理无穷，而学亦无穷也，今日如此，明日又如此，止而不进，非学也。天下之理，无由而可穷也。故使文正复生于今日，必有以发理义道德之蕴，而大启夫人心之精微，天理之极致，未必止如前日之法也。（同上）

如此，为了开辟教学的新局面，吴草庐所重视与彰显的是陆象山的哲学，其朱陆折中论，有时被评价为"非朱子之学也，不合于许氏之学"（同上）①，但另一方面，"游先生之门南北之士，前后无虑千百人"（同上，卷四十四《临川先生吴公行状》），有如此决定性的影响力。其波澜所及之所，也产生了像"近日晚学小子，不肯细心读书穷理，妄引陆子静之说，以自欺自弃"（同上，卷一《送李彦方闽宪诗序》）的弊病，但从吴草庐传到虞集的心学实质，不仅丝毫无损，而且其体质之改善逐渐加强，教学上的障壁进一步被去除。例如吴草庐曾拒绝为宫廷所藏的大藏经的序文执笔，可以说其作为儒家的洁癖还是有所保留的（前引，行状），到了虞集这里，对于佛道两教的异端意识已经大幅崩溃②，他断然说道："三教之圣人，设其教虽殊，然于化人迁善去恶，则其一也。"（《护法论后序》）③ 关于吴草庐、虞集师徒的学风上的差异，王祎是这样叙述的：

013

有元以来，大江之西有二大儒焉，曰吴文正公、虞文靖公。文正之学主于为经，其于群经，悉厘正其错简，折衷其疑义，以发前儒所

---

① 《元史列传》卷五十八《吴澄传》中，对于吴澄之学被认为是陆学的观点，编者的观点是："然亦莫知朱、陆之为何如也。"

② 《道园学古录》的最后六卷（卷四十五至卷五十）取名为"方外藁"，收集了关于佛道二教的资料。念常的大作《佛祖历代通载》序文当中也有记载虞集。另外《元史列传》卷六十八《虞集传》有载，虞集经常与方外之士接触，与坐着的时候听闻有僧人就立刻起身告退的弟子磐形成了鲜明对照。

③ 《护法论》是宋代的张商英为了拥护佛法之所作。之后宋濂也书写题词，提及虞集的序。

未发而集其成，讨论该洽，封殖深固，视汉儒之颛门名家者有间矣。
文靖之学主于修辞，其于文辞，养气以培其本，知言以极其用，凡以
载斯道而传之世，故其羽翼圣教，黼黻人文，卓然为一代之所宗，而
自成一家之言者也。二公之学，虽其径庭，有若异向，然要皆圣贤之
为道，其趋一而已矣。（《王忠文公集》卷二《赠陈伯柔序》）

由此可见，吴草庐主要给人留下的是浓厚的经学者形象，而虞文靖则主要
关注通过文辞来培养人性，由此即可推测，虞文靖作为心学者，立场更加
自由。虞文靖也因此成为之后的宋濂心学形成的一个有力的先驱。

接下来要注意的是，如本文开篇所述，宋濂是许白云的再传弟子，金
华相继出现了何、王、金、许这些继承朱子学的学者，这一功绩理应得到
评价，但是在此期间究竟有多少清新活跃的学问之精髓得到传授，则值得
怀疑①，特别是关于许白云，像贺医闾（陈白沙的门人）那样，对于许作为
朱子学者却缺乏达识与气魄是很不满的：

　　读白云许公集曰，志圣贤之道，甘处贫贱，可谓贤矣。但身心所
　　得者浅，是以不免于文士浮华之习、佛老异端之惑、淫媟鄙猥之辞也。
　　观其文可见。（《贺医闾集》卷三）

宋濂所接触到的朱子学，就是这样的已经丧失原始风貌而变质的东西。
现在，借用全祖望的话来进行归纳的话，那就是从黄勉斋开始流传下来
的朱子学，到许白云这里发生了突变，求道之所日浅，渐渐流于章句训
诂，深造自得之体验淡薄。到许白云的弟子这里，进一步变为文章之士。

---

① 章枫山说："（何、王、金、许）四贤，何（北山）最切实。王、金、许未免多些考索著
述。"（《枫山语录·人物类》），吕晚村云："何王金许之徒，皆潜畔师说。不止吴澄一人也。自是讲
章之派日繁月盛，而儒者之学遂亡。"（《吕晚村文集》卷五《程墨观略论文》三则之第二）

再到宋濂，则三变而堕入佞佛者之流。(《鲒埼亭集外编》卷十九《宋文宪公画像记》)。上述金华地区的心学儒家主体性的丧失（或者说不纯化）的经过，站在辟除异端的意识来看固然是让人唏嘘不已，但这或许也意味着随着朱子学专制的体制性的崩坏，作为心源枯竭的救济策略而寻求于文辞或者佛学，正酝酿着思想界再构筑的时机。人们往往将陈白沙（以及他的老师吴康斋）视为明代儒学的先驱，这样说当然也有一定的道理，但是我们必须注意到，元末明初这段时期的朱子学式的心学，对于胶着的人间精神构造的改变与再生，起到了重要的作用，为了达到心量的扩充，甚至被怀疑是否已经将灵魂出卖给了异端的程度，如此进行思想体验上的自我解放，反而达成了新思潮、新儒学发展的过渡。像宋濂以及与之类似的人们，在思想史上起到了决定性的作用，这种作用是以"纯儒"资格所无法完成的历史环境与思想素材为前提的。薛敬轩指责宋濂在《诸子辩》中将周子、程子放在诸子之后的安排："非尊道学者，甚失伦次。"(《续读书录》卷四)，但事实上，在宋濂所处的时代，正因为想要尊道学，就恰恰不能把周、程之权威非常露骨地放在台面上。从这个意义上说，宋濂依然是把握了道学之精髓的。全祖望评价宋濂一派的文章"有粹然儒者气象"，特别对于宋濂，曰："公以开国巨公，首倡有明三百年钟吕之音，故尤有苍浑肃穆之神，旁魄于行墨之间。其一代之元化，所以鼓吹休明者欤？"(《宋文宪公画像记》)可谓确论。

五

以上，我们对宋濂的心学的轮廓、历史环境、传承路径等有了一定的了解，现在有必要重新返回其内容，来考察其特色与局限。他的心学是以朱子学为支柱，并包容了陆学、禅宗以及教相佛教在内，这种广泛的综合的方式，并非依从各自的学习与体验出发、在充分发挥各自特长的同时、通过相互的对立与斗争的形式而达到立体化的构成，而更多的是以心学这个平面镜，削除各种宗派学习实践中的突出部分，从而达成调和性摄取的印象。正因为如此，在这当中并非不存在着某种危险——在容许各种各样的思想的情况下，实际上恐怕会失去有力的自我主张的权限。

例如从陆学的观点来看，宋濂模仿陆子而言"六经者，所以笔吾心中所具之理故也"（《六经论》），似乎是将经典的权威吸收到心的一元性的主体性当中的口吻，但是却很难在他身上找到陆象山那样将经典掌握在手中，从而冲决罗网、脚踩雄狮的气势，以及对于现实世界的激烈的冲击性魄力与活泼泼的决断力。

禅学方面也是如此。从南宋时代开始到明代为止，最流行的禅宗是圆悟克勤门下的大慧、虎丘两大公案禅①，在宋濂的知己当中，有属于大慧法系的被誉为明初高僧的楚石梵琦。宋濂有感于完全堕入机械式的问答商量的公案禅的弊病，期待着正法的复兴，但他并没有像大慧以及受大慧之熏陶的居士那样，激发心魂，玩弄峻烈机锋，鼓舞激励民心，做出耸动天地的事情。

陆象山也好，大慧宗杲也罢，都是南宋时期具有活动性的工夫的体现者，为了人们的意识变革以及克服时弊而不惜言辞激烈，但其魄力也渐渐减弱，仅仅剩下一点散乱的断片式的东西能稍许推动时代。如果说所谓"动"的意思是全体性的心量的充满张力的扩充，以及对于外部环境尽可能地保留自由裁量的余地、从而维持多样性的某种姿态，那么这正是后来的阳明学派的致良知说所结出的丰硕果实，阳明的陆学（以及

---

① 参看《护法录》卷二下《扶宗宏辩禅师育王裕公生塔之碑序》。

禅学）的受容也正符合这种精神。作为心学的儒学可以说形成了一座独特的高峰。不过，明代思想史要到达这里，心学毋宁说需要的是沿着平稳的水路，作为缓流而覆盖过地表，必须反复而深思熟虑地进行自我调整才行。这就是明代初期到陈白沙为止的思想界的大趋势。程瞳在《闲辟录》中指出，陆学的发展要直到陈白沙、庄定山为止，但是如果在同样是"心学"这个范畴中忽视大致存在的"动"与"静"的区分，那恐怕是无法正确理解与把握思想史的曲折展开的吧。①

宋濂不取老子的清虚（《诸子辩》），但我们一般认为其倾向是静态的，如"静学斋记"（《全集》卷三）中称赞诸葛孔明的"学须静也"（《诸葛孔明集》卷七《戒子》）是"古今之名言"② "古圣贤之成勋业，著道德之不朽者，未有不由于静者也"，又在《瑞严和尚语录序》（《护法录》卷七）中云"人生而静，性本圆明，如大月轮光明遍照"，从上述言论便可以窥知。拥有超绝众人的广泛教养与丰富文才，历数多年也肩负"开国之文臣"的荣誉，随着明朝建国隆盛之浪潮而持续顺风满帆的宋濂的地位与性格，与温和端正、明朗典雅的文辞与思想的产生是非常符合的③，在他那里，还缺乏驱使人对于人性以及社会的表里内外进行揭露、顽强地对于内部结构的诸多矛盾进行细致绵密探究的条件。我们不妨来看一下《送东阳马生序》这篇有名的文章当中的一部分：

有司业、博士为之师，未有问而不告，求而不得者也。〔译者按：

---

① 对此，参看本书的《陈白沙与太虚法师》《湛甘泉与王阳明》等。
② 参看《吴草庐集》卷四《静安堂说》。
③ 门人方孝孺称赞宋濂之德："出而侍从帷幄，辅导储后，虽未尝得佐治之位以尽其设施，然所陈说，皆二帝三王之道，其功德阴被乎生民者厚矣。"（《逊志斋集》卷十六）《四库提要》（卷一六九《宋学士全集》条）评价宋濂之文："濂文雍容浑穆，如天闲良骥，鱼鱼雅雅，自中节度。"又如彭际靖曰："余读护法录，如被春风之物，生意盎然。"（《居士传》卷三十七）

为方便读者参考，摘录本段相关内容如下：今诸生学于太学，县官日有廪稍之供，父母岁有裘葛之遗，无冻馁之患矣；坐大厦之下而诵《诗》《书》，无奔走之劳矣；有司业、博士为之师，未有问而不告，求而不得者也；凡所宜有之书，皆集于此，不必若余之手录，假诸人而后见也。其业有不精，德有不成者，非天质之卑，则心不若余之专耳，岂他人之过哉！]

在这里，看不到对于当时的教育制度所存在的深不见底的陷阱以及对此毫无知觉的学徒的严厉批判，只剩下极度乐观的对于国朝之学的讴歌。

洪武十年，太祖命令当时的学僧（宗泐、如玘等）对于《般若心经》《金刚经》《楞伽经》等三部佛典进行新的注释①，宋濂分别给这三部经写了序言。这些注释，由于本旨是要培养时人对新体制的顺从之心，所以与以前的注释相比，特别在学术上以及社会思想史上都很难说具有划时代的内容，但例如《楞伽经》的注释（卷四下）里面提道：

> 然儒之五常以仁为首，若曰"钓而不网，弋不射宿"（《论语·述而篇》）、"不杀胎，不殀夭"（《礼记·王制篇》）"君子远庖厨"（《孟子·梁惠王上》），皆仁之端。而不禁肉食。我佛直以不杀众生。为第一戒。视昆虫肖翘无异己子。谓此而不戒则断慈悲种子。其为仁岂不博哉。（《大正藏》卷三十九，第 424 页上）

认为佛祖的慈悲要比儒家的仁更广博与彻底，这样的说法当然为儒者所忌惮。又如罗整庵指出，《楞伽经》的本文中并没有"理"字，而在注释当中

---

① 翌年正月，注成《心经》《金刚经》两经之注，同年七月，成《楞伽经》之注（《护法录》卷六《新刻楞伽经后题》）。

却毫不忌讳地使用“理”，这也是值得注意的事实①。罗整庵在《困知记》中，随处可见他非常认真而正面地对待佛教所提出的哲学问题，并与之恶战苦斗的场面，宋濂的身上是找不到这样的身影的。这是他作为思想家的局限所在，也是明代初期思潮动向的象征②。

① 来看一下《困知记》卷三。此一节的末尾有以下之语：“虽其所用理字不过指知觉而言，初非吾儒所谓性命之理，然言之便足以乱真，不可不辨。”又，宋代译四卷本《楞伽经》（宗泐、如玘的注即依据此版本）中没有“理”字，唐代翻译的七卷本当中，有六七个地方使用了“理”。当然这和宋代儒家的用语是截然不同的。

② 洪武乙丑（十八年）写下自序的沈士荣的《续原教论》中，对于儒家的无理的排佛论进行了反驳，提倡儒佛在究竟意上是一致的观点，在这当中我们可以看到如下之语：“智者，体吾佛之理，观孔圣之道，性理之学，益加详焉，而劝善戒恶之文，尤为紧切，大有功于名教。岂可自生违背，蔽吾心之良知也哉。”（卷上，六丁，金陵刻经处本）值得注意的是，在该书中，心学一词被频繁使用，并将狭隘的儒者贬低为“心学不明”者。万历年间的儒佛调和论者管东溟在论及古今佛法的保护者的时候，对明太祖的三教总理之法赞不绝口，之后曰：“而名世见知之士，则宋景濂、沈士荣，其选欤。”（《从先维俗议》卷五，六十丁“金汤外护名义”条）由此也可见将太祖、景濂、士荣包含在内的心学思潮之大势。

陈白沙与太虚法师

——围绕《法华大意》的若干问题

一

在陈白沙的方外之交友当中，《法华大意》的作者无相太虚是具备卓越学识与实践体验的禅僧，他与白沙的好友庄定山也是故交，在《白沙集》《定山集》中各有赠太虚的诗文若干篇。太虚属于南岳下三十世、圆悟克勤的资虎丘绍隆系统的法孙，其传记详细不明。但我们从陈白沙与庄定山在各自寄给太虚的诗中便可看出太虚的人品与平素的行为举止：

寄太虚上人（白沙集第七）

其一

太虚石洞居，孤绝少人依。远客携琴至，逢师乞食归。
一莆青草上，四面白云飞。尽日无言说，岩花落满衣。

其二

定山聊作主，石洞更无邻。劝我无多事，如公是一人。
朝闻履虎尾，莫见批龙鳞。莫笑杨朱小，杨朱解爱身。

爱石洞老师南山花也北山花之句

有千万古潇洒之趣亦效少参数语（定山集卷三）

红紫千般绕洞斜，淡云花也洞云花。

山河影里虽殊相，太极圈中是一家。

泉水各溪都有月，青天无处不同霞。

更须与佛间分辨，识得鸢鱼意更佳。

由上面几首诗可知，太虚是一个在山中幽居、乐于四季各自盛开之花、游于无言无分别的境地、持律清端的禅匠①。

依据《法华大意》②卷末所附录的徐渭撰写的后序，太虚曾经向孝宗皇帝讲奏过，但他似乎并没有与权贵结交以扩大佛教权势的意图。陈白沙在读了太虚的"定山种树诗"后称赞道："这回种树心全了，若个山僧眼总高。"（《白沙集》卷八《太虚上人以所注定山种树诗见寄、喜而赋此兼稿呈定山》），陈白沙高度评价的是太虚在老年也安于自给自足之清贫、不轻易接近权门富豪的态度，同样在诗"白莲不结扬州社"中，记载了太虚在扬州一带广泛施化，但却不像庐山慧远的白莲社那样形成以自己为中心的宗教结社。但是，太虚与一般禅僧的不同之处，是在"吾佛大圣人宣示此心此性之直言也。以此言直示人心奥理，故谓之经"（《法华大意》，第354页左）的信念之下，通过经典尤其是《法华经》③，来开示无言无说的悟境。其偈曰：

妙法莲华七卷经，此心暂离便难明。

爱憎取舍千万别，人我是非万不平。

大海本非鱼障碍，长空元任鹤飞鸣。

今朝良遇真如教，惟愿相携入大乘。

---

① 《白沙集》卷八题为"次韵答太虚上人"的诗中写道："雨过山中百卉寒，人间回首又春残。徒闻有病肱三折，未试回生药一丸。石洞栖贤终苦节，太虚持律最清端。年来虽阐莲经教，却与无言是一般。"又，《王龙溪集》卷二十《戚南山墓志铭》中，提及太虚曾与陈白沙、庄定山一起在江浦白马寺住宿的事情。

② 本文所使用的《法华大意》为日本续藏经所收本。嘉靖年间本书刊行的经过，参看拙稿《禅僧玉芝法聚与阳明学派》第二节。

③ 太虚将其居所取名为"石莲洞"，这是否与《妙法莲华经》之经名有关则不得而知。

太虚本来就没有执着于经论的文字。这从他的"山野今日讲演妙经，也是辩空华之浓淡，较兔角之短长者"(《法华大意》，第357页左)，以及陈白沙所云"年来虽阐莲经教，却与无言是一般"(《白沙集》卷八《次韵答太虚上人》)即可看出。例如我们来看《法华大意》的以下一节：

> 且道释迦佛未开口，罗什未落笔，作什么生是此经之妙法。盖此妙法，开口成双橛，扬眉落二三。便不开口与扬眉，不免至人还检点。举如意云，会么。若于此会得，上天下地，鱼跃鸢飞，乃至草木昆虫，无不为诸人翻译此经妙法之微义也。如或不然，各人且向山僧未开口，诸人未到法堂，并父母未曾生，乾坤未曾判已前，着眼看看，此妙法毕竟是何言句。(第354页右—354页左)

在这里，太虚完全没有被五时八法、一心三观等天台宗的解释学乃至观心论所束缚，而是从森罗万象之本身中聆听法华之声，从此声的渊源去追求父母未生前的本分之田地，这正显示出其禅僧的本色。在这个意义上——

> 予惟经中大意须从言外悟入，譬之因指见月，非执指以为月也。白沙尝赠太虚有云："年来虽阐莲花教，只与无言是一般。"亦善名状。若复向疏中觅取大意，非惟失却经旨，亦增葛藤矣。(《王龙溪集》卷十五《法华大意题词》)

王龙溪的上述说法可以说道出了太虚的真意。对于经典采取这样的态度，在禅宗史上绝非罕见，故没有必要特别由此强调太虚的独创性。不过太虚说"特以法华经而得悟入"(第383页左)这对于禅僧来说倒是很稀有的，理由也不是特别清楚。若勉强说来，大概是以三乘归入一乘作为出世之本怀的此经之说相，在悟道的普遍实在性之开示上正好作为素材而被感知的缘故吧。这一点从他通过法华经之开说而劝说陈白沙与庄定山等人也归宗佛祖的事情上窥见端倪。不论如何，秉持"经是照心之灯烛①，心是持经之堪舆"（《法华大意》，第386页右）的经典观的他，与陈白沙的经典观相比较，则其脉络之相通性是毫无疑问的：

> 六经夫子之书也，学者徒诵其言而忘味，六经一糟粕耳，犹未免于玩物丧志。（《白沙集》卷一《道学传序》）

> 六经尽在虚无里，万理都归感应中。若向此边参得透，始知吾学是中庸。（同上，卷十《与湛民泽》）

陈白沙的身边有这样的禅僧的存在也值得注意。如果一定要寻找相异之处，那可以说太虚是从"不立文字"的禅学出发，从言说的世界中找出摄化表现之道，陈白沙则反而是从千言万辞的儒家典籍中抽身而出，试图在虚静之中确立根本。如此，"众生尊我我须劳，公在吾儒公亦豪"（《白沙集》卷八《寄太虚上人用旧韵》）与"性空而无彼我差别"［译者按：此句作者未标明出处，按《法华大意》检索亦无类似的词句，勉强说来意思相近的是"大圣人之见，见一切种种诸物即一心，即一性，无彼此，无分别之纯真也""大即一，若有彼有此有分别，即不一之理也"。日文原文为"性は空にして彼と我に差別なければ"］，即便相互交换儒佛的立场，也都能成为各自之道的练达者的告白，可见两者之间的道交深厚②。

不过，尽管陈白沙对太虚的风格与思想表示敬意，但终究并没有被太

---

① 原文作"灯浊"，恐怕是"灯烛"之误。

② 区大伦《游江门记》（《白沙集》附录）记录了陈白沙在拜访太虚的时候还记挂着老母，太虚就朝夕在佛前祈祷，直到陈白沙平安回到家中与母亲相见为止。

虚的《法华经》解释乃至禅思想所同化。下面这封书信的片段对于了解两者心交之深以及界限，是非常重要的：

> 太虚师真无累于外物，无累于形骸矣。儒与释不同，其无累同也。太虚尚能觅我于衡山否耶？别纸录去旧稿，试为我诵之。章（献章即陈白沙）非能言者，太虚岂俟多言哉？（《白沙集》卷四"与太虚"）

文中的"衡山"是指南岳，亦即天台智顗之师南岳慧思禅师一派所开显的《法华经》，在这里是特指太虚的《法华经》解释①。

若如此，那么这封书信就可以看作对于太虚规劝自己通过法华解释而皈依佛门的回答。也就是说，陈白沙虽然认为"儒与释不同，其无累者同也"而与太虚很接近，但是正因为如此，儒者就依然还是做儒者，如此便可的说法，其实是婉言谢绝了太虚的劝诱。在这当中有作为儒者而开拓了新的境地的自负。陈白沙将太虚与自己的关系，比拟为"宾主依然是远陶"（卷八《太虚上人以所注定山种树诗见寄、喜而赋此、兼稿呈定山》）的慧远与陶渊明，并非无故。正如朱子学者胡敬斋所严厉批评的那样，陈白沙并非没有与禅宗的一心论类似的说法以及思想态度，但对于陈白沙来说，他是以如此的用意与自觉为前提而与禅僧接触的。

陈白沙与太虚之间的道交，如上所述，非常微妙，那么通过对此的探究，就可以把握明代前期思想界动向的端倪。接下来就主要通过《法华大意》来进行若干的考察。

---

① 这样说或许过于大胆也未可知。陈白沙门下有从衡山地区来的人，陈白沙自身也抱有对衡山的憧憬，实际上当时或许就有陈白沙与衡山相关的事件吧。但是陈白沙与太虚之间在书信交流中所提及的衡山的名称，依据本文的推论，应该明确的就是象征意味。

二

关于太虚的《法华大意》的内容，首先要注意的是，一般而言《法华经》是作为天台宗正统的经典而得到传授，所以《法华经》的注释原则上也是采取天台宗的立场，但此书却几乎远离天台学的原理乃至方法，采用与禅宗的公案提撕、语录提倡等相同的方法进行解说。也就是说，将《法华经》的各品分为若干段进行解释，各自段落的大意与禅宗的悟境紧密联系起来的方式自不待言，在说明大意之后又加上"举如意云，会么，若于此会得"云云这样的禅宗独特的问答方式，对前文的内容进行简练的概括，偶尔还会附上自己作的偈作为结语。在禅僧的法华经注释里面比较著名的是宋代的寂音慧洪的《法华经合论》①，若与太虚的《法华大意》进行比较，从解说的方法、劝诱的态度、著述的内容来看，后者给人更彻底的感觉。寂音作为"文字禅"的提倡者，其经注（法华以外的也包含在内）依然能感觉到经典解释学传统的熏染，太虚的"今山野滥叨讲席，亦辱禅门"（《法华大意》，第361页右）"才疏学浅，悟亦有宗，不避烦引之讥"（《法华大意》，第373页右）等说法，似乎是同时兼顾教禅二门的口吻，但毕竟"以禅融合"为根本义，所以还是全力集中在直接除去众生的束缚上面。太虚的这种开放的态度，即陈白沙所说"无累于外物，无累于形骸"的风格，与陈白沙的关联方面值得注意的是，其开放性对内是对于传统佛学的解放

---

① 明末高僧紫柏达观称赞该书："有宋寂音尊者。作论论法华。则以文字而抛掷不传之妙。于三周九喻之闲。譬如夜光之珠。宛转横斜冲突于金盘之内。不可得而测其方向也。所可必者。知其不出盘耳。盘喻文字。珠喻不传之妙也。"（《紫柏老人集》卷七）"三周九喻"是指天台学的法华解释方法。不容忽视的是，在这当中投入禅悟，却伴随着教相的冗舌。

的作用，对外则是对作为外典的儒家典籍的豁达自在的包容性的作用。这可以说是本书的第二个特点。

太虚在本书的开头说明经题，曰："妙法即心性之别名，心性乃太极之一体，人物共备，凡圣同源，更何疑哉！"（第354页），又曰："然太极也，心也，性也，道理也，即一体无二之物"（第354页左），主张"太极"和"心"的一体性，又曰"太极我也，我太极也"（第370页右），以太极作为禅学的绝对主体的一个代名词。而且，为了表现这种绝对主体，太虚使用了"法身道体，太极法界"（第359页左）的自造之语，"乃至殊方异域，立名安号，发明此大经之大义，皆为发明诸佛大圣人之元心也"（同上）。这种超越时空的一念元心，依据宋儒的传统应当是性善的表现，而太虚的真意是性善还是无善无恶，此姑且不论，暂且依据儒家的教说，他说道：

> 盖自有天地人物已来，圣人间出，相貌名号，各各不同，求其性善之心，则无不同也。殊方异域，立言设教，亦各各不同，求其性善之言性善之教，则无不同也。头戴足履，身服手持，亦各各不同，求其性善之威仪性善之恭敬，则无不同也。（第360页右）

站在本性一源、古今一念的立场上，试图确立儒佛之间的横向一致性的企图是非常明确的。如果有像程朱那样想克服禅学的影响、对于佛者的如此暧昧模糊的儒佛一致论采取严厉否定的人，他们看到太虚的这种主张，或许会冷笑着认为是前朝的亡灵再现。但是现在太虚说道：

> 际遇大明，车同轨而书同文，天同覆而地同载，异端息而大道明，谤毁消而圣教显。（大意序）

这种以澎湃的天下一统、万物一体的时代思潮为背景，发扬"一大中和"

029

的妙道，唤醒"万古乾坤一圣胎"的自觉，由此使尧舜之君与尧舜之民在当代出现（第384页左，[译者按：此处原文如下："盖妙经圆示一大之至道，法师圆证一大之至人，非至人无以证一大之至理，而阐扬一大之言。非至道无以收一大之至教，而明贯一大之心（中略）从此行于事，事妙德也。用此以致君，君尧舜之君也。用此以泽民，民尧舜之民也。如是乃至充塞宇宙，贯彻古今，一一而大大，何莫而非吾心全体大道之妙乎？故记曰喜怒哀乐之未发谓之中，发而皆中节谓之和，中和即一大之理。盖一则自无喜怒哀乐，大则无不中节，天地位而万物育（中略）曰：怎么则皇天无二道，圣人无两心？师曰：再听山偈，此心不必别安排，万古乾坤一圣胎，除是不求求不得，得时还是一中来。"]）。太虚之所以选择历来并不为禅家所重视的《法华经》为入处，讲说不断，是因为这部经的骨骼中包含了会三归一、开权显实的雄大的万机包容的结构，从中可以找到时机相应的向上之处的缘故吧。所以他对于宋儒的排佛，是这样拒斥的：

> 自天地开辟以来，演唱斯道者孔孟程朱，孔孟未见佛经，且置之而勿论。程朱亲见佛经，尚曰夷狄之小法耳。至人岂容易识乎？妙道岂容易悟乎？（第383页右）

如上所述，既然将太极视为与玄妙之本心相同的东西，那么此本心具有天理也是理所当然的。过去宋儒为了排斥佛教的事理二障说尤其是理障说，可谓不遗余力，陈白沙也在形式上接受了宋儒的看法（后述），太虚则将实相妙体与天理以几乎没有任何违和感的方式结合在一起：

> 盖此实相妙道，著实而无虚妄之神妙道理也。此理即人人本具之天理也。（第371页左）

盖斯经妙旨，在易谓之太极，在天地万物谓之理，在造化万变谓之道，在人物为憎爱取舍之主谓之心，在动植云为去就苦乐之觉[①]谓之性。然太极也，心也，性也，道理也，即一体无二之物（中略）太极也、道理也、心性也，皆备于我，何尝欠少，而向外觅哉！（第354页左）

本书的第三个特色，是强调随处随时体认天理的儒禅一体的境地。在这里，任何事物都毫无滞碍，以随处为主的禅学的主体性的策略，与从"云行雨施""鸢飞鱼跃"中体认活泼泼的生理天机的儒家工夫，在此融为一体[②]。这就是太虚所言"法华一乘"的体认，被他称作"统体一极之元理"。

　　到大悟时，必当自信眼见之形相，妙法之全体也。耳闻之音声，妙法之圆宣也。鼻嗅之香臭，妙法之至信也。舌尝之滋味，妙法之醍醐也。如是乃至身触意缘，鸢飞鱼跃，云行雨施，无有不是妙法之全体大用也。（第367页右）

天台智顗通过熟读《法华经》，成就了"一色一香无非中道"的哲学，现在太虚将此溶解在禅理之中，将"中道"换成"中庸"，从而构成了他自己的独特立场。而这种立场，与陈白沙的宇宙自我观，有很深刻的相通之处：

　　往古来今，四方上下，都一齐穿纽，一齐收拾，随时随处，无不

---

　　① 原文为"在动植云为去就苦乐之觉谓之性"，"云"字恐怕是衍字。
　　② 但是"鸢飞鱼跃"与禅家之语的近似处，朱子早就有所指出："恰似禅家云'青青绿竹，莫匪真如；粲粲黄花，无非般若'之语。"（《朱子语类》卷六十三，十四丁左）

是这个充塞。色色信他本来，何用尔脚劳手攘？（《白沙集》卷四《与林郡博》）

众所周知，"随处体认天理"的哲学的思考，由湛甘泉而得到大成，但我们从他的老师陈白沙那里已经可以找到这种思想的痕迹。陈白沙在给湛甘泉的书信中写道：

日用间，随处体认天理。著此一鞭，何患不到古人佳处也。（《白沙集》卷三《与湛民泽》第十一书）

作为道体随处发见的"鸢飞鱼跃"，是朱子反复提及的[1]（《朱子语类》卷六十三，十四丁以下），胡敬斋也曾作诗曰"人心无物欲，随处皆天理。在山则乐山，在水则乐水"（《正谊堂全书 胡敬斋集》卷三，十丁《即时》），在某种意义上可以说这种宋儒的精神已流传到陈白沙、湛甘泉（乃至整个明代思想之全体）[2]，不过与湛甘泉相比，陈白沙对于程朱学的人性论、工夫论的态度更具批判性[3]，对于宋儒的过于严酷地言理而感到厌恶（《白沙集》卷三《复张东白内翰》），他在论及"鸢飞鱼跃"的时候，并不与天之定分、定理相联系：

君若问鸢鱼，鸢鱼体本虚。我拈言外意，六籍也无书。（《白沙集》卷九《赠陈馘湛雨》第二首）

虚无里面昭昭应，影响前头步步迷。说到鸢飞鱼跃处，绝无人力

---

① 朱子对于曾点之学，也说是"盖有以见夫人欲尽处，天理浑然，日用间，随处发见。"（《朱文公文集》卷五十一《答万正淳》）

② 白沙《祭先师康斋墓文》（《白沙集》卷五）中有"见鸢飞鱼跃"之语。

③ 关于白沙与甘泉的关系，参看拙稿《湛甘泉与王阳明》第二节。

有天机。（同上，卷九《赠周成》）

理之痕迹完全被虚空所吸收，在超越传统经书之处，试图发现实践主体的根据。虽然同样都是着眼于天理生机的发见，但陈白沙已经对宋儒的支离烦琐偏狭严格的理意识感到极其厌倦，而将回归作为生命渊源的"自然"第一义，对他来说，程朱的所谓格物致知的工夫并没有什么先进性，他的论说的重点是"自然＝一心＝一把柄"的直接性体悟与把握。在这点上，理气之间的乖离体验到种种人世间的烦恼，穷究一事一物之理，从而渐渐地接近至高境地。陈白沙的立场在这样的朱子学的立场的人看来当然是不知"下学"的夹杂禅学、黄老之物而由此遭到诽谤①。本来，陈白沙自己曾坦言"非务为高虚以误人也"（《白沙集》卷三《复赵提学金宪》）：

> 舞雩三三两两，正在勿忘勿助之间，曾点些儿活计，被孟子一口打并出来，便都是鸢飞鱼跃。若无孟子工夫，骤而语之以曾点见趣，一似说梦。（同上，卷四《与林郡博》）

强调工夫是不可或缺的。但他紧接着说道：

> 会得虽尧舜事业，只如一点浮云过目，安事推乎？此理包罗上下，贯彻终始，滚作一片，都无分别，无尽藏故也。（同上）

---

① 例如胡敬斋说道："夫公甫天资太高。清虚脱洒，所见超然，不为物累，而不屑为下学。故不觉流于黄老，反以圣贤礼义为太严，先儒传注为烦赘，而欲一切虚无，以求道真。"（《胡敬斋集》卷一《复张廷祥》）又如章枫山曰："今白沙见朱子之后支离，遂欲捐书册，不用圣贤成法，只专主静求自得，恐又不免流于禅学也。今之学者，须持敬致知两下工夫方可。"（《枫山语录·学术类》）

当他将理的性格界定为无分别的时候，理就必然超越格物致知之境地，其作为统合性的原理的姿态就浓厚起来。果然，陈白沙接着又说："自兹以往，更有分殊处，合要理会，毫分缕析，义理尽无穷，工夫尽无穷"（同上）。这种看法与"理一分殊"之间，应该是有某种比重上的差异、先后关系的顺序。朱子学者罗整庵就敏锐地指出："所谓理一者，须就分殊上见得来，方是真切。"以此为前提，他评价陈白沙的上述说法是：

> 夫犹未尝理会分殊，而先已"得此把柄"，愚恐其未免于笼统瞒盱也。况其理会分殊工夫，求之所以自学，所以教人，皆无实事可见，得非欲稍自别于禅学，而姑为是言邪？（《困知记》卷二）

他从正面进行抨击，认为陈白沙是在糊弄理路而已。想来如果陈白沙的一心，在最初预设了"理一"与"分殊"之间的上下先后的区别才得以成立的话，那根本就不需要等到朱子学者出来指责，而本身就是极其"不自然"的东西，必然是对陈白沙自己的哲学的抹杀。而如果在"分殊"的世界里面急于寻找"理"，忽视了一枢纽、一把柄的把握的话，那反而会错过天机、天理，导致与"自然"渐行渐远的结果。"圣心太极一明蟾，影落千江个个圆"（《白沙集》卷十，《示儿》第六首），如此吟咏的陈白沙的内心中，应该已经确立了理一分殊的一体观。尽管如此，他却如此说的原因，在于将向上一机作为工夫之重点的他，担心朱子学的格物致知论会对本心的根源性的状态产生遮蔽，这种胸中隐藏的念头却以相反的形式呈现出来。亦即是说，"自兹以往，更有分殊处"的"分殊"，不是朱子学意义上的东西，而是陈白沙的本心随时随处都进行自我展开、活动的意思吧。所以，这不是像整庵说的那样，为了有别于禅学而特意附加上去的东西，而应当看作并非孤立的本心显示出本身就先天具有的活动能力的自由。但在这种情况下，格物致知究竟应该如何理解，应该做出怎样的意义转换，陈白沙终究没有提及，要等到王阳明的出场，其真意才开始得到发扬光大。

但在这里需要注意的是太虚的下面这段话，与陈白沙思想的某一点一脉相通，可以视作促成王阳明格物论出现的一个路标：

> 呜呼，大道之体，岂容易窥测，容易证入，而为一乎。举如意云：会么？若于此会得，便见悟者悟此也。参者参此也。格物者格此也。致知者知此也。如是乃至传道传心，明理明性，传此也。（《法华大意》，第356页左—357页右）

> 盖诸法实相之妙，参此，儒谓之格物，悟此，儒谓之致知，知至物格，则诸法实相，了了常知，明明不昧者也。以至修身齐家治国平天下，无不灵验，以至超出死生，亘古亘今，以至顿入涅槃，彻上彻下，无有不妙应者也。（同上，第363页右）

这里的"格物"不是穷究事事物物之理，"此"意味着翻转证入"实相妙法＝绝对的悟境"。也就是指代从工夫纯熟到忽然顿悟的这个回转投入瞬间，在此圆证以前的阶段的所谓逐渐穷理的过程是不被认可的①。所以太虚屡次使用"性即理"的说法，但这也只是借用程朱学的术语而已，其内容则全然是他物。上述陈白沙的"自然"思想，与禅学的证悟相提并论固然不妥，但是若依据陈白沙的去除耳目支离之用、以六合为微尘、以确立虚而圆之大本为焦点的做法，那么由此所产生的格物论，在形态上也不得不与上面［译者按：此处应该是指太虚的思想］的形态有所类似。

035

---

① 太虚又言："盖自古及今，道德不明，只是性命不明。性命若明，则道德无有不明者，性即理也。命即我之理也。在我之理明，在人之理亦明，在人之理明，在物之理益明。如是乃至尽万有之形类，极空界之纷纭，理无不明。理既明，事无不明，事既明，所谓道德，所谓仁义，乃至礼义教化，文章刑政，无有不明者也。"（《法华大意》，第358页右）如此，由我之理而可以对于客观事象进行彻底处理，那么朱子学的所谓"宾主彼此之势"也就没有必要再考虑，由此格物致知也就变成无用之物了。

三

《法华大意》的第四个特点是：证入的转机是静而非动。翻开此书，太虚在斩断纠结、打破疑情的时候，几乎是作为惯用语而使用：

> 须向静中扫尽万别千差。（第 354 页左）
>
> 须向静室中焚香默坐。（第 364 页右、第 370 页右）
>
> 须向静中回光返照，与蒲团打合，看个一归何处话头。（第 373 页右）
>
> 须是向蒲团上屏息诸缘，单单提个那个是父母未生以前本来面目。（第 375 页右）

很容易就能注意到，太虚主张在静中寻找各位修行者的本来面目。中国思想史上的动静两种思想的对立，是极其复杂而多样化的，就禅门内部来说，随着时代不同乃至同一主体的体验的变化，产生了多种多样的形态与样式供修行者进行实践与讨论。在宋代的看话禅与默照禅之间的对立，是这当中最突出的例子。朱子对于禅学的克服，如果单纯看作是对于静的思想的克服的话，那就会完全忽视朱子与大慧禅之间的关系而犯下重大错误①。

不管是动还是静，重要的是看清楚成为思想家的思想的核心支柱的东西是建立在怎样的基础上，又是通过怎样的体验而得到确认的。稍晚于朱

---

① 对此，参看拙著《佛教与儒教》第三章。

子的高峰原妙警告道："若论参禅之要，不可执蒲团为工夫，堕于昏沉散乱中，落在轻安寂静里。"（《高峰禅要·示众》，第 357 页右，大日本续藏经本）确实在蒲团上打坐十年、二十年乃至三十年，默默地试图领悟父母未生以前的本来面目的话，动态的要素就会完全冷却，遂变成了无事打坐〔译者按：此处日文原文作"遂に無事甲裏に坐在し"，查阅日语当中并无"甲裏"之说法，可能是出版印刷时的误字，姑且存疑〕乃至死坐于蒲团上的危险，对此必须加以戒备。像明代流行的念佛公案那样①，对于抑制杂念纷飞是否立等见效，虽未可知，然而由此恐怕会产生压制思想的动态之高扬的反作用。太虚所主张的"静"能避免这样的危险，是因为有鸢飞鱼跃、随处体认天理的禅学的实相观：

> 盖天地中间，惟人最灵，人之一身主宰，只一个"性"字。性若明，道德仁义礼仪教化无有不明，无有不是。夫性者，在天地造化谓之理，故曰：宇宙中间，一理而已。在我性理之私谓之情，故曰：三界不能超，惟情为挂碍，苟能克去在我之情，惟是一团天性，则念念灯明说法，头头妙光谈经，六度万行，本自圆成，四德三身，竟非他得。其或未然，须向静中细看。（《法华大意》，第 360 页左）

文中所述的心性论、工夫论显得极其乐观与单纯朴素，"静中细看"是否真的能如太虚所期待的方向那样直线发展前进，不无疑问，但他考虑的就是以"静"为先，由此体悟到动静一如的境地。

> 师曰：十方三世佛，俱以静为先。曰：只如静久毕竟如何？师曰：

---

① 太虚也有推荐念佛公案的时候，参看《法华大意》第 375 页左，376 页右，377 页左，386 页右等等。

动静成一，乃为妙处。（同上，第385页左）

太虚的静的思想，直接让人联想到陈白沙。"为学须从静中坐，养出个端倪来，方有商量处"（《白沙集》卷三《与贺克恭》），这是他的名言，也有模仿邵康节的："真乐何从生，生于氤氲间。氤氲不在酒，乃在心之玄。行如云在天，止如水在渊，静者识其端，此生当乾乾。"（同上，卷六，《真乐吟效康节体》）程伊川每见人静坐，叹其善学，陈白沙对这则轶事很有共鸣（同上，卷三，《与罗应魁》）。静坐对他而言是体认心与理合一，或者说心从理那边得到解放的赌上自己生命的工夫，基于这种体验，有从学于他的人，都被要求进行静坐的训练（同上，卷三，《复赵提学金宪》）。陈白沙云："夫道至无而动，至近而神。故藏而后发，形而斯存。"（同上，卷三，《复张东白内翰》）这正是他的先立本心的工夫态度的自我表白，而在主张格物致知与存养的朱子学的立场看来，当然无法避免拈弄一物的嘲讽。胡敬斋曰：

> 陈公甫云，静中养出端倪，又云，藏而后发。是将此道理来安排作弄，都不是顺其自然。（《居业录》卷七）①

胡敬斋认为陈白沙的工夫没有顺应自然，然而在陈白沙看来，一心独自超然的静之立场，正可以省却学问的劳攘与人为的做作，与天地造化同流而

---

① 另参看罗整庵《困知记》卷二［译者按：当指下面这段话："溥博渊泉而时出之。"道理自然，语意亦自然。曰"藏而后发"，便有作弄之意，未可同年而语也。四端在我，无时无处而不发见，知皆扩而充之，即是实地上工夫。今乃欲于"静中养出端倪"，既一味静坐，事物不交，善端何缘发见？遏伏之久，或者忽然有见，不过虚灵之光景耳。］另外，明末的儒者刘念台站在自己的独特立场上批判陈白沙，曰："一敛一发，自是造化流行不息之气机，而必有所以枢纽乎？运旋乎？则所谓天枢也，即所谓独体也。今若以独为至静之体，又将以何者为动用乎？藏而后发，白沙有是言，其始学亦误也。其后自知其非，又随动静以施其功，亦误也。总在二（气）五（行）边生活故耳，故曰：君子之学，慎独而已矣。"（《刘子全书》卷十九，《示金鲍二生》）

为自然，这也正是随处体认天理，使人性散发出本来的光辉：

> 人与天地同体，四时以行，百物以生，若滞在一处，安能为造化
> 之主耶？古之善学者，常令此心在无物处，便运用得转耳。学者以自
> 然为宗，不可不着意理会。(《白沙集》卷三《与湛民泽》第七书)

然而，"自然"这个词本身有很多种意思，若仅仅凭借上面的资料，确实也
可以说并没有表达任何特定的哲学立场。在理解孟子的良知良能论的问题
上，顾宪成特地区分了自觉的自然与盲目的自然(《顾端文公遗书　小心斋
札记》卷十，十一丁)，也是出于上述考虑，在顾宪成看来，陈白沙的自然
与湛甘泉的随处体认天理结合在一起，成为下学上达的一体化的自然观[①]。
但是，"自然"如果要真正成为自觉而具有生产性，就不得不经历与一般的
非自然的、人为的东西之间的激烈碰撞与对决，由此应该就能够获得"随
处体认天理"的深度与强度。就这点来说，陈白沙的自然观以及"静"的
思想，难免还是有微弱与单调之嫌，不得不承认，具有明代特征的东西还
没有完全成熟。宋望之评价陈白沙：

039

> 白沙之学，得于自悟，日用工夫，已见性体，但其力量气魄，尚欠
> 开拓。盖其学祖于濂溪，而所造近于康节也。(《明儒学案》卷二十四)

吴苏原认为：

> 白沙岂得象山之精识卓见哉，不过窃其近似以微虚名耳。(《吉斋

---

① 顾宪成曰："白沙先生以自然为宗，近世者皆宗之，而不思不勉之说盈天下矣。不可道他
不是，只要识得自然何也？天理也，行乎天理之不得不行，止乎天理之不得不止，所谓自然也。
(下略)"(《小心斋札记》卷十三，四丁)

第二章 陈白沙与太虚法师

漫录》卷下，二十四丁）

不得不说他的批评还是有道理的。在阳春楼上的三年静坐，确实是陈白沙超越宋学的苦涩年代，再看他之后的教说与诗文，我们并不能找到后来明代学术全盛时期所产生的那种对哲学乃至实践问题的探讨，这与其说是因为陈白沙的天资高明，不如看成是由于明代前期思想界的朴素、简易，显得更妥当一些。

关于陈白沙思想的简易性，可以指出其对于克服欲望习染的态度的不明确性，而在太虚的思想当中，对于恶的感应也是形式而浮于表面，实在的根底并不牢固，也没有积极承担高层次的主体性创造的责任感。例如下文：

> 人之本性，性即理也。元无圣凡之名可称，元无善恶之迹可指，竖穷三际，横遍十方，但以当人不知，或随气禀而有异，或拘习染而自差，所以有学、无学二者之名，果能一念回光，复还天性，则无边恶业直下顿消，无边功德一时具足，更说什么学与无学。（《法华大意》，第381页右）

概括此节的偈语如下：

> 夙习未消须要灭，习消学灭总虚言，人言有水皆涵月，我道无云便是天。[译者按：下面紧接着还有："问曰：如何是无云便是天？师曰：听说山偈，圆明觉体本如然，昧者不知道有言，既肯迷云都扫尽，缘何不是大青天。曰：恁么则但离妄缘，即如如佛？师曰：阇黎如此，大家回向。"]

关于佛凡真妄的上述看法，不论教禅异同，都是佛教内部公认的，给人留下说明性的、示范性的印象。太虚思想的开放性，并不是在孕育矛盾的契机中产生具有生命力的丰富而抑扬的异质性的东西，而应当说是以一心为原理，单调地扩张平铺出去。所以太虚说："悟此性道者，形虽凡夫，心即佛也。(中略) 心既如佛，则一身随之而妙。"(同上，第 387 页左) 会出现区分身心、佛凡这样的不成熟、不紧密的表现。在这里找不到像"即今听法底便是佛"(《临济录》[译者按：查《临济录》中并无完全对应的说法，意思基本相同的是"尔欲得识祖佛么。只尔面前听法底是"。]) 这样的全体应现、身心一如而又极其强烈的对决态度。来看一下被我国的道元称之为"古佛"的他的老师天童如净的话吧：

> 上堂。心念分飞，如何措手。赵州狗子佛性无。只个无字，铁扫帚。扫处纷飞多，纷飞多处扫。转扫转多，扫不得处拼命扫。昼夜竖起脊梁，勇猛切莫放倒。忽然扫破太虚空，万别千差尽豁通。(《如净语录》卷下，第 127 页中，大正藏本)

天童如净还不同意"一人发真归源，十方虚空悉皆消殒"(《楞严经》卷九)，而喝破道："天童则不然，一人发真归源，乞儿打破饭碗。"(《如净语录》卷下，第 128 页中) 我们必须注意师家这种充满浑身的天地一团的猛火、雷霆轰烈的气宇。"乞儿打破饭碗"式的一闪微尘、乾坤颠倒的巨响，很难穿透到静室中焚香独坐这样的反复进行定式练习的归宿之处。这也是太虚之禅无法带给明代禅宗史以新风的原因所在。陈白沙的"坐破蒲团亦是枯"(《白沙集》卷八《次韵廷实示学者》)，应该不是依照他心目中的太虚描绘出来的，但确实可以说是直指明代禅学界的弊病。

四

以上，本文考察了陈白沙与太虚之间的思想交流，并旁及明代思想界的一些动向，接下来对陈白沙的佛教观进行总括性的探讨。

陈白沙对佛教的辟除异端意识，下面这句话可以看作是其基本形式：

> 禅家语，初看亦甚可喜，然实是优侗，与吾儒似同而异，毫厘间便分霄壤，此古人所以贵择之精也。（《白沙集》卷四《与林时矩》第三书）

由此，陈白沙说：

> 人不能外事，事不能外理。二障佛所名，吾儒宁有此。（同上，卷九《随笔》）

对于佛教的二障说进行批判，对于佛教对纲常的付之阙如，也贬斥为"可怪"（同上，卷八《答陈秉询儒佛异同》）。

但是对于佛教的上述态度，是由陈白沙对宋儒的彻底且普遍的主张进行反省而来，单从上面这段话是无法完全了解陈白沙佛教观的独特之处的。对"毫厘间便分霄壤"之处何在，陈白沙自己并没有明确地指明。万历年间的士人区大伦曾提及陈白沙的排佛观："先生之于释氏，盖漠然外之，亦未尝讼言排之，其意常在于归斯受之而已（《孟子尽心下》）者，愈足以见先生之大矣。"（《游江门记》［**译者按：此文收录在中华书局点校本《陈献**

章集》（全二册，1987 年）附录四，第 944—947 页]）除去对于先贤的溢美之词，这样的说法结果难道不是暴露了陈白沙对于佛教的超越并不是值得深究的问题吗？又如湛甘泉对于陈白沙借用佛老的用语这一点，认为这显示出陈白沙无不容妍媸之所的学问的广大性（《重刻白沙全集序》），但陈白沙被斥为禅学，应当不会是仅仅借用言语表现这样细枝末节的事情就能打发掉的。

以上，陈白沙对佛教的态度，很难说是建立在与作为对手的佛教的紧密联系与自我沉潜的基础上构筑起来的，不过从他自身的哲学立场当中，并非无法找到显露其佛教观的地方。陈白沙曾对湛甘泉表明自己的心境：

> 天命流行，真机活泼。水到渠成，鸢飞鱼跃。得（德）山莫杖，临济莫喝。万化自然，太虚何说。（《白沙集》卷六《示湛雨》）

这里所说的"德山""临济"，是被并称为"德山棒、临济喝""临济三百六十骨节，只是这一喝，德山八万四千毛孔，不出这一棒"，在唐代诸多禅匠之中也最具机锋的二人，他们对于后世的影响极大，现在陈白沙从鸢飞鱼跃的立场，暗示不需要棒喝，自然而然就能成就生机，由此告诉了人们陈白沙之静中所包含的活动性的极限。当然，明初禅僧楚石梵琦也曾说过：

> 语默动静，折旋俯仰，一一明妙，一一天真，德山临济，不假棒喝，直下见得，可煞分明。（《楚石语录》卷七）

很难说陈白沙的话具有独创性，而且这也未必包含了他自己的明确意图或者讨论，但从他甚至能超越禅门中最具有跃动性的禅匠的自负当中，我们也可以（虽然是非常粗略地）触及他的佛教观之内涵。在禅门内部，荷泽、沩仰、曹洞等诸派并不需要等到陈白沙出来指出，就都对棒喝的方法有所批判。尽管如此，作为明代思想先驱的陈白沙，在提倡自然主义的同时，也对禅门的激进派有所留意，并保持了在天地之生机中全身心浸润的静的立场，我们必须承认这是有重要意义的。确实，在陈白沙身上我们无法看到像宋学的集大成者朱子那样虽然一度倾倒于"临济之正宗"的大慧禅"以寸铁杀人"的威力，随后就脱离此窠臼而展开自己的绵密思索，并与禅宗展开深刻对决的踪迹，但作为以良知为本来面目的阳明学派的先驱，陈白沙已经为其相应的问题意识以相对朴素的方式埋下了火种。[①] 在阳明门下，以虚静之宗旨尖锐攻击王龙溪的罗念庵说道："白沙先生所谓致虚立本之说，真若再生我者，方从静嘿愿与之游衍。"（《念庵集》卷二《答湛甘泉公》）同样，聂双江也承认："周程以后，白沙得其精，阳明得其大。"（《双江集》卷四，四十一丁）陈白沙的重要性由此可见一斑。[②]

五

王阳明对陈白沙并没有表现出特别积极的关心，所以到了阳明后学这里，对王阳明与陈白沙之间的思想的连续性究竟应该如何把握就成了一个重要课题。如上所述，归寂派的罗念庵与聂双江大致上均承认两者之间的本质一致性，重视良知之活动性的王龙溪则认为：

---

① 陈白沙在写给汪提举的书信（《白沙集》卷三）中说"一真一切真"，张廷实撰写的"白沙先生墓表"（《白沙集》附录）中在说明陈白沙的学问的时候也使用"一真万事真"。这个"一真万事真"的说法是从《六祖坛经》（般若第二）开始使用，之后在禅门屡屡见到，后来在阳明后学那边也经常被使用。由此可见贯穿白沙、阳明、禅宗的根本问题之所在。又，庄定山也有"一理融万理融，一境彻万境彻"的说法（《庄定山集》卷八《大梁书院记》）。

② 《明儒学案·白沙学案》曰："有明儒者，不失其矩镬者，亦多有之，而作圣之功，至先生（白沙）而始明，至文成（阳明）而始大。"

愚谓我朝理学开端，还是白沙，至先师而大明。白沙之学，以自然为宗，"从静中养出端倪"，犹是康节派头，于先师（阳明）所悟入处，尚隔毫厘。（《王龙溪集》卷十《复颜冲宇》）

他认为陈白沙的静思想与王阳明的良知说之间存在着微妙的差异。对此差异的详细阐明还需留待他日，要而言之，如王龙溪门下查毅斋所说"若必以静为主，一到动时，又要加一番照管检点工夫，则功夫已断，便非圣门率性修道之旨"（《水西答问》），必然会对动静分立这一点有所质疑。不过在思考陈白沙与王阳明之间的连续抑或非连续的问题的时候，同时也应当探讨阳明学的性格规定，王龙溪与罗念庵、聂双江的白沙观存在差异的根源也正在于此。陈白沙一般被视为明代思想的先驱者，王阳明则是大成者，这样的观点是建立在对于朱子学的定理意识的解放以及由本心来确立人的自我挺立方向的基础之上，从这个意义上说，陈白沙与王阳明之间的连续性是毫无疑问的。罗念庵说"白沙致虚，阳明致知，盖无所因袭而求以自得，此皆有意于圣学，不屑于世儒者也"（《念庵集》卷三《与徐大巡》），就是从上述视点出发而对两者进行结合的。正因为这样的结合是可能的，所以才会有像朱子学者陈清澜那样将陈白沙与陆王视作同一路中人，指责其罪恶的学者的出现（参看《学蔀通辨》后篇卷上）。

不过在这里值得注意的是，将陈白沙与王阳明进行对比的话，不能仅仅局限在个人相互之间的比较，还应当探究两者所生活的时代之间的关联性。陈白沙与太虚作为同时代的人，尽管有儒与佛的领域之不同，但都是主张静的思想家，这或许也反映了当时的时代思潮。

与陈白沙交往甚深的庄定山有"心非静，则无所敛"（《定山集》卷八《大梁书院记》）之语，被认为是以无言自得为宗（《明儒学案》卷四十四［译者按：《明儒学案》评语如下："先生以无言自得为宗，受用于浴沂之趣，山峙川流之妙，鸢飞鱼跃之机，略见源头，打成一片，而于所谓文理密察者，竟不加功。盖功未入细，而受用太早。慈湖之后，流传多是此种学问。其时虽与白沙相合，而白沙一本万殊之间，煞是仔细。"]）与此二者相比，朱子学倾向更强的罗一峰也说："人之生也静，感而后动生焉。性静也，天下之大本也，情动也，天下之达道也（中略）制其动以养其静也，能制其动，动亦静，静亦动，动静一矣。"（《一峰集》卷七《静轩说》）

对朱子学的彰显做出极大贡献的薛敬轩在《读书录》中也反复强调"学以静为本"，蔡虚斋在自箴里面也写道："最要静，愈静愈灵。"（《虚斋集》卷一）他在写给陈白沙门人的书信中也如此鼓励对方："天地人物之把柄皆在静上。""心当静极天机现。"（同上，卷一《寄张廷实书》）

在看了以上材料之后，我们对于陈白沙周边的思想界的大趋势也应当了然于心了。当然，就个别思想家而言，这种所谓静的思想的实质还需要进行严密的检讨，但是，阳明学出现以后所出现的超越格套的人间形象之挺立也好，对既成价值意识的根源性的疑问也罢，都几乎无法在他们身上找到，即便在各处产生了大大小小的漩涡，但要达到形成激流而泛起泡沫的程度则还远远没有达到。也正因为如此，这个时代在后世的朱子学者看来是一个美好的时代，被认为是宣扬阳明学出现以后引起毒害的最佳材料而被利用。本文将陈白沙与太虚一并进行探讨，也无非是为了探索如此这般的明代前期思想界的动向而已。

第三章

湛甘泉与王阳明

——为什么甘泉学没有像阳明学那样得到发展？

一、绪论

在王阳明（1472—1528）身处的时代，若要寻找能够与他相匹敌的大思想家，首先想到的应该就是湛甘泉（1466—1560）[①] 了。王阳明是娄一斋的弟子，湛甘泉是陈白沙的弟子，娄一斋和陈白沙都曾在吴康斋门下学习，所以若就学统而言，王阳明与湛甘泉可以说几乎处于同一思想圈内。不仅如此，二人从弘治十八年[②]（阳明时年三十四岁，甘泉四十岁）在京师相知以后，终生都保持交往切磋的关系，学风上也互有影响。"圣人之学，心学也"（《阳明全书》卷七《重修山阴县学记》），王阳明的这句名言当然是为了对抗性理学［译者按：即程朱理学］，打出自己的心学路线的旗帜，湛甘泉也屡屡说过同样的话[③]，随着二者的活跃，可以说明代心学运动获得了决定性的势力。对王、湛二人的交流，黄宗羲说道：

> 王、湛两家，各立宗旨，湛氏门人，虽不及王氏之盛，然当时学于湛者，或卒业于王，学于王者，或卒业于湛，亦犹朱、陆之门下，递相出入也。其后源远流长，王氏之外，名湛氏学者，至今不绝，即未必仍其宗旨，而渊源不可没也。（《明儒学案》卷三十七《甘泉学案序》）

049

[①] 王龙溪说："时海内主盟道术，惟吾夫子与甘泉翁。"（《王龙溪集》卷二十《钱绪山行状》）

[②] 两者确立初交的实践，依据阳明年谱是在弘治十八年乙丑："惟［译者按：此处原文误作"性"，应当是印刷错误］湛甘泉先生若水，时为翰林庶吉士，一见定交，共以倡明圣学为事。"《甘泉集》（康熙二十年刊本）卷十七《赠别应元忠吉士叙》的记载却是"正德丙寅，始得吾阳明王子者于京师"。这样就有一年的偏差。很难断定哪种说法更准确，在此姑且依照阳明年谱的说法。又，洪垣撰"湛甘泉墓志铭"中记载湛甘泉成为翰林庶吉士的时间是乙丑。

[③] 《甘泉集》卷十七、七十一丁，卷十八、二十八丁，卷二十、十一丁，卷二十二、十八丁等。又《格物通》卷三十七、十八丁中有"帝王之学，心学也"的说法。

両学派之间的交流是如此紧密，但就思想的影响力而言，甘泉学派无论如何也达不到阳明学派的程度，其发展的样态也没有像阳明学派那样丰富多彩。王阳明曰致良知，湛甘泉曰随处体认天理，两者追求的都是性情理气不分浑然一体的生命活动，如阳明门下的邹东廓所说："迹二先生之学，曰致良知，曰体认天理，超然独接濂洛，一洗夹杂支离，而归之明物察伦之实"（《东廓集》卷四《武夷第一曲精舍记》）一边是王阳明去世后日渐兴盛，另一边是湛甘泉去世后势力扩张的急速停滞，这究竟是为何？在朱子学者看来，二者都属于陆象山心学一脉下的法嗣，（暂且不论阳明）湛甘泉也给时代带来了新风，对道学进行大胆改进，其讲学一时间获得了广泛支持，即便如此，其学风却终归固化，随着时光流逝而日渐无力，这究竟是为何？

为了解答上述问题，就不仅要阐明甘泉学的思想史定位与其特性，对阳明学的性格的了解也应当会有所帮助，同时，对正德以后的明代思想史的展开的关键何在的问题也应该会有所启迪。当时的心学家们都在心学的旗帜下试图克服性理学的缺陷，树立新的人之形象，但最终对这个课题带来最丰富成果的还是阳明学派，甘泉学派以及其他人的成绩只不过差强人意。其思想上的原因究竟在哪里？

伴随着上述问题意识，对甘泉学的性格与阳明学进行对比与阐明，这就是本文的目的。

二、湛甘泉与陈白沙

陈白沙在明代思想史上的功绩，首先在于他从对名教的卑微之屈从中摆脱出来而回归自然，超越以传统的威压感来束缚主体的天理，并以"心"的充足与确立为第一义。"得此把柄入手，更有何事"（《白沙集》卷四《与林郡博》），这是陈白沙的名言，他所说的"把柄"是为了保持内在的主体性，追求客观世界的定理的朱子学式的格物论在此毋宁是被搁置起来，"人只争一个'觉'字，才觉便我大而物小，物尽而我无尽"（同上，卷四《与林时矩》），首先确立的是能够无限地操纵把握有限之物的统一之主体。这种自觉是超越作为安排的理之藩篱、从人性深处产生的东西，对此也可以称之为"自然"。如此，陈白沙以"心＝自然"作为枢纽，本来是基于对于人性不可避免地产生歪曲的朱子学的道学意识、定理观的批判，不过陈白沙自己并没有非常立场鲜明地叫嚣道学的腐败与提倡新儒学。他毋宁是建议人们为了把握这种自然的形相而进行静坐，强调"藏于内"。白沙心学的格调被认为在总体上（像后来的阳明那样）不是动态的，而主静。这是因为其"心"内部并不含有"一"与"多"、"善"与"恶"、"正统"与"异端"、"个人"与"社会"这样鲜明的对立的契机，而呈现出非常浓厚的平稳统一的样态。

这先于客观世界之定理的统一的主体（心），随着自我内观的深入，显现出偏于虚无、无拘束的性格，特别是与禅宗的相近，这就会成为问题。但是这澄明安静的心会看透人伦之中的扭曲之处，并产生更纯正的伦理学，就这点来说，陈白沙之心学依然属于儒家的范畴，说白沙学与朱子学之间存在连续性也是有可能的。这也是为什么人们很难从单一的角度来阐明陈白沙思想，并由于着重点的不同而很容易产生完全相反的解释①。对于陈白沙思想是否是禅的讨论，在他的友人、知己之间就已经产生，特别是作为他门生的湛甘泉与张廷实（东所）之间，对于师说的理解就存在着重大的分歧。

051

---

① 黄宗羲云："白沙论道，至精微处极似禅。其所以异者，在握其枢机、端其衔绥而已。禅则并此而无之也。奈何论者不察，同类并观之乎。"（《明儒学案》卷六《张东所小传》）关于张廷实的学问，陈白沙的见解可以参看《白沙集》卷一《送张进士廷实还京序》。黄氏的说法也似乎是以此序为依据。

放言"能超悟自得，六经四书亦剩语"［译者按：原文为"有能超悟自得，则于斯道思过半矣。然则《六经》《四书》，亦剩语耳，矧其他乎"。］，张廷实认为"至于心无所住，亦指其本体"，这样的立场应当说存在着走错一步就成禅的机微（以上依据《明儒学案》卷六）。湛甘泉对于这样将师说进行歪曲而接近禅的张廷实本人，进行了极其严厉的抨击。例如他记载了这样的轶事：我在当初求学于白沙先生的时候，先生叹息道："此学不讲已有三十年。"在讲义结束之后，我问道："先生有门人张廷实与李子长，为何却说此学三十年不讲？"先生答道："子长只是作诗。廷实平时只关心与世间无关之事，也不提问。所以吾学不讲。"……我之后拜访了廷实。（当时）廷实说："三教原本为同一之道。"由此我意识到这并非白沙之学。我问道："这个观点你有询问过白沙先生吗？"廷实说："没有问过，只是恰好相合而已。"由此我领悟到白沙先生的话是真的。（《甘泉集》卷四、八丁）①

湛甘泉还说：

> 常恨石翁分明知廷实之学是禅，不早与之斩截，至遗后患。翁卒后，作墓表，全是以己学说翁，如不以手而能书，不以心而能诗，全是禅意，奈何！奈何！（同上，卷四、八丁）

我们试着看张廷实所撰写的《白沙行状》，其主眼确实在于描绘超越俗界而在天空中飞翔的陈白沙的妙境，非常直截了当地形容为"伊洛之学盖不足道也"，也记载了陈白沙年轻时候阅读释老稗官小说之流，之后又与浮

---

① 湛甘泉还记载了陈白沙评价张廷实"虽在膏火煎熬之极，而常有清凉之气"之说是禅学的说法（《甘泉集》卷四、七丁）。张廷实所撰写的《白沙先生墓表》，在《明儒学案》卷六有收录。简又文的《白沙子研究》第183页云："白沙门下，深知其师对于宋儒程朱正统派之革命精神、公然显扬者，张诩（廷实）而已。"

屠、羽士商农乃至仆贱有所交流，与禅僧太虚也有深交①。这与湛甘泉所写的"奠文"完全以儒者典型来描写为师的人格的做法形成了鲜明对比。那么究竟何者才是正确的呢？

湛甘泉所接受的白沙学，是"（禅家之语）实是优侗，与吾儒似同而异，毫厘间便分霄壤"（《白沙集》卷四《与林时矩》），认为陈白沙具有重要的儒佛辨别意识，这当然是没有错的。但是陈白沙所体认到的自然观，具有打破俗流感觉的直觉的敏锐性，有时也会说看似禅学的"一真一切真②，得其门而入者，无远弗届也"（同上，卷三《与汪提举》）的体认表白，这一点也不可放过。所以像陈白沙弟子贺医间那样，会认为"白沙答张廷祥诗，所谓'吾能握其机，何必窥尘编'等语，不免有过高之意"（《贺医间集》卷二、六丁）。要从严格偏狭的道学意识的拘束中摆脱出来，也可能会产生这样并非自在无碍之端倪的表现形式，也会误认为这是禅的绝对无的时候吧。那么像甘泉那样，认为张廷实所接受的白沙学是完全有损于认识陈白沙面目的主张，也不得不说是一面之词③。

在这里需要思考的问题，不是如上文所说的两种白沙观何者才是正确，而是慎重绵密地考虑湛甘泉将陈白沙与禅学决然割断的观念。（也就是说，过于神经质地想要压抑"心"与"无"之间的媒介性）这对于湛甘泉来说是保持纯正心学之基础的必要条件。一方面湛甘泉在陈白沙的主要思想中汲取与接受的是"随处体认天理"六字。陈白沙在给湛甘泉的书简中写道："日用间，随处体认天理。著此一鞭，何患不到古人佳处也。"（《白沙集》卷三《与湛民泽》第十一书）然而"随处体认天理"之语，作为儒家的实践论是了无新意的表达，朱子学也有"人欲尽处，天理浑然。日用之间，

---

① 关于陈白沙与太虚的交友，参看拙稿《陈白沙与太虚法师》(本书所收)。
② 张廷实所撰写的墓表中就使用了"一真一切真"的禅语。
③ 《甘泉集》卷二十三、二十七丁中记载了贺医间多年不得开悟、陈白沙为了方便而让他读佛书的事情。

随处发见"(《朱子文集》卷五十一、三十五丁《答万正淳》)的表述，湛甘泉依据这句话究竟构想了怎样的心学？特别是关于此"天理"的内容规定，无论如何强调"随处"的严格性，结果也难免变成旧瓶装新酒。与禅学进行断绝而试图保持教宗的纯粹性的湛甘泉的意识，难道没有制约他思想的展开，导致理的活动性机能锐减的结果吗？"湛源明如乞食道人，记经呗数语，沿门唱诵。"(《艺苑卮言》)王世贞会有这样嘲讽的看法，从这点上看也不是无法预料到的。因此先来探讨一下甘泉心学的基本倾向吧。

三、甘泉心学的性格

陈白沙论述心之本相，曰"往古来今，四方上下，都一齐穿纽，一齐收拾，随时随处，无不是这个充塞"(《白沙集》卷四《与林郡博》)，此心学之精神完全为湛甘泉所继承，并且对基于此原理的心的分析也愈加精细。

心性图

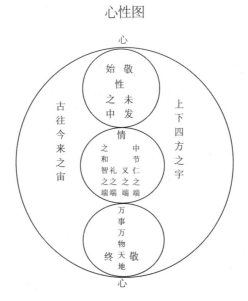

作为甘泉心学轮廓的简要概括，可以参看其"心性图说"（《甘泉集》卷二十一）。"心性图"在外面的一个大圆圈（配以"心"）中以三个小圆圈（配以"性""情""万事万物天地"）纵向相接，在左右空白之处有"上下四方之宇""古往今来之宙"的文字，一眼看去，可以理解为心"包乎天地万物之外，而贯夫天地万物之中者也"（"图说"）（湛甘泉的意思是，大圆圈意味着包容性，小圆圈意味着贯通性）不过，相对于图中的大圆圈之"心"，小圆圈的"性"的作用似乎给人留下被相对压缩的印象，这两者之间的关系究竟如何？"图说"曰：

> 性者，天地万物一体者也。浑然宇宙，其气同也。心也而不遗者，
> 体天地万物者也。性也者，心之生理也，心性非二也。

我们不难体会到，湛甘泉避开了（朱子学那样的）"心"与"性"之间的多重化，而试图以"不离相即"来进行理解，如果说"性也者，心之生理也"是指一直参与心的全体构成，关于心之死活的话，那么相即于"心"的大圆圈的也应当是"性"，以大小来进行区分的做法哪怕是图上的权宜之表现，也给人留下了问号。为了解决这个疑问，再来看一下"心性图"。"性"的小圆圈中有"未发之中"的说明语，"情"的小圆圈中有"中节之和"，在下面有"仁之端，义之端，礼之端，智之端"的说明语。并且"图说"里面对于"性"与"情"的关系做了如下说明：

> 譬之穀焉［译者按：此句作者没有引用而省略］，具生意而未
> 发，未发故浑然而不可见。及其发也，恻隐羞恶辞让是非萌焉，仁
> 义礼智自此焉始分矣，故谓之四端。端也者，始也，良心发见之
> 始也。

亦即是说，"性"和"情"作为"未发"与"已发"、"浑一"与"四端"的范畴进行对置，其意味、机能在此被加以区分。由此，说"性"对于"心"而言是"心之生理"，这就意味着条理的侧面，对"情"言"未发之中"，就意味着作为其发动依据。"性"与天地万物为一体，是以条理的层面而言，而非基于主体的意识与行为全体。所以湛甘泉会说"心"具有包容性与贯通性，但没有如此说"性"。

在进行以上追求时，说"心性不二"，意味着"性"为保持"心"之机体而具有不可或缺的功能，是作为这样一个条理的整合体而言；反过来说，为了要时刻保持"心"的活动的正常运转，就必须使得"性"的机能获得充分的发挥。

湛甘泉的这种心性论，就"在心为理"（《甘泉集》卷二十八、十二丁、十八丁）而言，是对"在物为理"的程朱学的思考方式的逆转，确实显示了心学的面目，① 与此同时，"性也者，心之生理也"的说法与"性者心之知觉"的佛教心学说划清了界限。在这里我们没有对湛甘泉思想的独创性有所怀疑。

但是这作为"心之生理"的"理"，是如何形成，如何对实践主体进行规范的呢？究竟是放任心自身的流动，依据其自发的意志来行动，还是说以一定的实践基准作为前提，在具体设定的方向上使得意欲能得以燃烧起来？如果是前者，那就没有必要区分"心"与"性"，最多规定"性者心之本体"（《传习录》）就足够了。如果是后者，"性"既非"情"亦非"万物"，而是作为一种特殊机能，在"心"之中必须保持特别的地位，因此不

---

① 顾应祥对此表现转换有如下的评价："湛元明又改（在物为理）曰'在心为理，处物为义'。"（《静虚斋惜阴录》卷一、十三丁）如后文所述，从甘泉学回避了与程朱学的对决这一点来看，确实顾氏的主张具有一定的道理，但是在这种表现转换的地方，还是必须要注意作为明代心学家的湛甘泉的面目之显现。

可言"心即性"，也很难说"心即理"①。在这里，同样是作为心学，湛甘泉与王阳明之间的分歧就产生了。

湛甘泉对阳明心学有如下的批评：

> 盖阳明与吾看心不同，吾之所谓心者，体万物而不遗者也，故无内外。阳明之所谓心者，指腔子里而为言者也，故以吾之说为外。（《甘泉集》卷七、二十四丁"答杨少默"）

在这里我们不妨回想一下刚才引用的"心性图"。如"心"的大圆圈中所描绘的上中下三个小圆圈所示，"心"贯通"万物"，是通过"性→情→万事万物天地"，若没有"万事万物天地→情→性"，也就没有"性＝情＝万事万物天地"。原因就在于，从价值上看，有"性"而"情"，"万事万物天地"才得以成立，而并非相反，"情"或者"万物"更不可能替代"性"。湛甘泉的心性论确实可以说是以"心"包含与贯穿万物的。不过，这个被包容而贯穿的万物，在心之中重新进行展开，从而颠覆"性→情→万物"的正常轨道，使得"理"的秩序得以变动，这也是可以预期的。所谓对于对象的包含，并非从最初就预期对象的本质性的顺从，而毋宁必须承认对象本身的独立性与反叛性，并以此为基础而不断地进行自我的开放。因此，如果"性→情→万物"的方向是可能的话，那么反过来"万物→情→性"的方向也应当是可能的。在此场合下，"心性图"中所见的大圆圈与小圆圈的区分也好，性、情、万物的顺序也罢，乃至未发、已发的分别等等，都

057

---

① "问：心即理如何？曰：心主之神，心之生生，乃理也。存其心，养其性，其心三月不违仁。以心为理，是慈湖之蔽。"（《甘泉集》卷二十三、二十二丁）（同上、卷八、十八丁）但是在"格物通"（卷二十、十三丁）中湛甘泉评价陆象山的"人心至灵，此理至明，人皆有是心，心皆具是理"："心即理也，理即心之中正也，一而已矣，而云具者，是二之也。"但是，这里的重点不是"心即理"，而是"心之中正"，这必须引起注意。

不再具有特别重要的意义。因为无论是从意识层面还是行动层面，性情主客无分别的心，其本身作为全体大用而活跃灵动，在此没有任何进行细微区分与秩序建构的必要。王阳明所瞄准的东西正是在此。所以他说道：

> 夫物理不外于吾心，外吾心而求物理，无物理矣；遗物理而求吾心，吾心又何物邪？心之体，性也；性即理也。故有孝亲之心，即有孝之理，无孝亲之心，即无孝之理矣。有忠君之心，即有忠之理，无忠君之心，即无忠之理矣。理岂外于吾心邪？（《传习录》卷中《答人论学书》）

湛甘泉认定王阳明的心只是在"腔子里"，是因为他没有洞察到阳明心学中的全体构造呈现出物我一体、主客一如般的流动与顺逆自在、往复无碍的活跃，而误认为是无视客观世界的条理、始终停留在观念世界的形态中的缘故吧。为什么湛甘泉会有如此的误解呢？这或许是因为湛甘泉思想的内部依然存在的朱子学的性理学理论的余光。拒绝"心即理"，以"性→情→万物"的图式为基础、试图确保"性"的优先性，尽管湛甘泉也力图主张"心"与"性"的一体性，然而这也无非是由性之理来实现万物的确立以及行为的平衡而已。若说得再平实一点，那就是由心之本体来对所有行为、事物的内在之理与性所具有的理之间的本质合一进行预断与确认。王阳明在使用中非常有意地尽量回避"定理"这个词，而湛甘泉则会不期然地提起①，这一点也可以说是上述事实的佐证吧。虽然湛甘泉总是说"心之生理"而不言"事物之理"，这可以说是与性理学的区别之处，但理的流动性、自发性很早就受到极大的制约，主体在各自所处的时、处、位能够进

---

① "然万事皆起于念虑之微，善善恶恶，皆有定理。"（"格物通"卷一、六丁）

行自由创造的余地也很少。也就是说，这是以比较安定的客观世界的诸条件为背景的心学。所以同时代的学者顾应祥会说："甘泉只是稍变古人之说。"（《静虚斋惜阴录》卷三、五丁）正是指出其作为心学在独创性上的薄弱之处。

　　不过，与陈白沙相比，湛甘泉的心学值得注意的是，他对于客观世界、现实世界所显露出能动性的意欲。所以湛甘泉评价陈白沙所说的"静坐久之，然后见吾心之体隐然呈露"（《白沙集》卷三《复赵提学金宪》），认为这只是先生为初学者所言，实际上是动静无间，"心熟后虽终日酬酢万变，朝廷百官万事，金革百万之众，造次颠沛，而吾心之本体澄然无一物，何往而不呈露耶？盖不待静坐而后见也"（《甘泉集》卷八、二十五丁）。湛甘泉还反对受人尊敬的周濂溪的"动而生阳，静而生阴"（《太极图说》）："盖阴阳动静运行于天地之间，无有止息，又岂待生？"（《甘泉集》卷七、五十七丁三，卷十一、四丁）也显示出他反对先确立"静"的思想。并且他在初入陈白沙之门下的时候，梦见一个老人劝他"先在山中静坐百日"，他询问陈白沙，陈白沙答曰："恐生弊。"由这样一则事例，他断定"先师不欲人静坐也"（同上、卷四、七丁，卷二十三、二十七丁），也同样露骨地显示出想要一扫陈白沙思想中偏静思想的意图。在目标定为动态的心学这一点上，湛甘泉与王阳明是一致的①，正因为如此，两者之间饱含敬爱的应酬才成为可能，才能通过相互提携而实现向心学路线的急速转换。然而，湛甘泉为了对抗王阳明的"致良知"学说，提倡的是作为他自己的心学之核心的"随处体认天理"说。

059

---

① 所以甘泉说："阳明不专于静之说，即仆之说也。"（《甘泉集》卷七、六丁）

四、随处体认天理

"随处体认天理"是指随着"未发、已发"与动静，（不停留于事物之末端）即我心之本体而体认天理。对天理的体认是宋明理学家都会挂在嘴边的说法，而云随处在心中体认，则体现出动的心学家湛甘泉的重点之所在。所以他说：明道看喜怒哀乐未发前作何气象，延平默坐澄心体认天理，象山在人情事变上用工夫，三先生之言，各有所为而发，真正的工夫是将这些东西进行综合之基础上的随处体认天理（《甘泉集》卷七、三十一丁，卷九、五丁）那么所谓"天理"又是什么？"天理者，吾心中正之本体而贯万事者也。"（同上、卷七、五十九丁）又曰："'天理'二字，不分心事，不分内外，何者？理无内外心事之间故也。"在这里我们也可以看出，湛甘泉的心学既没有沉溺于观念的空转，也不随事物之流行而流转，而是在慎重的考虑之下进行建构的。与这样的动态之位相紧密联系的心学，排斥静时的内观修省，完全集中于具体事情的来去往复，这当然有可能会被误认为是一种知觉主义，由此也会直接受到朱子学系学者的指责。罗整庵就说道：

《明论》《新论》《樵语》《雍语》，吾闲中皆尝披览再三。中间以知觉为心之本体，凡数处；又以天理为心之本体，亦数处。不知所谓本体者，一耶？二耶？谓心体有二，断无此理。体既不容有二，则其所认以为天理者，非知觉而何？其教学者，每以"随处体认天理"为言，此言如何破得？但以知觉为天理，则凡体认工夫，只是要悟此知觉而已。分明借"天理"二字，引人知觉上去。（天启刊《困知记》卷四、

三十一丁)①

湛甘泉与朱子学之间的差异是显而易见的吧。那么湛甘泉时常挂在嘴边的"中正"又是什么，它是如何形成，指向何种状态？遗憾的是，对此问题能正面给出解答的资料在湛甘泉的著述中似乎是无法找到的。作为解决此问题的线索，让我们来看下面这段文字：

> 心只是一个好心，本来天理完完全全，不待外求，顾人立志与否耳（中略）志如草木之根，具生意也；体认天理，如培灌此根；煎销习心，如去草以护此根。（《甘泉集》卷八、一丁）
>
> 盖心与事应，然后天理见焉。天理非在外也，特因事之来，随感而应耳。故事物之来，体之者心也，心得中正则天理矣。（同上、卷七、二十八丁）

可以看出，从所谓包容、贯通事物的心中可确认天理之"中正"，然而对于"中正"本身的构造，并没有任何说明，只是有如下的预期而已——一旦驱逐"习心"，则自然而然地，中正就会出现。在这当中，"中正"和与其进行反逆、拮抗的诸要素之间的力动的关系，可以说几乎完全被无视了。如果采取恶意的解读，那就可以理解为完全无反省地接受了陈白沙的自然观，并作为其动态的心学的基础。无论如何，在甘泉心学，"习心"虽然是可以颠覆天理中正的偶然性要素，但并不是天理中正之本身的构成性要素。所以他说"善恶在心不在性（荒木按语：亦即天理）"（卷二十三、一丁）。如前所述，"心"与"性"虽然并非别物，但"心"所承担的责任未必就直接

---

① 清儒陆稼书亦言："明季讲学家，如湛甘泉辈，亦言体认天理。但彼所谓心所谓理，只指得昭昭灵灵的一段精魂，这个如何贯得万事万物。"（《松阳讲义》卷九《女以予为多学章》）

适用于"性",也就是说,"性"在"心"之中被赋予了特别的权威,这一点在此就很明确。并且实际上在这里甘泉学与阳明学之间产生了重要的分歧,虽然同样可说是动态的心学,我们却不得不有理由认为,甘泉说中依然有尚未摆脱前人窠臼的核心,在其中凝聚了静态的停滞性。"吾心之良知①,即所谓天理也。致吾心良知之天理于事事物物,则事事物物皆得其理矣。"(《传习录》卷中)阳明的上述说法,将天理之死活完全交由心来进行掌控,由此也就不再需要贮藏理的核心,正因为这一点爆破,才成就了"良心现在一念"的特色。保存了朱子学核心构造的甘泉心学,无论如何装扮成具有动态的活泼性,其前进意识与活动方向都从最开始就受到了很大的制约。

本来,王阳明也并不反对从"理之发现处用功"(《传习录》卷上)。所以王阳明曾表达过赞同湛甘泉的意思:"随处体认天理,是真实不诳语,鄙说初亦如是。"(《阳明全集》卷五《答甘泉》)但接下来王阳明又不得不补充:"及根究老兄命意发端,却似有毫厘未协",就是因为他对于湛甘泉并未完全信赖"心"、要将一身之安全托付给"性"(中正)之奠基有所不满的缘故吧。② 另一方面,湛甘泉也说:"水与阳明公戮力振起绝学,何尝不同? 故尝云:良知必用天理,天理莫非良知。亦公案也。"(《甘泉集》卷七、七十三丁) 通过与良知说的一体性表达了与阳明之间的亲近感,但"吾说求直截而不得不直截,阳明之说求直截,反不得直截"(卷二十三、四十二丁 [译者按:原文为"吾之体认天理,易知简能,不求直截而未尝不直截也。阳明之门,乃以颇少直截为疑。即此是偏观天地四时之化,可见求直截,恐反不直截,得处即是病处也"。]),对于仅仅完全信赖心(良知)而不顾其他的阳明说的不稳定性进行了反驳。

---

① "吾心之良知",指的不是作为我心中的作为机能的良知,而意味着作为我心之自觉统体的良知。

② 参看《阳明全书》卷六《与毛古庵宪副》。

两者的上述区别是怎样产生的呢？王阳明曾用植树的比喻进行说明："譬之种植，致良知者，是培其根本之生意而达之枝叶者也；体认天理者，是茂其枝叶之生意而求以复之根本者也。然培其根本之生意，固自有以达之枝叶矣；欲茂其枝叶之生意，亦安能舍根本而别有生意可以茂之枝叶之间者乎？"（《阳明全书》卷六《与毛古庵宪副》）也就是说，在王阳明看来，湛甘泉的"随处体认天理"说虽然也关注"生意"并且做工夫，但是并不承认从根本上进行的培养，而停留在枝叶育成的阶段上。为何会如此？这是因为王阳明判断（湛甘泉）没有对天理自身的构成原理进行彻底的检讨，也没有从心这一核心进行自发性、根源性的重新构造，保留了浓厚而平庸的中正意识，真正的主体性的确立是不彻底的。如此，在阳明之门徒看来，湛甘泉说只是"格式"（固定的道德意识乃至法意识）① 而已。"随事体认天理，即戒慎恐惧功夫，以为尚隔一尘，为世之所谓事事物物皆有定理，而求之于外者言之耳。若致良知之功明，则此语亦自无害，不然即犹未免于毫厘千里也。"（《阳明全书》卷六《寄邹谦之》第五书）阳明的上述言论，很明显是看穿了缠绕在甘泉学中最具代表性的"随处体认天理"说之中的定理意识。王阳明所说的"根本"与"枝叶"之区别，要而言之，就是心体之全部始终是没有定体的，而且以同时保持既发散又收敛的动态化意向为基础，对此湛甘泉当然也提出了异议。曰：

　　　　良知者何？天理是也，到见得天理，乃是良知，若不见得天理，只是空知，又安得良？（《甘泉集》卷八、四丁）

---

　　① 湛甘泉有意识地将自己的立场放在朱子学者罗整庵与阳明学的中间："君子之道自在中间。近来阳明之徒又以为行格式，整庵之说又以为禅，真我只在中间也。影响了不干涉。"（《甘泉集》卷七、五十九丁，以及卷三十二、十六丁）

湛甘泉指出，有天理则有良知，无天理则良知就会流向空虚。又曰：

> 惟求心必有事焉，而以勿助勿忘为虚，阳明近有此说，见于与聂
> 文蔚侍御之书①，而不知勿正勿忘勿助，乃所有事之工夫也。求方圆者
> 必于规矩，舍规矩则无方圆，舍勿忘勿助，则无所有事而天理灭矣
> （中略）不意此公聪明，未知要妙，未见此光景，不能无遗憾。可惜！
> 可惜！（《甘泉集》卷八、二十四丁）

王阳明以"致良知"为"集义"，以缺乏头脑的"勿忘勿助"为悬空之工
夫，对此，湛甘泉认为王阳明是试图不通过规矩而描绘方圆，因此是愚蠢
的。又曰：

> 良知事亦不可不理会。观小儿无不知爱亲敬兄，固是常理，然亦
> 有时喜怒不得其正时，恃爱打詈其父母，纻兄之臂而夺之食，岂可全
> 倚靠他见成的？（同上，卷二十三、二十七丁）

此针对的是以良知现在之一念在当下万理具足的阳明说的自信吧。然而，
上述对阳明学的批判，不期然却与朱子学的阳明批判如出一辙。本文开头
所提及的、湛甘泉的人间观与世界观的根底里还残存着朱子学的观点，也
就愈加明显了。以上的差异，当然也必然反映到作为实践之工夫论的格物
论中。

---

① 这指的是《传习录》卷中所收录的《答聂文蔚》第二书。在此书简中有"近日一种专在勿
忘勿助上用工者，其病正是如此"，指的就是甘泉学吧。

五、格物论

众所周知，王阳明舍弃《大学》新本而采纳古本，特别是训"格物"为"正物"，由此与朱子学完全对立。湛甘泉在一开始采用《大学》新本，但之后被阳明之主张所吸引，在中年之后也开始相信古本①。其理由可以下面这段话作为概括：

> 诸生读大学，须读文公（朱熹）章句应试。至于切己用功，更须玩味古本大学（中略）大学古本好处，全在以修身释格物致知，使人知所谓格物者，至其理，必身至之，而非闻见想象之粗而已。此其为益甚大，故诸生不可不仔细看。古本其他节节皆有条理。（《甘泉集》卷六、十三丁）

也就是说，古本《大学》的格物论，并没有止步于对于个别知识之追求与臆测，而是全身（心）的总体的体验，湛甘泉对此做了很高的评价。但是他并没有完全赞同王阳明的说法，而是也承认朱子学说的长处，特别是对于"格物"之训，"至其理"的解释显示出他对程朱学的采纳②，可以说是对新旧两本的折中之方法。在此场合下，"至其理"当然就意味着"随处体

---

① 此间的事情，可以参看《阳明全书》卷四《答甘泉》（这是正德十四年，阳明四十八岁、甘泉五十四岁时候）以及《传习录》卷下开头与陈九川的问答。

② 《甘泉集》卷六、十三丁，卷七、二十三丁等等。湛甘泉所著《格物通》，将伊川的"格者至也，物者理也，至其理乃格物也，至也者知行并进之功也"放在各格的开头（《格物通》一书由以下六个"格"构成：1. 诚意格，2. 正心格，3. 修身格，4. 齐家格，5. 治国格，6. 平天下格。）

认天理"①。如前节所言,"随处体认天理"绝不是对于朱子学格物致知论的模仿,在此确实蕴含了作为心学的独到的意图。但是在已经是自然而成的理(おのずからなる理)［这在之后有足够的可能性变成被替换为偶尔在此的理(ありあわせの理)］中寻求心之生机,由此不再深究其内在动力的湛甘泉,对于(王阳明)"正物"的大胆切换之解释就认为是心学的空洞化,采取了较平稳的"至其理"的训读。这在王阳明看来,就不得不断定为"是求于外也",湛甘泉则反驳道: "若以格物理为外,是自小其心也。"(《传习录》卷下)如果要深究王阳明所说的"外",这里面应当是有"主体的异化"之意,而湛甘泉所说的"外"则只是"向外在客体的志向"之意,这场争论就永远只是两条不会相交的平行线而已。② 湛甘泉对阳明学说的不满,在其《答阳明王都宪论格物》(《甘泉集》卷七、二十五丁)之书简中有很详细的体现。在其中,湛甘泉对于王阳明提出了四点疑问,第一、第二点是训读上的问题,这是由两者哲学上的立场为背景而产生的东西,所以暂且放在一边。第四点是由第三点而得出的次要的东西,因此可以说对立的焦点在于第三点。湛甘泉说道:如果像王阳明这样训"格物"为"正念头",那会变成怎样? 念头的正确与否不足为据。例如说虚说无的佛老,不管是说"应无所住而生其心"③,还是"无诸相无根尘",都认为自己就是正义。杨墨也是如此。不可能认为自己不正确而自安。结果没有在学问上用功,无法判明正确的东西,对于邪恶的东西也没有注意到［译者按,原

---

① 曰:"格即造诣之义,格物者即造道也。知行并造,博学、审问、慎思、明辨、笃行皆所以造道也。读书亲师友酬应,随时随处皆随体认天理而涵养之,无非造道之功。"(《甘泉集》卷七、十八丁)

② 顾应祥指出,王、湛两派的弊害在于:"今曰:'心之良知是谓圣,人人皆是圣人',遂使今之讲良知者,皆肆为大言,而不加克治之功,此讲良知之病也。若夫随处体认天理,即古人之所谓省察,而加以'随处'二字,恐求理于外,而不求之于心,未免失之支离。"(《静虚斋惜阴录》卷三、五丁)我们通过他所指出的两个学派各自所存在的危险,其实恰恰是可以读出各自的学问的特点的。

③ 《金刚般若经》中的这句话,王阳明对此并没有加以否定,而湛甘泉对将此语引入儒学表示强烈反对(《甘泉集》卷八、十五丁,卷十八、二十丁,卷二十三、十六丁等等)。

文如下："兄之格物训云：'正念头也。'则念头之正否，亦未可据。如释、老之虚无，则曰：'应无所住而生其心。'无诸相无根尘，亦自以为正矣。杨墨之时皆以为圣矣，岂自以为不正而安之，以其无学问之功，而不知其所谓正者乃邪，而不自知也。"]。湛甘泉的上述阳明学批判，与"以理为外，而欲以心笼罩之者，阳明之学也"（陆陇其《三鱼堂集》卷二"学问辩"中）式的朱子学者的语气非常相似，对此是很容易理解的，在此甘泉学的本来性格也显露无遗。

所谓"致知"，王阳明认为是致我心之良知，而湛甘泉则曰："致知云者，盖知此实体也、天理也、至善也、物也，乃吾之良知良能也，不假外求也。"［译者按，作者此处未给出处，原文出自《甘泉集》卷七《答阳明王都宪论格物》］从字面上看，湛甘泉与王阳明的说法极其相近。但是在此段稍后，有"若徒守其心而无学问思辨笃行之功，则恐无所警发"，这很明显是对良知说的挑战。极其严肃地强调"事上磨练"、为了与佛教的空寂之性进行对决而赌上自己的身家性命的良知说，被断定为"守其心而无学问思辨笃行之功"，是因为王阳明所说的"良知只是一个，随其发见流行处，当下具足，更无去来，不须假借"（《传习录》卷中《答聂文蔚》），近于现成之表达，在湛甘泉看来是完全无视客观世界之条理的独善的观念之空转，或者说是恣意判断之滥用而已。在王门内部，有一部分人轻易地使用与看待良知，这确实是事实。但是即便有产生这种弊端的危险，对于阳明学而言，确保良知的绝对责任与内在性都是无法退让的生命线。在阳明学不撤去这种界限的情况下，湛甘泉的想法会站在为朱子学辩护的一边，也是很理所当然的了。

晦翁存心致知之功，能善合一用之无病，而今矫而又一之，曰"知即心，心即理"，谓之无家之子亦可。盖心犹家也，知与诚，家之实用也。至诚聪明睿智学者，择善固执，以为诚、修、齐、治、

平、位、育都从此处，而独以知即心，可乎。(《甘泉集》卷二十三、
七十丁)

如果对于两者的对立还有需要进行补充的话，那就是对于"敬"观念的态
度上的区别。朱子在《大学或问》中为了使"格物致知"与"诚意正心"
之间的关系更加紧密而提出"敬"，王阳明对此有所批评，认为"合之以敬
而益缀"，湛甘泉则认为"敬"字"使人知用功之本只得如此说，非添上一
'敬'字，何得为赘？文公见之必不服"(《甘泉集》卷十一、十一丁)，"立
敬在良知"(同上、卷二十三、二十一丁)，由此回击王阳明。这当然不仅
仅是对于《大学》的解释问题。例如：

　　主敬然后我立，我立然后不蔽于物，物物穷格而天下之理得。(同
　　上、卷二、一丁)

像这样的类似于朱子学的示教，频频从湛甘泉的口中道出。《论语》中的
"执事敬"是他爱用的句子。前面所引用的"心性图说"中，也显示出心的
全体都是以"敬"为初、以"敬"为终①，并且在解说陈白沙的《和杨龟山
此日不再得韵》诗的时候，湛甘泉对其中的"千秋朱紫阳，说敬不离口"
一句进行了引申，特别强调"敬"字，曰："盖敬者，圣人之心法，圣德莫
大于敬，则入德莫要于主敬。"②

――――――――――

　　① 甘泉著《二礼经传测》，以"治天下之法也，其纲目具于曲礼六官矣，曰：周礼者何？其
目也"为基础，具体论述礼制实现的方法，而在最初论述礼之体用时，他说："作礼者，其知本乎？
曷明乎知本也？曰敬。夫敬也者，合内外，贯人己，达上下者也。"(《二礼经传测》卷一《上经
曲礼上》)非常强调"敬"的重要性。
　　② 甘泉的《白沙诗教解》采用了非常牵强附会的手法进行我流的解释，明儒秦弱水对此进行
了抨击："今乃截取句字，虽极力分疏，去其神万里。呜呼，晦白沙诗教者，湛公也。"(《广理学备
考》秦弱水集、三十一丁 [译者按：此处译者查询五经堂藏本《广理学备考》，缺三十一页，京都
大学藏本同样缺此页，在此只能依据日文大致翻译为中文，还望读者见谅])

本来，"敬"的对象究竟是什么，湛甘泉对此并没有详细的说明。但是"执事敬"与"随处体认天理"之间应该有密切的联系，若如此，对天理的敬畏就是"敬"的基本性格吧。在这里，甘泉学与朱子学之间的连续性愈发明显。与提倡不需要"敬"的工夫、由此与朱子学之间产生断裂，并在此后对于"理"意识的处理完全交给良知一念的阳明学相比，对"理"的先验权威的承认很大程度上受到了动摇，这点是毫无疑问的。在王门之中，也有像邹东廓这样，以"敬"（戒惧）为工夫之中心的人，湛门中也有像洪觉山、唐一菴、蔡白石那样，试图调停王湛二家之学的人，但这些都以乏味之思想为结局。这是因为［译者按：上述邹东廓、洪觉山等人］只看到了二家的表层，而不知晓两者之间的深层次的差异所在。由此，最终就出现像甘泉学之再传弟子唐曙台（伯元）那样的观点，居然提倡心学的实质性废弃[1]。

六、湛学与王学

以上，本文对王、湛二学尝试着进行了比较与对照，在此作为结论，要进行综合性的探讨。不过，所谓"心学"，与性理之学不同，其教旨的固定性比较薄弱，特别是到了阳明心学，甚至出现了对于学问的完结性的拒斥，所以要单纯进行比较是有困难的。在前面的论述中，为了阐明两家之间的差异而利用朱子学来作为媒介，这一方面是因为（朱子学）是当时的教学基准，另一方面也是因为如果直接对心学相互之间进行调和，就可能

---

[1]　唐曙台曰："心学者，以心为学也。以心为学，是以心为性也。心能具性，而不能使心即性也。是故求放心则是，求心则非，求心则非，求于心则是。我之所病乎心学者，为其求心也。知求心与求于心与求放心之辨，则知心学矣。"（《明儒学案》卷四十二）

会丧失两者各自的特性。如前所述，阳明门下的邹东廓以为两学皆"直接濂洛"（参看本章第一节），同样，钱绪山在被问及两者之间的同异时候，作如是说：

> 汝无求二教之同异，求自得焉已矣。言良知则实致其知，言天理则实造其理，所谓自得也。心一也，以其自然之明觉而言，谓之良知，以其自然之条理而言，谓之天理。良知天理，岂容有二？（《王龙溪集》卷二十《钱绪山行状》）

像这样完全包融在心之自得中的说法，使得我们必须承认在两者之间是有着一定程度共通的问题意识与体认样式的。然而，在阳明学使得天下人皆为之兴奋奔狂、甘泉学则书院之学生几乎遍布天下的盛况之下，清儒陆桴亭却仍然做出了"然学鲜实得，徒皮毛耳"（《思辨录辑要》后集、卷六[译者按：这里陆桴亭指的是甘泉学，前文为"湛甘泉，陈白沙之徒也，书院生徒，几遍天下，故讲学之风盛于甘泉"]）的酷评，全祖望也说："白沙弟子，特以位望，则甘泉为先，而能得白沙之传者，则推林辑熙（下略）"（《鲒埼亭集》外编、卷五十"端溪讲堂策问一"），指出湛甘泉对陈白沙思想理解的不充分性。与陈白沙乃至王阳明相比，甘泉学却如此不受到推崇，究竟是为何？

第一点需要注意的是，如前所述，湛学与王学相比，对于朱子学的对决态度并不鲜明，而且看似给白沙学换上了动态的外衣，却保留了传统的理意识，停留在"中正"之名而临事的阶段，因而白沙学的自然观所具有的悠扬之风格也受到了损害。所以尽管他以条分缕析的方式，主张心对于万事万物具有包容性、贯通性，但其内在的能量之发动与燃烧，却在最初就被限定在"中正"之框架中，对于超越典要、格式的大胆的实践之尝试，湛甘泉认为是有勇无谋之悖理而坚决加以拒斥。湛甘泉之"心"并不蕴含绝对否定的契机。例如对于善恶之问题，阳明学无限追求心的弹性与自发性，乃至敢于摄取禅宗的无善无恶之说，而甘泉学则将无善无恶说视为禁忌。这是因为无善无恶是寂相，会使得善恶之方向模糊的缘故。[①] 这样，被认为是不明为何物而使得心有落入虚构之危险的东西，被单方面的障壁所隔绝，从而彻底陷入狭隘的偏于清净之中。虽然湛甘泉并未打算要抹杀良知本身，但是他使良知从属于良知以上的实在，亦即"中正"之天理，也就停止了其善良温和的发动机能之责任。

> 恻隐之类，乃良知也，本体知觉，非良知也。所谓养知，非是只养他这一点灵觉知识，乃养其所知之实理。（《甘泉集》卷八，二十一丁）

> 良知是未发之中否？曰：所不睹不闻，是未发之中，良知其神机之显见者耳。（《甘泉集》卷二十三，四十二丁）

湛甘泉经常把"理气一体""内外一致"挂在嘴边，但若进一步把他对王阳明的"理者气之条理，气者理之运用"的说法进行批评（"亦似稍分了"，同上，卷二十三，二丁）为依据，认为湛甘泉比王阳明在思想上更加浑一，则不得不说是过于肤浅的思考。不用说，"浑一"并不意味着"单一"。这是在内部蕴藏着无限的多样性与流动性，包含主客内外的全体构造维持紧密统一性的状态。因此在其中应当是以一即多、多即一的无尽包摄、无碍对应之理论为基础，各个事物或者概念在充分发挥各自的特性的同时，彼此相互呼应，使得全体构造之基调不断提高。主张理气一体、形而上下一体，乃至放言"以气理相对而言之，是二体也"（同上，卷二，十丁）的甘

---

① 对于王阳明的四句教（《传习录》卷下），湛甘泉给出了自己独特的四句教法："有善无恶者心之体，有善有恶意之动，知善知恶者心之神，达此知之善于意、心、身、家、国、天下，得所止者，物之格。"（《甘泉集》卷二十三、七十九丁）

泉学，给人留下彻底贯彻浑一的印象。然而"理"之去向，亦即使得万事万物在一定轨道上得到整理，在这样的论点下，各个事物、体验，其存在理由、成立缘由都并非由其自身的主张所决定，而是由理之力量进行单方面的确认。所谓"随处体认天理"，随处之分散性也受到"理"的制约，其逆转与变通则完全不在考虑范围之内。所以才说这无非是装扮成"浑一"的"单一"而已。一理作为万物之枢纽，一旦放松其缆绳，万事就会完全四散奔离，对此若心存恐惧，则不会产生真正的浑一。"理气一体"说起来容易。但是要让理气之间的互相否定与牵扯得到充分的展开，同时又扬言"理气一体"，则很困难。不仅仅是理气，将一与多、我与你、主与客、个体与社会等等这一切对立项都包含在内，这才能叫"浑一"。阳明学主张"一节之知即全体之知"，将心、意、知、物都归结到良知一念之下进行自在的运用而不知尽头，这才不得不说虽然有些粗杂但确实体得"浑一"之原理了。然而对于阳明学，湛甘泉却略显冷淡地认为"亦似稍分了"，是因为他自己并未明白这种充满动感的圆融之精神构成的内容，而固守自己的"单一"之立场罢了。由"浑一"看"单一"，则"单一"被视为丧失现实之多样性的捕风捉影，由"单一"看"浑一"，则"浑一"被视为毫无秩序的互相争夺与放纵恣睢的议论而已。如此看来，"浑一"与"单一"之实质是互不相容的。

"单一"的立场重视定理（"性"），"浑一"的立场则重视产生"理"的良知（"心"）。由拒绝定理而将参与宇宙根源之体验发挥到极致，这是佛教（禅），正因为如此，朱子学才会将禅宗视为没有定准的异端邪说之甚而加以拒斥。但对于并不为定理所拘束的阳明学而言，佛教的非人伦性与反社会性作为异端固然需要排斥，然而佛教对于本来主义（"本来面目"）、一即一切的理论（"一真一切真"）以及流动性的心之把握（"应无所住而生其心"）等等的执着追求，毋宁说阳明学对此是有亲近感而欢迎的。也正因为如此，在阳明学的门下，基于良知说的儒佛交融得到迅速的发展，辟除异端的意识也逐渐薄弱。这对于甘泉学而言是完全无法想象的。

> 仆之不取佛者，非如世之群儒，区区以辟异端为事，而懵不知者
> 也。盖三十岁时曾从事于此，亦见快意，久乃觉其无实，亦无实德实
> 事，如谈空画饼耳。且心事既判，又云理障，其害道不为小矣。所以
> 恶之者，非恶佛也，恶其害道也。往往见阳明门弟尊佛而卑圣，至谓
> 孔子为缠头佛，佛乃是上圣人，亦尝痛之，愧不尽心于知己者。(《甘
> 泉集》卷七，三十一丁，《答欧阳崇一》)

所谓"理障"，如果在任何意义上都仅仅是出于拒斥"理"的空观的自我封
闭的话，那在阳明学这里也会成为问题。然而在阳明学这里，主张撤除
"理障"是为了确保"心之良知天理"，而不是为了抵御定理的优先权。就
后者而言，"理障说"与其说是作为打破理之胶着状态的起爆剂，毋宁是应
当得到灵活运用的。然而像湛甘泉这样从一开始就站在承认理的正当性与
超越性的立场上，理在本质上就是欲障而不得障、欲拒而不得拒的东西，
所以"理障"这种说法本身就被认为是自我矛盾，从而遭到抵触。湛甘泉
的上述想法，不用说当然是源于程子的"天下只有一个理，既明此理，夫
复何障？若以理为障，则是己与理为二"(《二程全书》卷十九)。湛甘泉曾
这样批评阳明：

> 阳明以理障为惧，故只从心所知。然天理又有何障。此矩亦岂可
> 遽能从心者。(《甘泉集》卷二十三、五十五丁)

看透了理障之渊源而慎重对待的王阳明，与断定理障现象根本就是不可能
的妄想的湛甘泉，我们在此可以看到两者之间的对照之鲜明。如此，湛甘
泉很轻松就打发走了佛教：

儒者在察天理，佛者反以天理为障。圣人之学，至大至公；释者之学，至私至小；大小公私，足以辩之矣。(《甘泉集》卷八、七丁)①

王、湛两学对于理障说的态度上的差别，到了门人这里其对立就更加鲜明了，在王门这边，理障说作为打破朱子学定理的标语而被广泛使用，这甚至成为某种倡导儒佛调和论的桥梁，②在湛门这边，对于佛教的批判则愈加严厉，甚至出现了像冯少墟这样围绕理障说展开的极为精细的讨论。③但是与通过摒绝佛教、以教旨之纯粹性与正统性而自居的湛学相比，吸取了佛教而保持心学活力的王学，才远远深入人心，并成为动摇时代的原动力。王学与佛教在今天被界定为主观唯心论，被认为是最远离历史的思想，而事实上却比客观唯心论更加引起巨大的社会反响。其中究竟有何奥秘？本文在将其与客观唯心论系统的湛学进行比较之后，很容易得出一点启示。湛学的出现，给我们对于朱子学与阳明学之间的质的差异，乃至性理学与心学之间的哲学上的距离进行精密考察提供了非常合适的实验台，并且从结果上看，也应该为将阳明学一律放在与朱子学之间的连续性上进行理解的方式提供了反省的材料。

---

① 关于湛甘泉对理障说的非难，另可参看《甘泉集》卷二十三、五十五丁，卷八、六丁，卷三、二丁等等。

② 参看拙稿《明末儒佛调和论的性格》(本书所收)。

③ 批判理障说的言论在《冯少墟集》中经常出现，在此仅举一例："问理障之说。先生曰：'不然。谓之曰理，自是无障，谓之曰障，还不是理。如非礼之礼，非义之义，或者以此为理障，不知此正察理不精之障也。岂理之障哉。'"(卷十一，十丁)注意这是和湛甘泉完全相同的论点。

第四章

禅僧玉芝法聚与阳明学派

王阳明的哲学，一方面要剔除朱子学的弊病，另一方面还要克服禅宗证悟主义的缺陷，确立了思想的骨骼而形成独特的心学，不过值得注意的是，在王阳明的时代，并没有能够激发其心魄的拥有才华的禅家，没有遇到像朱子时代的开善道谦，或者陆子的育王德光那样对其思想形成产生很大影响的禅僧。与朱子针对大慧禅相比，王阳明对禅学的批判缺乏具体的对象，这并非因为良知说与禅学之间作为心学的相似性使得王阳明对禅学的锋芒锐减，而毋宁说是由于佛教界的无力、人才的贫乏使得王阳明的禅学批判视角没有办法聚焦到具体某个人身上的缘故吧。阳明学是由于禅学之触发而产生的，这种朱子学者经常挂在嘴边的说法，从历史上来看，恰恰是王阳明的出现卷起了促进禅宗觉醒的波澜，这才是思想界的现实情况。所谓万历三高僧（袾宏、达观、德清）的出现以及其教化圈所连带出现的有才能的居士、宰官的活跃，使得时代思潮达到了顶点，而在此前，有人曾直接进入王阳明门下，与同门的人们结交甚笃，作为佛者也产生相当影响。他就是玉芝法聚。将视角转向法聚，探索他与阳明学之间的交流的踪迹，这可以为理解良知说的特性提供重要的参考。

记载了法聚（1492—1563）传记的基本资料，可以举出徐渭（文长）撰写的《玉芝大师法聚传》以及蔡汝楠的《玉芝大师塔铭》①，其他与佛教相关的，例如《稽古略续集》卷三、《续灯存稿》卷十、《五灯严统》卷二十三、《高僧摘要》卷一、《五灯会元续略》卷四上、《五灯全书》卷六十等

---

① 以上两篇均收录在《国朝献征录》卷一一八中。

等，还有例如钱谦益的《列朝诗集》（闰集）以及《两浙名贤录》卷六十二等等。上述诸书的记载虽然有繁简之差异，但不存在太大的偏差，可以说在当中描绘的法聚的人格以及经历基本是可以确定的。因此本文即以上述资料的记述为基础，同时参考其他若干资料，以概述其生涯。法聚号月泉，嘉禾（浙江）人，年十四，在海盐（浙江）资圣寺①得度，曾问道于吉庵以及资法舟两位老宿，却并未获得启发。又按照《稽古略续集》卷三的记载，法舟（讳道济）"持神咒多验，咒枯井以重泉"，玩弄神秘魔术的倾向很强，正法眼藏之发挥甚弱，法聚并未契合也是理所当然的。②

在当时的海盐，有董萝石以能诗而得名于江湖，多年集结诗社，并以此为天下之至乐，但在他六十七岁的时候（嘉靖三年，1524），王阳明偶尔拜访稽山书院，董萝石由此忽然如梦初醒，遂拜王阳明为师，此举惊动世人，在王阳明的《从吾道人记》（《王文成公全集》卷七）中对此有详细记载。又由焦弱侯之记载，董萝石晚年倾心于佛教，与法聚等同志创立宗教结社，曰：

> 先生末复究心内典，忽若有悟，喟然叹曰："乃今客得归矣。"于是援匡庐故事，与僧法聚纠诸缁素，结莲社于海门精庐，遂又号"白塔山人"。（《焦氏笔乘》卷三《董先生》）③

这显示出法聚与萝石之间交情非比寻常，不过法聚在当地被认为是诗僧④，后来与徐文长也屡有诗文之应酬，拥有如此才能的法聚与萝石之间的交往，

---

① 依据蔡汝楠的塔铭作"资宝寺"，诸传多作"资圣寺"。

② 法舟门下有云谷，这个路线的禅风当另做考察。

③ 阳明门人黄绾撰有《萝石翁董沄传》，收录在《久庵文选》卷十一、《国朝献征录》卷一一六。《焦氏笔乘》的记述是否以此为依据，不得而知。

④ 憨山德清《梦游集》卷四十七、一丁："嘉隆之际，予为童子时，知有钱塘玉芝一人，而诗无传。"《两浙名贤录》中法聚也被列为"诗僧"。

从一开始也毋宁说是作为诗社之同人。① 当时的情境在《补续高僧传》(卷二十六)中有记载："同董从吾,往谒之(王阳明),言相契。阳明答以诗,然犹未脱然也。"即便这次会见并未让法聚达到悟之顶点,与董萝石一样,这也无疑成为法聚人生中很大的转折之契机。如焦氏所述,本来止于诗社结交的两人,以良知说而得到本心之启发为契机,一转而创立真正的以见性求道为宗旨的宗教结社。董萝石在嘉靖十二年去世,享年七十七岁(法聚当时四十二岁),法聚据说如此评价董萝石的人格:

> 先生在先劫中殆业粢龙,气相感召,近可远,大可小,有可无,虚实相因,动静相体,若有类焉。(《焦氏笔乘》同前)

"匡庐之故事""莲社"指的是东晋时期庐山慧远的白莲社,那么上述宗教结社似乎也可以理解为志于念佛禅,但并没有相关可以证实的资料,由两者的风格、经历来看,毋宁说是像庐山十八高贤的逸事一般,是作为在俗之绅士相聚的结社而做的类比。董萝石的生涯经历了诗文——阳明学——空门之三变②,法聚也身披法衣,经历了与前者相似的成长过程。法聚抛弃了浙东的良好环境,突破了作为禅僧的最后之关门,在金陵拜见碧峰梦居禅师的时期虽然无法知道,但应该是在董萝石去世以后。法聚呈给梦居以下两偈,坦陈自己的心境:

---

① 《阳明全书》卷二十有题为"寄题玉芝庵"的诗,这恐怕是王阳明应法聚之请求而作的。既然是丙戌(嘉靖五年)所作,法聚拜访王阳明就不可能是在此之后的时间。同卷《答人问良知》诗,由蔡汝楠的塔铭来看应该也是赠给法聚,就排列位置而言,可以推定为嘉靖四年所作。后面将会提到,王龙溪赠给法聚的诗中,有与上述诗和韵的部分,《王心斋集》(和刻本)卷四也以次韵为题的"次文成答人问良知"的诗。王阳明此诗明确标示良知绝对主体性格,因而受到门下的广泛关注。

② 黄绾的"萝石传"中记载:"始嗜吟诗,习之垂老,晚乃执弟子礼于阳明先生之门,欲为儒学,既而又逃释老,遂以没世。吾诚不知其志何为何品者也。"董萝石的转变在固守某种立场的人们看来是不可理喻的,不过在心学运动兴隆的明末思想界中,他可以被视为更复杂的人物陆续登场的前奏。

湖光倚仗三千顷，山色开门五六峰。

触目本来成现事，蒲团今不炼顽空。

满目风光足起居，有谁平地别亲疏。

纵令达摩传心诀，问著依然不识渠。

当时梦居并未首肯，为此两人展开了白热化的问答商量，以便使法聚得到本源之洞彻。事载《稽古略续集》卷三（梦居禅师条）：

> 其接玉芝之际，即其二偈叱曰：非非。芝曰：云何非非。居曰：子不非非恁人非非。梁皇（武帝）达磨两不见机，何劳折苇，又遣人追。古之今之，落人圈缋。芝曰：如何得不落人圈缋。居打一掌曰：是落也是不落也。芝即礼拜。

不落人之圈缋的绝对自由之自我的确立，通过王阳明的激发以及董萝石的切磋，现在在梦居这边终于完成，这或许正意味着良知说对于空门的无之深化。但这又并非止步于"空"，而是在现实领域中的坚实迈步，这一点可以从"蒲团今不炼顽空"① 一句得到证实。王阳明在四十七岁**［译者按：此处有误，当为四十八岁］** 时候所作的《书汪进之太极岩》（《王文成公全书》卷二十）第二首，曰：

> 始信心非明镜台，须知明镜亦尘埃。
> 人人有个圆圈在，莫向蒲团坐死灰。

---

① 《金陵琐事》卷四"玉芝法聚"条，法聚向梦居所和之偈是这样的："大地何人不梦居，梦中休问梦何如。煮茶消得闲风月，不向蒲团读梵书。"

对于沉沦于顽空的危险，法聚断然采取的克服之姿态，与王阳明的胸怀恰恰是相通的（王阳明此诗不用说是依据《六祖坛经》）。

亦即是说，法聚将"圆圈"更向"无"的方向推进，从而达到"无圈"的境地。本来这样的活物主义，若在禅宗的谱系中进行追溯，那么远在唐宋时期的禅界，确实能找到几个达到如此境界的，但是将几乎已经成为朽木枯叶的这个法宝自觉地收入自家囊中，最初传给法聚这条道路的，难道不应该是王阳明吗？王阳明曾对法聚说"恐汝未彻"（《列朝诗集》小传），严格地说法聚并不应当列入阳明门下。但是在获得觉悟以后的法聚，和阳明门下的交流比以前更加紧密，"发明心地，会通儒释之旨"（同上），这与其说是以妥协的态度依附于阳明学而说禅，不如说是出自法聚自己的真挚的求道体验①。

在梦居门下洞彻源头的法聚，其自在活跃之气象，在密云圆悟的下面这条赞语中可以想见：

当头一掌永绝伎俩，跳出圈缋天下榜样。狮子将儿绝后随，一任横行于海上。（《密云语录》卷十一《玉芝禅师像》）

离开金陵以后，法聚进入湖州武康（浙江）的天池山，构筑精舍，直到嘉靖四十二年、七十二岁时圆寂为止，据说二十余年间都在此说法，那么他天池入山的时期也就在五十岁前后吧。曾前往天池的士人，依据诸书的记载进行汇总，则有王龙溪、唐一菴、蔡汝楠、邓豁渠、钟梁、钱琦、王东崖等等，继续诗文应酬的则有徐文长。其中，王龙溪、徐文长的异乎寻常的活跃是举世公认的，唐一菴在《明儒学案》中虽然被列入甘泉学案，其

---

① 后来法聚在写给蔡汝楠的偈语中如是说："曾作参圣功，探颐无师法。纷纷千古下，舆论执着多。昨见碧霞翁（王阳明），披榛辟芜说。良知众妙门，洞然启真诀。（下略）"（《蔡汝楠撰塔铭》）

真心论之理论体系在湛甘泉的"随处体认天理"与王阳明的"致良知"之间，而且还略近于王学①。蔡汝楠虽然与一菴都被列在甘泉学案中，但却被评价为"盖先生师则甘泉，而友则皆阳明之门下也"（黄宗羲），因而与阳明学交流紧密。至于邓豁渠，其求道之心甚切，乃至落发为僧，不问儒禅，遍历大江南北以求名师，作为记录其体验与悟道的著作，仿照华严经入法界品中的善财童子的"求法谭"，被命名为《南询录》，他在泰州学派当中也是最为出格的人物。由此可见，在法聚的身边，阳明学所酝酿出的多样化之气息，如是地敏锐反映在其中。徐文长撰写的《法聚传》里面如此记述其人格：

> 若其人峻洁圆转，举止潇然，王公贵人，见其人至不敢屈，而庸夫竖子，一闻其教，辄兴起自愧，反其所。曲儒小士多诋释，遇师与立谈，顾趋而事之，舍所学而从。

王阳明晚年以来渐趋复杂精微的儒佛两种思想的混融问题，或者处于从传统的立场出发而反对佛教的风潮之漩涡中，要凭借怎样的见识才能坚守其本分的人间姿态，可以在此看见。

依据诸多传记的记载，法聚的语录、文集在当时有流传②，但却没有保存下来。因此我们无法找到能够知晓其禅风与法语的基本资料，这很令人遗憾。

---

① 参看《王龙溪集》卷十三《国探集序》。
② "有玉芝内外集，罗近溪、陆平泉作序。新安王寅选其诗二百首。"（《列朝诗集》闰集、玉芝聚公条）"嘉靖癸亥岁逝世。有语录行世。"（《释氏稽古略续集》卷三）《明诗综》卷九十二载法聚诗二首。

二

如前所述，法聚进入王阳明门下，据推算是在嘉靖三年或者四年的时候，王龙溪入门则是正德十六年①，所以法聚在入门之初就有与王龙溪相识的机会。由李卓吾之记载可知，王心斋的儿子王东崖跟随父亲到会稽拜访王阳明的时候，"龙溪、绪山、玉芝诸公皆在阳明左右"（《续藏书》卷二十"王心斋"条）。王龙溪与法聚二人的交往，直到法聚于嘉靖四十三年去世为止都应该是持续的，所以这段时间有大约四十年。依据《王龙溪集》全卷来看，与王龙溪交情最深厚的是法聚与苇航②，特别是王龙溪与法聚有同门之谊，那就不得不认为，王龙溪的佛教观应该受到法聚不少影响。二人之间对于佛教的关注究竟有多深，这一点从明代前期禅僧，与陈白沙、庄定山有着"方外之交"的无相太虚的遗著《法华大意》③ 三卷本的出版事业就可以窥见一斑。出版的经过，在将《王龙溪集》卷十五《法华大意题词》以及《法华大意》卷末所附徐渭撰写的后序合起来彼此对照之后即可得到确认。该书本来是无相居住的扬州太虚楼石莲洞尚未刊刻就遗留下来之物，偶尔到此一游的王龙溪"见其词近而旨远，意在扫去葛藤，欲人于言前荐取向上一机，以悟为则"，就带回去给法聚看。原书缺最后三品，法聚将其

---

① 王龙溪所撰写的《钱绪山行状》（《王龙溪集》卷二十）："追惟夫子还越，惟予与君二人最先及门。"王阳明平定宸濠之乱返回越（浙江）是在正德十六年八月。

② 参看《王龙溪集》卷十五《苇航卷题辞》。

③ 参看拙稿《陈白沙与太虚法师》（本书所收）。又，《法华大意》被收录在《大日本续藏经》中。

补足，并命人于嘉靖三十六年进行校刻①。无相的立场和陈白沙一样，都并非充满跃动性，这一点与龙溪恰成对照，但龙溪与法聚对此书之出版非常积极，这一是因为想要弘扬与陈白沙有亲交的无相的多年埋没之遗著，另一点比较重要的是，他们二人对无相使用《易经》《大学》《中庸》等书中的术语显示儒佛大同的方向深有同感。在本书的末尾，附录了法聚的如下之偈语：

> 宗教明明没两途，漫从取舍强分疏。
>
> 衣珠未示珍何失，宝所亲登路早迁。
>
> 鹊噪鸦②鸣圆极唱，山明水碧露真模。
>
> 拈华昔日今如意，一种金莲火里敷。

《王龙溪集》卷十八收录了王龙溪赠给法聚的两首诗。其中之一题为"辛亥（嘉靖三十年）秋，予偕周顺之、江叔源，访月泉（法聚）天池山中，出阳明先师手书答良知二偈卷。抚今怀昔，相对黯然。叠韵四绝，聊识感遇之意云"，第二首则云：

> 衣钵于今付阿谁，良知知处本无知。
>
> 会须领取言前句，才落丝毫即强为。

主张"无工夫之工夫"的王龙溪之面目可谓跃然纸上。另有一首诗题为"八山居士闭关云门之麓，玉芝上人往扣以偈相酬答。时龙溪道人偕浮峰子叔学生，访上人于龙南山居，语次出以相示即席口占数语，呈八山与玉芝

---

① 望月博士［译者按：指望月信亨（1869—1948）］的《佛教大年表》嘉靖三十六年条"法聚，撰法华大意三卷"，"撰"字应当改为"刻"。

② 《继藏经》所收本此处做"雅"，恐怕是"鸦"之误。

共参之"，其中有曰：

> 魔佛相争不在多，起心作佛即成魔。

又：

> 此非不足彼非多，水即成波佛即魔。

强调佛魔一如、真妄一体，在诸有为空之所，为儒佛同归之旨，这一点值得注意。

王龙溪的佛教观有着一定程度的振幅，不可执一义而归纳，某些场合下他会说"禅之学，外人伦、遗物理，名为神变无方，要之不可以治天下国家"（卷五《慈湖精舍会语》），在某些场合下又会说："其曰'二氏得之以绝念，吾儒得之以通感'[译者按：此为聂双江在与王龙溪论辩时所提出的观点]，恐亦非所以议上乘而语大成也。"（卷六《致知议辩》）但总体来说，王龙溪极度忌讳良知的格套化、力图强调良知周流圆转的见性之风格，为此，他虽然想努力保持儒家的身份，并不懈地进行思索，却被禅学之长处所吸引，"儒学明，佛学益有所证"（卷六《答五台陆子问》），"二氏之学虽与吾儒有毫厘之辨，精谊密证，植根甚深，岂容轻议"（卷十六《水西别言》），上述毋宁是包容佛（老）的言论，后来王龙溪明确提出"范围三教之宗"（卷一《三山丽泽录》），引起了很大的争议。王龙溪排斥二乘着虚之见，专以直参"心之生理，万物之原"为志向，这和以"不炼顽空"为本旨、持"峻洁圆转"之禅风、把握良知说之精髓的觉悟之一机的法聚的心境，难道不正可以感应道交吗？本来，将王龙溪思想归结为儒释大同，这不得不说是非常肤浅的理解。但是他的独特的良知论，在自我培养的丰富的过程中，法聚的禅学是极好的营养提供者。被称为"万历三高僧"的三

085

位禅僧，都从护法的角度出发，慎重地对待良知说，尽量使自己的思想不被牵引过去，而法聚却甚至给人留下非常积极地将良知说引入佛门的印象，而且这正如一部分禅者所观察到的那样，并非出自想要利用王阳明权威的卑劣动机，而是他的精神历程自然纯熟的结果。① 当我们回顾万历以后良知说与禅悟之间长期的离合关系的时候，或许甚至会感到法聚的良知观实在是过于单纯而幼稚，但在那里却恰恰集中反映了在良知说提倡之初佛教这边的友好反应。

三

法聚与阳明学门下有亲密的交往，不过其禅风绝非痛击现实社会的霸禅之流，这一点可以从探讨他与邓豁渠的关系得到阐明。李卓吾在邓豁渠的主要著作《南询录》的序文中写道："观其间关万里，辛苦跋涉，以求必得，介如石，硬如铁，三十年于兹矣。"（《续焚书》卷二）可见邓豁渠的求道经历之狂热是当时都罕见的。② 如豁渠自己所言③（《南询录》，四十六丁），己亥（嘉靖十八年）从老师（赵大洲）处听闻良知之学，入青城山参禅约十年，戊申（嘉靖二十七年）入鸡足山，领悟到人情事变之外另有不得拟议之妙理，但依然未达到焕然之境地，癸丑（嘉靖三十二年），至天池与法聚问答商量，翌年，在庐山得悟性空，戊午（嘉靖三十七年）到沣州，

---

① 王龙溪弟子张阳和的《不二斋文选》卷六《题龙南庵壁》记载了法聚与王阳明、王龙溪、季彭山之间的交流。龙南庵是法聚的卓锡之处，在本节引用的王龙溪的诗中也可找到。不过张阳和与法聚并不相识。

② 关于邓豁渠，参看岛田虔次"异人邓豁渠略传"（《吉川博士退休纪念论文集》所收）。

③ 参看《明儒学案》卷三十二"泰州学案序"。

居住八年之后到黄安，得到耿楚倥（定理，天台之弟）之允许而寄人篱下，始悟父母未生前之常住真心，鸡足山以来的疑团涣然消散。对于在此期间出家落发、宣称不再为世间之规矩所束缚的他而言，无论是伦常还是故乡抑或教学之传统，这一切都是落于第二义以下的东西。脱却五行造化之管摄，找到宇宙之彼岸的大安乐大自在之据点，对邓豁渠来说，连良知也不得不认为是"不能出造化之外"（同书，二丁［译者按：原文为"良知，神明知觉也，有生灭。纵能透彻，只与造化同运并行，不能出造化之外"]），乃至断然宣称"烦恼菩提俱皆分外"（同书，十八丁）。就其邀心于宇宙的见性之境地，可以说已经完全在阳明学的良知说之圈外，据说他还"贬损阳明未了情念"（《耿天台全书》卷四"与吴少虞第三书"［译者按：今查《四库全书存目丛书》收录的南京图书馆藏万历二十六年刘元卿刻本《耿天台先生文集二十卷》，卷四收录了"与吴少虞"的四封书信，其中第三书与作者所言无关，只有第二书对邓豁渠的思想大加痛斥，但并无此句，姑且存疑]）另一方面，比禅宗的空观更具有对于现实的洞察与评价，所以几乎不管使用怎样的手腕都应当很难抑制住他。黄宗羲评价邓豁渠之学：

> 只主见性，不拘戒律，先天是先天，后天是后天，第一义是第一义，第二义是第二义。身之与性，截然分为二事，言在世界外，行在世界内[1]，人但议其纵情，不知其所谓先天第一义者，亦只得完一个"无"字而已。（《泰州学案序》）

可以说基本是恰当的评价，不过将邓豁渠之"无"一律还原为禅学，这多

---

[1] 此句依据的是邓豁渠的如下言论："自透关人视之，谓渠在世界外安身，世界内游戏，一切皆妙有也。"（《南询录》，四十三丁）

少是有点问题的。

邓豁渠在黄安"豁然通晓"的时候，自述"被月泉（法聚）妨误二十余年①，几乎不得出此苦海"，这到底是什么意思？癸丑，邀请邓豁渠见法聚的是王东崖，这是因为在王东崖看来，已经将王心斋之格物视为权乘（《南询录》，六丁）的邓豁渠，想要获得转悟之契机，则非法聚不可的缘故吧。而法聚对于邓豁渠之所呈，云"第二机即第一机"，"知此一机则无第一第二"（同上，七丁）。法聚的目的到底是什么？想来"第二机即第一机"说的是应当在现实之牵累相关的诸事象中获得本来之证悟，这对于脱离世俗之意识高涨、将人类存在之社会意味完全消解在本然性之中并讴歌如此之自由的邓豁渠而言，可以说是顶门之一针吧。"知此一机则无第一第二"的"此一机"，指的是本文刚才所说的"本来性—现实性"不二的境地，至此则所谓"第一机""第二机"的分别就失去意义了。对于寻求"人情事变之外别有不得拟议之妙理"的邓豁渠来说，无疑这样的教示是很难接受的。就法聚的立场而言，虽然他是禅僧，但目标是与现实世界紧密联系的主体之确立，在这个意义上，也就没有必要拒绝或者侮蔑良知说了。然而邓豁渠的立场是在宇宙之无中燃烧身心、由此所获得的直接强烈指示来给予各个体验②。所以法聚之教示本来是希望能遏制邓豁渠的上述倾向，却反而使后者感受到禅学的界限，结果也就没有改变其志向与方向。"被月泉妨误二十余年"的不屈之言语，也正是从邓豁渠的口中讲出。

邓豁渠之"无"，如黄宗羲所指出的那样，是归于昭灵之一物的确立，若要在现实社会中发挥活力，则确实有走向粗暴而无规范的情念之操作的

① 由本文概述的他的求道经历来计算，应该是"十余年"，对此姑且存疑。又，法聚在邓豁渠获得大悟（嘉靖四十四年）之前两年已入寂。

② 对邓豁渠的思想多少有着共鸣的李卓吾说道："第一机即是第二机，月泉和尚以婢为夫人也。第一机不是第二机，豁渠和尚以为真有第二月在天上也。"（《焚书》卷一《答焦漪园》）他还在耿天台面前为邓豁渠做辩护："盖渠之学主乎出世，故每每直行而无讳。"（同上，卷一《答耿中丞》）

危险。法聚并不如此认为，恐怕是其禅风能包容良知说、有度量的现实之性格所致吧。

四

如前所述，法聚与王心斋等阳明学门下有交流的机会，而这样的交流在王心斋去世以后也继续下去，这一点可以从法聚的《挽心斋先生》[1] 诗得到验证。王心斋让他的儿子王东崖师从王龙溪，此时也有机会聆听法聚的教诲[2]。前面提到王东崖在得到许可的情况下将邓豁渠介绍给法聚，由此可知王东崖对法聚抱有特别的敬意，下面这封书信就更明显了：

> 某辱爱，每承法言直示，进某以大造，感何可言也。某愚，然知奉若至宝。时一拈诵，得一伶（泠？）然。庶几其无寐也。瞻望天池，如饥如渴，而勇往一决，自念愧竦。和尚或必谓其非正根人矣。继后犹得蒙一转语否？学人多务知艰难，以本分事接之，姑就根缘，诱入法堂，辉光动地，亦或法门之一助也。狮子窟中无异兽，象行路上绝狐踪，此地岂容别安手脚，而昭师敕令，岂待别有一辈承当汉也。（《王东崖集》卷一《寄方外玉芝和尚书》）

① 《王心斋遗集》卷四收录："碧霞池畔听鸣韵，善写遗言公独豪。沧海不妨麟凤远，青山殊觉斗星高。乾坤定处谁均轴，世业轻来只羽毛。下拜再胆遗像肃，清风犹自满山袍。"

② 李卓吾《继藏书》卷二十一："东崖之学，实出自庭训，然心斋先生在日，亲遣之事龙溪于越。东崖与龙溪之友月泉老衲矣，所得更深邃也。"另参看《续焚书》卷三《读史汇》的"储瓘"条以及《澹园集》卷三十一《王东崖先生墓志铭》。

黄宗羲认为王东崖的学术思想之源流是"虽本于心斋乐学之歌，而龙溪之授受，亦不可诬也"（《泰州学案一》），从上面的书信来看，王东崖为了打破知解之束缚、寻求本分事上一转语，其对于法聚抱有的热烈憧憬是无法忽视的。这种感情显然超越了对于父亲之朋友所应有的礼节的程度。

五

书写法聚的塔铭的蔡汝楠是王湛二学的折中主义者，他的思想倾向比较稳健，著作《说经札记》是为了矫正狂荡化的良知说的弊端，以经学来修正心学之过失的述作。其自撰题词（嘉靖二十九年撰）曰：

> 惟经学本明，而说经者自谬于圣人，或因性灵微明，浪自惊异，为之言曰：六经注我者也。知则无事矣。因以糠秕六经，是知有明觉之本然，而昧于本然之全体。以兴以植，以融以通，具之于心，而契之于经，经非内也，藉之乎经而会之于心，经非外也。

在这里可以看到以陆象山为"过高"[①] 的湛甘泉的影响。所以在本书中，我们能够找到"方今之人良知天理之学，说的太似易"（卷十《端居寱言》）这样，对于一部分极端派的良知学者的严厉批判。

然而依据蔡汝楠的《自知堂集》，他在写给邹东廓的书信（卷十八）中

---

① 参看《湛甘泉集》卷七《寄崔后渠司成》。[译者按：原文如下："仆时以为观象山宇宙性分等语，皆灼见道体之言。以象山为禅，则吾不敢，以学象山而不至于禅，则吾亦不敢。盖象山之学虽非禅，而独立高处。夫道中正而已矣，高则其流之弊不得不至于禅，故一传而有慈湖，慈湖真禅者也，后人乃以为远过于象山。仆以为象山过高矣，慈湖又远过之。"]

曾提道：

> 龙溪丈自匡庐归，又荷垂情示札。道谊雅念，登嘉佩德，何能喻言。

在写给钱绪山的书信（同上）中也写道：

> 龙溪兄在水西否。倘得同来月之会，是至愿也。

体现出对王龙溪的深厚的敬爱之情。蔡汝楠究竟在多大程度上承认王龙溪的良知现成论，这点无法确认，不过依据胡直所撰写的赵贞吉（大洲）传（《国朝献征录》卷十七所收），对赵大洲所撰写的《三教图》，据蔡汝楠说"梓以传（世）"，可见蔡汝楠在某种程度上也应当认可三教之并存（虽然《说经札记》中模仿宋代以后儒者之口吻批判佛教的话语比比皆是）。若如此，联结蔡汝楠与玉芝的人或许是王龙溪也未可知。[①] 《自知堂集》中有《同龙溪王丈天池寺作》一诗，而更能成为上面的推测之佐证的，是记录两人联袂参加天池的法会、混合诸多禅德制作偈颂的下面这段文字：

> 嘉靖戊午（三十七年）暮春，玉芝禅德举法会于天池，大集名禅，各为偈言，余同龙溪王子过访斯会，诸偈适成，余二人亦次韵为偈。偈成，龙溪颂余偈曰：但问黄梅五百众，不知若个是知音。是知音者希也。自诵曰：何幸钟期共禅席，高山流水有知音。余不觉爽然，盖知音者希，何异乎可者与之之指。乃若高山流水幸有知音，岂非容众尊贤之盛心哉。于是乎可以考见余与龙溪之用心矣。乌乎！禅客当机

---

① 有一种可能性是，汝楠是浙江德清出身，早年即以诗而出名，或许二人是通过诗而结交的。塔铭中提道："天池去德清才三十里，余持服居山中，时往来犹密。"

截流掣电，岂不亦犹余辈各自表见者哉！宜并存之，庶令自考。玉芝颇以余言为然，请题于卷首，次第录之。（《自知堂集》卷十五《天池法会偈引》）

在这里，完全信任凡人之心的王龙溪，与坚持悟境之高洁纯粹的蔡汝楠的立场之间存在着巨大的差距，而且法聚对此并无任何偏向而"并存之"，其本意大概是希望二人以后各自能有所自得吧。

六

撰写法聚传的徐渭，是曾师事王龙溪、季本的文人，在"法聚传"中他写道：

其弟子名祖玉者，与渭为方外交，结庐于山阴镜湖之滨。师（法聚）往来吴越间，数至其地。渭数往候之，或连昼夜不去。

可见徐渭是通过门人祖玉与法聚结识的。《徐文长全集》收录了徐渭写给玉芝以及祖玉的几首诗，其中徐渭感怀在玉芝门下坐禅的经历。在"法聚传"中，徐渭叙述了自己曾请法聚为《首楞严经》晦昧为空章作解，与此相关的，钱谦益云："文长喜读楞严，谓得其妙义，有楞严解，惜未行于世。"（《楞严经解蒙钞》卷末三、三八七丁，《大日本续藏经》所收）《楞严经》是风靡明末思想界的佛典，当时出现了许多注解版本，（虽然无法知道详细内容）徐渭受到法聚的影响，也是不难想象的。由此可见，徐渭与法聚之间的交情，应当不止于诗文。

第五章

罗近溪的思想

一、二王与王溪

万历年间的学者陶石篑，在罗近溪语录的序言中写道：

> 新建之道，传之者为（王）心斋、（王）龙溪。心斋之徒最显盛，而龙溪晚出寿考，益阐其说，学者称为"二王先生"。心斋数传至近溪（罗汝芳）①，近溪与龙溪一时并主讲席于江左右，学者又称"二溪"。余友人有获侍二溪者，常言："龙溪笔胜舌，近溪舌胜笔。"（《歇庵集》卷三《盱江要语序》）②

由此可知，罗近溪是可以与王心斋、王龙溪相提并论的弘扬良知说的有功之人，并且其思想内容也继承了二王。那么对此三人，相互之间的思想对应关系又如何？许敬庵曰：

> 姚江（阳明）之派，复分为三：吉州（罗念庵）仅守其传，淮南（心斋）亢而高之，山阴（龙溪）圆而通之。而亢与圆者又各有其流弊，颜（山农）、梁（汝元）之徒本于亢而流于肆，盱江（近溪）之学出于亢而入于圆。（《敬和堂集》卷五《答周海门司封谛解》）

---

① 王心斋（1483—1540），王龙溪（1498—1583），罗近溪（1515—1588）。

② 清儒邵廷采曰："是时，泰州有艮，绍兴有王畿，皆揭良知之说，以倡道东南者也。其弟子几遍京邑，人称二王之学。艮最早出，而畿之末年，授罗汝芳，又称二溪之学。"（《思复堂文集》卷一《王门弟子所知传》王艮条）

"出于亢而入于圆"的意思，并非说从"亢"脱离出来而转入"圆"，而是说从"亢"出发、融入"圆"中。若如此，王心斋与王龙溪分别被视为"亢高"与"圆通"，而罗近溪则是折中二者的立场。

这当然是极度简化的图式化的说明，但可以认为是阐明罗近溪思想的重要线索。

心斋、龙溪之二王，是所谓左派王学的代表者，众所周知，这是因为他们都很重视"悟"（以及本体与工夫的一体化之现成论），二者体悟良知以及实践的方向略有差异，有识之士对此也多有指出。依照顾宪成的看法，王阳明门下以"超悟"而闻名的第一人是王龙溪，"有超悟而又有笃行者"则无如王心斋（《证性编》卷五《质疑下》十八丁）。又，在刘念台看来，二王虽都主"悟"，心斋仍"不离师门宗旨"，而王龙溪则将良知与佛性等量齐观，期待悬空之悟，故被他贬为"入室操戈"之徒（《明儒学案》"师说""王龙溪"条）。

这些批评都可以说有各自独特的视角，由此可知，王心斋重悟，并且努力进行社会实践，王龙溪则无止境地追求良知的彻悟与"无"之性格，最终使得自己与佛教之间的距离也若有若无，此差异与先前的"亢高"与"圆通"的对比也有非常密切的联系。

二、王心斋之亢高

"亢高"之"亢"，应该是源自《周易》乾卦的"亢龙"，就经文本义而言，这象征着对历史与命运进行反抗、不考虑进退存亡之利弊得失而完全凭一己之冲动的人的精神构造。这种主我的冲动，可以以特定的事件为契机、作为自我防御的本能而出现，也可能是在面对外在压力与拘束的情况下不得已而加以抵抗时所出现，而在如今，作为王阳明良知说之发展的心斋学，其被称为"亢"的理由，究竟又在何处？历来高度评价王心斋功绩的人们，常会以类似这样的口吻加以评论：

> 王心斋，一盐丁耳，偶有悟于圣贤之学，即以先觉自任，挺身号召，随机开导，万众咸集，人人意满，虽皂隶臧获莫不欢，若大梦之得醒，初何尝藉名位。（李二曲《四书反身录》卷七）

要而言之，王心斋以非同寻常的热情，将即便是愚妇幼童也应当知道的良知学说带到了人伦缺失的地带（穷乡僻壤愚夫愚妇）加以扩大、扶植，使得儒家的教化之对象延伸到历来被视为不毛之地的社会底层，使得人们奋然觉醒，由此打破了以学术之名而设立的重重障蔽。王心斋本人对于"应然之社会"未必有明确的设想，但是作为学术权威，在没有王权或者代言人存在的情况下，即便身份只是一介布衣也以自身为"絜矩"——王心斋的上述素王意识，在因循守旧的人士看来，毫无疑问会被断定为破坏上下之纪纲、颠覆社会秩序的"僭上""亢高"。

管东溟如此批判心斋的素王论：

> 盖至于泰州王氏，而素王之僭亦彰（中略）今王氏曰："万世为士，非天子之事，匹夫之事也。仲尼为生民以来之所未有，吾当续仲尼以后之所未有。"是欲驾学术于帝王之上，而另起一宗也。夫子不与礼乐征伐自诸侯出，而王氏则与道统自庶人出，无乃以师道蔽臣道，而启天下卑君之心乎？（《师门求正牍》卷中，三十二丁）

管东溟所恐惧的是，心斋极度膨胀的自我意识已经无法安于素位，而以自身为道统之继承者、师道之传承者，毫无忌惮地批判国策，加以诽谤与评议，这样最终产生使士农工商之身份秩序混乱的结局。如是，对于人伦缺失的地带①，有人认为就让其处于落后状态以维持社会的安宁，也有人试图在学术之光最稀薄的地带探寻恢复人伦的可能性，开拓新的治国平天下之道路，在这里我们可以看到上述两种形成鲜明对照的观点。

"满街人都是圣人"——王心斋满怀其实感的发言，在同门的稳健派看来是诬蔑圣贤（《聂双江集》卷九《答王龙溪》），同情王心斋者则为他做辩解："夫凡民既与圣人同其学矣，则谓满街皆是圣人，何不可也？"（李卓吾《焚书》卷四《批下学上达语》）对于此语的危机感，正如刘念台所畏惧的那样，满街人贸贸然行于路上，何以能视其皆为圣人（尧舜）？（《刘子全书》遗编、卷一、十七丁）但若上述考虑是基于将尧舜视为既成的道德定律所装扮起来的典范型人格，又与行路之人加以对比的话，那不得不说就已经离心斋之学太远了。走在路上的所有人，无论其职业之类别、名位之有无、教养程度之高下，都随着其各自之身份地位而"各个圆成"，心斋学的本旨就是希望人们能意识到这一点。

亢高的精神如果是具备以上内容的形态，那么与其说是与权力进行结合，毋宁是应当以鲜活的人性（生のままの人间性）为其第一义。亢高的精神虽然未必意图对抗权力、煽动民众，但并非为了培养出温和的循规蹈矩之人或者顺民，而是要"超然妙悟，不滞形器"（《耿天台全书》卷十四《王心斋传》），能够通过确然的修行来找到转凡为圣的决定性契机，自己受用本心之乐体，这才是为学之本旨，正因为如此，在自我意识的熊熊燃烧之处就必然会产生触法反逆之徒，事实上在心斋学流派中，就有几个布衣身份者死于非命。

---

① 参看《从先维俗议》卷二、八十八丁。关于管东溟的思想立场，可参看拙稿《管东溟》（本书所收）。又，此处所引用的管东溟对王心斋的看法，耿天台曾撰写《王心斋先生传》（《天台全书》卷十一）加以反驳。不过其中是以"或疑"的形式引用，并未特别提到管东溟的名字，这应该是因为此二家有师徒关系所以加以特别的考虑吧。

但是，这并非如一部分论者所指出的那样，是显示出素王论的末路或者反社会性，反倒可以看作是民众对于王心斋的实践活动的狂热支持之证据。为了追求鲜活的人性，已经出现了像李卓吾以及邓豁渠这样的与家族别居以寻找自受用之法乐的人，王心斋自身则努力宣扬孝悌思想："以悟性为宗，以孝弟（悌）为实"（同上）。对于孝悌，如果仅仅意味着对于父权制支配的隶属，那这就不过是沿袭既有之名教伦理而已，但对于王心斋而言，孝悌并非对父权制权威的再确认，而是最普遍的自然感情之发露，是恢复人伦的起点。

王心斋所说的孝悌，若与其格物论或者素王论区别对待并接受的话，那无疑就是亢高之精神的萎缩退化。而若撤除孝悌，单论王心斋之实践，也会导致我们在理解上丧失对其儒家面貌的把握。亢高与孝悌应该如何加以结合，这是留给心斋后学的重要课题，而在罗近溪思想这里，则已经给出了一个极其巧妙的解答。

三、王龙溪的圆通

在考察罗近溪思想的成立与流行之前，还有一个需要参照的重要人物，这就是先前介绍过的王龙溪。许敬庵认为王龙溪思想的特征是"圆通"，此"圆通"之"圆"，与"方"或者"矩"形成了对比性概念。"方"为典要，为格式，是客观而先在的行动准则。王阳明颠覆了朱子学的定理之说，依据"心即理"而提倡良知说的时候，最受批评的一点，就是良知说使得"理"变得不稳定，成为主我之判断或者意见的产物。良知并非无视条理、格式而成立之物，但却又的确不是为了顺应客观而先在之条理、格式而存在的。

夫良知之于节目时变，犹规矩尺度之于方圆长短也。节目时变之不可预定，犹方圆长短之不可胜穷也。（《传习录》卷中《答人论学书》）

王阳明此话的前半部分是说，良知会自然而然地发用，由此产生条理与格式，后半部分意思是，条理与格式是没有定体的。人深信作为"现在之几"的良知能够自己创造出历史或者天则，并试图摆脱格套、典要之限制的时候，良知的"无"之性格就愈加强烈，最终达到对于纯粹无制约性的认识。在这种超越人为与工夫的极致之处，就是王龙溪的良知现成论。王阳明以良知为"天然自有之中"，至龙溪，则此无作为性、真机神应性，作为彻悟而得到了更彻底的表现。

若真信得良知过时，自生道义，自存名节，独往独来，如珠之走盘，不待拘管，而自不过其则也。（《王龙溪集》卷四《过丰城答问》）

他特别批评遵循规矩绳墨、惴惴不安而缺乏自发之本心的人们：

世之所谓豪杰，蹈绳守墨，不敢越尺寸，检点形迹，持循格套，趋避毁誉，不使少有破绽，自信以为完行矣。不知正堕在乡党自好窠臼里，殊不自觉也。若是出世间大豪杰，会须自信本心，以直而动，变化云为，自有天则，无形迹可拘，无格套可泥，无毁誉可顾，不屑屑于绳墨而自无所逾。（同上，卷十六《书顾海阳卷》）

我们注意到，在王龙溪的口中，作为社会共识而受到尊重的典型的人格形象完全被颠倒过来。良知作为现在之一机、天然之灵窍，保持着圆通自在的自主性，排除格套上的模仿，贯彻变动周流、天机运转之秘义时，便是"混沌初开第一窍"处立根基。圆通之体验深化至此，与佛教的无所得之空观的距离就不得不说只在毫厘之间了。本来，王龙溪能够很牢固地把握儒家的经世意识与素材，其看似彻底的空观，在禅僧看来仍旧是半吊子不上不下，但无善无恶、修悟一体、虚灵寂照等与禅家近似的术语，确实成为显露其圆通至高境地的证据。王龙溪与佛教之间的差别，或许在于是否承认良知（本心）具有明确的创造规矩条理的能力，是否认为有必要在良知的自我实现中需要社会性的、历史性的黏合剂，然而当良知以现在之一机这样的自我操作来进行一刹那的价值创造时，所给予的素材就被归于混沌初开而彻底解体并被打散重新编排组合，若如此，就很难不产生疏远或者轻视文化的形相，乃至与禅同归于玩弄"悬空之一物"的结果。到了龙溪的良知现成论，"理"在获得绝对自由的同时，也面临着念念消灭的危险。

刘念台说"龙溪、近溪不满于师说而夹杂以禅"（《刘子全书》卷十九、三十一丁 [译者按：原文如下："读龙溪、近溪之书，时时不满其师说，而益启瞿昙之秘，举而归之师，渐挤阳明而禅矣。"]）但若以罗近溪为参照坐标，看他与王龙溪之间的关系的话，那么在此场合下重要的就不是二者是否为禅学，而是在"出于亢而入于圆"的罗近溪那里，"圆"究竟有怎样的实质，又起到了怎样的作用。如前所述，王龙溪的良知说达到了儒家的主体性的最高极限，其理论极其巧妙精致，但在对于社会构造的观察与反应上，却意外地疏忽与暧昧不清，可以说与王心斋的"亢高"正好形成鲜明对照。龙溪在写给同志的规约中写道："其官司得失、他人是非，一切不置诸口，违者罚。"（《王龙溪集》卷五《严约说》）他禁止同志在讲会上僭越身份而发表政治言论，又曰，"士与商贾异者，以其尚义而远利也"（同上，卷五《申约后语》），认为读书人阶层具有特别的社会伦理，对于追求利润或者通过生产劳动而产生的伦理几乎没有任何关注。亦即是说，在此既没有素王意识，也无法看到与社会动态相对应的新的人伦形态之诉求的迹象。

王龙溪与王心斋相比，实践能力匮乏，坠入玩弄"悬空之一物"的结局，这是因为他的良知说在自我检验的方法以及范围上最初就受到了很大制约，对于招致典要、格式、既成之道德规范等困境的社会原因并没有从广阔的视角加以考察，而仅仅依赖自己内心的直观操作来试图解决问题。

不过，"亢"与"圆"作为良知现成论之双翼，由其一体化之振翅而飞，良知之格调也理应会变得更高，从而"亢"之社会性有必要补充"圆"之哲学性，而"圆"之理论性也有必要补充"亢"之实践性。在"亢"与"圆"的相互补充关系中，产生出新的良知现成说，乃至出现了众多充满特殊色彩的人物。罗近溪正是在此思想环境中得到培养并活跃起来的。

四、罗近溪的思想经历

与其探求定理，毋宁重视本心之确立的阳明学，不管其是采取亢高或者圆通的现成态，还是内省反观的静止形态，都具备了本来朱子学这样的固定之教义所不可能获得的实质，特别是在极度宣扬生命的高扬与燃烧的左派王学这里，还有人为了打破先儒的陈旧之说，不惜将自己内心加以检证的经历作为不可回避的课题而向学道者进行展示。"学"与"道"作为"天下之公"，若并非孔子、朱子之私自占有（《传习录》卷中［译者按：作者指的应该是《答罗整庵少宰书》中的话："夫道，天下之公道也；学，天下之公学也，非朱子可得而私也，非孔子可得而私也。天下之公也，公言之而已矣。"］），当然也并非王阳明自己可以独占之物，而必须是由每个人的自主之判断来进行最纯粹的直接性把握。左派王学运动达到其顶峰是在嘉靖至万历年间，能出现众多不仅师事一人，不惜辛苦跋涉、奔波万里之历程之气概的人物，也正是上述思潮的如实反映。罗近溪也是其中一人。罗近溪尝曰：

> 我从千辛万苦，走遍天下，参求师友，得此具足现成、生生不息大家当。往往说与诸人，奈诸人未经辛苦，不即承当。（《庭训上》五十丁）

又，其门人杨复所曰：

> 惟吾师之学，发志最早，自髫龀之年，以及壮强衰老，孜孜务学，未尝少倦。参求于四方高贤宿德，惟恐不及。德无常师，善无常主，但闻一言之益，即四拜顿首谢之。（《明云南布政使左参政明德夫子罗近溪先生墓志铭》）

以下，笔者就想带着各位读者，沿着若干值得注意的地方，来一起浏览罗近溪的思想履历①。

罗近溪在十五岁的时候，开始跟从乡学先生张洵水学习道学，专注于《近思录》《性理大全》所说的工夫，但在那时候就已经"目章缝为汙俗，目黎庶为冥顽"，必别开蹊径，息念存心，决心另起炉灶来进行穷经造理。他对于科举官业毫无志向，完全专注于做一个"好人"。对于他来说，先儒之成说"虽尽饼样完全，与饥饱了无干涉"，只能成为激起他欲求不满的契机而已。其中，薛敬轩的"万起万灭之私，乱吾心久矣，今当一切决去，以全吾澄然湛然之体"（《读书录》卷一）让他感到如获至宝，于是焚香叩首，立志必为圣贤，"立簿日记功过"，惜寸阴而精进于实践，但湛然之体

---

① 以下记述，是依据《一贯编》易一丁，《四书总论》十三丁，《庭训》上二十一丁等。

却未能恢复。不得已之下，他在翌年独居于临田寺①之密室，取机上之水镜，相对默坐，要等到"心"与"水镜"不二的时候才取出书出来读，却发现自己思虑无法专一，于是便掩卷复坐，习以为常，遂成"心火"之重病。

从以上叙述来看，我们未必就能很清楚地把握罗近溪心中所存在的"万起万灭之私"究竟是什么。但既然他是以《近思录》《性理大全》为基础的教养，那应当是对朱子学的格物致知理论抱有信任，并期待着通过对个别事物的真挚之反省与工夫的积累，就能达到很大的转变自身的成果吧。所谓"起灭"，如果是主体无法适应被给予的道德范畴而造成的主观心理不安定，那通过陶冶性情、默坐澄心的训练就理应能获得一定的效果。因为在此情形下，私意的责任就不在客观的规范一边，而是存乎主观心情之安定与否。由此，通常情况下自我陶冶是以对私意的压抑以及对规范的顺从为目标而进行的。罗近溪的"立簿日记功过"就是明证。由功过的分量之多寡来检验自身道德的完满与否，这种方法是以承认既定道德体系为前提，如果判定功过的权衡之本身都存在潜在性的疑惑，那么最终就一定会变成没有结局的无限往返与不定起灭。于是，罗近溪就"习以为常，遂成重病"。

对罗近溪的病情很担忧的父亲前峰公②认为："儿病由内，非由外也。惟得方寸快畅，于道不逆，则不药可愈。"就把王阳明的《传习录》给了儿子。在这里，罗近溪才首次接触到不同于朱子学的思想，通过从王阳明那里对诸儒的批判，进而寻找陆象山、杨慈湖等人的书籍。在这里首次出现

---

① 依据内阁文库本《近溪集》卷二《临田寺砧基簿》，临田寺距离近溪的住宅有里许，正式的名称是宝安寺，因为寺庙周围都是田，所以就被人们称为"临田寺"。罗近溪从他的祖父以来，就致力于对荒废的该庙进行修缮复兴，这对于了解罗近溪的教育环境是很重要的。

② 关于罗近溪的父亲前峰公，参看内阁文库本《近溪集》卷四《先府君前峰公行状》可知，其讳锦，字崇纲，别号前峰，从临川的饶行斋那里得到良知之心传。又，参看同书卷五《从姑善前峰书屋乞言状》。

了他从性理学向心学的转换，并从无限往返追逐的领域中飞升出来。前峰公说罗近溪的病因"由内，非由外也"，此即是说，原因不在于对客观世界的定理之追求的记述的拙劣或者热情的不足，而是心本身之存在以及保持方式的问题。而阳明学所理解的"心"，是以理气性情、主客内外为一体，并不承认定理之优先性，而毋宁说在心中，理被当作是杀活自在的料理（参看本文上一节）。若如此，罗近溪领悟到心的哲学，就意味着从念起念灭反复无穷的狭路中挣脱出来，探寻"别一蹊径"而向前迈进了一步。但在这个时期，最终的结果还是"病虽少愈，终沉滞不安"①，然而迈入王阳明的思想圈，对其生涯而言是决定性的转折点，这从他之后的经历以及对王阳明的非同寻常的赞许就可以得到佐证②。

　　读了《传习录》也依然没有得到彻底解决，这不是因为罗近溪对良知说的不满，本来良知说就不是要给出某种特定的结论，而是通过自身具有的问题意识来解决问题的本质，所以在短时间内就能理解是不可能的事情。确实，良知说给予了罗近溪以打开思想之视野的契机。他在日后将《论语》《孟子》中的孝悌思想与自己的家庭环境的生动体验相结合，孝悌通常被视为"寻常之人情"而不被看作紧要之事，他却意外地觉察到这是诸位先贤的苦学之积累。由此，孝悌这种司空见惯的德目，在罗近溪那里冲破了陈腐的躯壳而获得了新的光辉。这甚至并非仅仅是孝悌的问题。在孝悌那里得到集结的心体之全部都获得了翻转与重生。使得这种翻转从主于意念到深化为自然的，正是王心斋门下的一大奇人 [译者按：指颜山农]。

　　嘉靖庚子（1540 年），为了赶考而走向省城的罗近溪在某个寺院的门

---

　　① 《四书总论》十三丁记载，罗近溪在拿到《传习录》的时候，"不肖入手读之，其病顿愈，文理亦英发"，本文还是依据《一贯编》的记述，因为显然后者才比较符合实情。

　　② 罗近溪对王阳明提倡良知之说赞誉为"斯文之幸而千载一时"（《论语》下、八丁，《续录》上、四十丁）。

口看到"急救心火"的招牌。在寺庙中的不是医者，而是聚众讲学、性格木讷的颜山农^①。罗近溪在向他叙述了自己充满苦难的经历之后问道："先前得重病，能于生死而不动心，今科举失败亦不会将得失挂在心上。我如此真诚地做工夫，但论及至道，却茫然不知，这究竟该如何是好？"

颜山农答道："是制欲，非体仁也。"

罗近溪马上追问道："克去己私，复还天理，非制欲安能以遽体乎仁哉？"

从王心斋、颜山农的立场来看，所谓"己私"，即便是相对于"天理"而成立，若为"己私"之现象所惑，想要通过对其进行抑制和克服的方法然后来达到天理的话，那么"己私"与"天理"就依然是两件事情。"己私"为"天理"所吸收，人从"天理"的即今当下的自我展现之歪曲中看待"己私"，则克去"己私"就应当理解为交给"天理"之任运无为。所以颜山农答道："我们谈论学问，必须以孔孟为标准。志仁而无恶，这难道不是孔子的训导吗？扩充四端，就如同火之始燃，泉之始达，这是孟子的训导。如此体仁，仁不可胜用，何须制欲？"^②

罗近溪顿时就觉察到自己的心神活泼之处，以乾坤之本际为心地之所归，遂拜颜山农为师而受学。此后，罗近溪对颜山农异乎寻常地恭顺奉仕^③，想见是他将颜山农当作圣人一样崇拜，罗近溪的学问之骨骼就此成立，可以说这是之后他的讲学活动的原型。本来，颜山农就被人们称为"大侠"，他接受了王心斋的"亢高"之思想，有志于"民胞物与"，正因为

① 关于颜山农的家庭、性格、思想经历等，内阁本《近溪集》卷五"柬当道诸老"[译者按：此处原文作"柬当道诸友"，误]有很详细的记载。这是当时颜山农触犯了官宪的忌讳而被投入监狱，罗近溪为了请求自己的老师被赦免而写给当权者的请愿书。又，关于颜山农的思想，可参看《明儒学案》"泰州学案序"。

② 《四书总论》十四丁中，在引用孟子的四端之说后，还加了下面这句："故子患当下日用而不知，勿妄疑天性生生之或息也。"

③ 《万历野获编》（卷十四《贵后拜师》）评价罗近溪对颜山农的侍奉是"近妖诞不经"。

支撑其志向的是无拘无束的行动力，这才能深深地打动了罗近溪的心吧。此行动力在后来通过对《大学》"格物"的解释，以"至善＝孝弟慈"的本来之伦理感情为脉络，一举推广到身、家、国、天下，这成为罗近溪独特的哲学的根据，由此完成了令人惊叹的发展。

嘉靖丁未（1547年）访问吉安的罗近溪，参与了云集邹东廓、欧阳南野、聂双江等阳明学门下知名学者的数百人规模的同志讲会，当时邹东廓曾问罗近溪："子不急仕进而归学十年于兹，其志卓矣，近所得如何？"罗近溪对曰："只是一个无。"邹东廓莞尔一笑："罗大人力学十年余矣，如何尚在门外耶？"（《天台全书》卷四《与邹汝光》）依据耿天台的记载，后来罗近溪"放下这'无'，而专提掇生机"。但在上述时期，恐怕罗近溪所主张的"无"也不是脱离"生机"的东西（因为是以"孝悌""民胞物与"为主）。不过，罗近溪所关心的，是"生机"的流动自在之呈现，而不是生机本身的形式化，故以"无"来表现。以下看法或许不无穿凿附会之嫌：此讲会中阳明门下的中道派乃至右派人士较多，所以罗近溪才不得不接受上述忠告，如果是王龙溪一脉的人列席，或许会对罗近溪有较同情的评价，也未可知。后来罗近溪对聂双江（乃至罗念庵）的"归寂"工夫有较消极的看法，认为很多余，最多也就是对初学者的工夫而言或许有意义，这或许也是一个佐证。

罗近溪的思想中更有宇宙论之精彩，是源自胡宗正的易学之教示。胡宗正原本为了科举而拜罗近溪为师，但罗近溪听闻其易学造诣很深，于是反而拜他为师（嘉靖戊申，1548年）。胡宗正曰："周易之为易，原自伏羲洩天地造化精蕴于图画中，可以神会，而不可以言语尽者。宜屏书册，潜居静虑，乃可通耳。"罗近溪按照其指示进行实践，某日胡宗正忽然问罗近溪："若知伏羲当日平空白地著一画耶？"罗近溪答："不知也。"宗正云："不知则当思矣。"次日，胡宗正又问道："若知伏羲当日平空白地一画未了，又著二画耶？"答曰："不知也。"胡宗正指出罗近溪依然落在文字上，

107

于是罗近溪恍然有所领悟,脑海中经文消散,呈现出卦画纷落的景象,并体会到作易者的意图之脉搏。这究竟是周易,还是无? 是伏羲,还是我? 充满盎然宇宙间的一团生意,天人物我原来就是在这样的神机妙运之下! 在罗近溪惊叹不已时,胡宗正给予了他决定性的激发:"障缘愈添,则本真愈昧!"罗近溪由此体悟到了先天未画之前的气象。

通过良知说而去除"孝弟"的因袭之旧服,因颜山农而得到自然无为之体验,由胡宗正之教诲而与宇宙之生意冥合,罗近溪的思想由此确立了有无显微、天人物我一体、生机活泼的规模。新的孝悌哲学于是诞生了。让我们来看一下获得胡宗正许可而归的罗近溪的告白:

> 某复以师事之,闭户三月,亦几忘生,方蒙见许。反而求之,又不外前时孝弟之良,究极本原而已。从此一切经书,皆必归会孔孟,孔孟之言,皆必归会孝弟。以之而学,学果不厌;以之而教,教果不倦;以之而仁,仁果万物一体,而万世一心也已。(易卷、一丁)

五、良知现成论的安定化

罗近溪的知己赵志皋对于隆庆元年(1567)罗近溪与王龙溪在浙东会面的情形,做了如下的描述:

> 尝观使君教人,使人当下识取,不作拟议,不涉安排,不间以凡心,盖一念真机,神感神应,非人力可得而与也。才作拟议,才涉安排,即非神机之感应。使君以此得悟,即以此教人。(《龙溪集》卷十

四 《寿近溪罗侯五秩序》）

他所转述的罗近溪的思想，确实是与王龙溪的路线相一致，甚至可以说是
没有丝毫距离的东西。罗近溪所主张的当下现成、本体工夫合一、玲珑悟
得、一切放下、心体精妙等等，以及并不拘泥于儒教与佛道二教之区分，
这些都毫无疑问属于"圆通"的思想。但是对罗近溪的良知现成论需要加
以注意的是，他虽然汲取了王心斋、颜山农之流派的思想，并受到王龙溪
的影响，却并没有像前者那样有未经洗练（荒けずり）的素王意识，也没
有后者的那种峻峭卓绝的严厉，而是有所缓和，其思想之整体笼罩着"一
团乐体"，心醉于太平盛世之气象而端坐不动，由"亢"而变为"圆"。袁
中郎曾比较过王龙溪与罗近溪：

> 王龙溪书多说血脉，罗近溪书多说光景，辟如有人于此，或按其
> 十二经络，或指其面目手足，总只一人耳。但初学者，不可认光景，
> 当寻血脉。（《袁中郎集》随笔、暑谈）

意思是说，在王龙溪那里圆通无碍、变化自在的论法，在罗近溪则尚且有
若干定相与关节。滞于光景，这本来是罗近溪自身常告诫士人的话①，但依
然会产生袁中郎这样的批判，可见至少在一部分士人看来，罗近溪与王龙
溪相比，思想中还是存在着某种安定处（往坏的地方说，就是停滞的地
点）。到了李卓吾，则直接对"二溪"加以明确的优劣评判：

> 龙溪先生全刻，千万记心遗我！若近溪先生刻，不足观也。盖

---

① 罗近溪对于静中涵养端倪以及看喜怒哀乐以前气象的说法，认为是不知宇宙之大用显行。
（参看《会语续录》上、五丁，《会语续录》下、三十二丁）

《近溪语录》须领悟者乃能观于言语之外，不然，未免反加绳束，非如
王先生字字皆解脱门，既得者读之足以印心，未得者读之足以证入也。
（《焚书》卷二《复焦弱侯》）

他批评罗近溪为"未免反加绳束"，这是与袁中郎的观点一样，都表达了对
罗近溪固守于现成说的不满①。其实即便是王龙溪本人，在对罗近溪的惊人
感化力以及讲学之热情感到敬佩的同时，也认为其"不离现在"、全体放下
是不彻底的，距离精微之工夫尚有一线之隔（参看《龙溪集》卷四《留都
会纪》与耿楚侗的问答）。

　　与罗近溪属于同一思想谱系的人们为什么会有上述批判？如果说罗
近溪的现成思想有某种固定的点，那究竟是什么，又为什么必须要放置
在那里呢？如前所述，罗近溪获得胡宗正的许可，悟到先天未画之前，
从而达到究竟的境地，但这毕竟只是追求混沌最初之究竟处，故并非确
定工夫体验之根基，而是使他认识到宛然的人伦形态之纯粹相位（即作
为仁之命脉的孝悌）这个本源性的场所。若工夫真正向"无"进行贯彻，
则并非没有落入滞于形迹与模拟格套的危险，若成为在焦点上与人伦形
态不相吻合的"无"，又难免会流入虚寂散漫的弊端。对于良知现成论者
而言，从形迹、格套上的超脱，既然是自明之前提，那对于"有"与
"无"如何进行组合，就成为确认其自身落脚之处的重要分歧点。在这个
意义上，考虑到上述良知（现成）论的弊端，对比"从有入于无者"与
"从无入于有者"，由此来确认"狂"与"圣"之区别的罗近溪的下面这
段话，可以说为我们提供了探寻其以"有"为定点的良知现成论架构的
有力线索：

---

　　① 不过从李卓吾与袁中郎各自的著作可知，他们对于罗近溪其人以及思想还是有相当程度的
共鸣。

问："某闻天下之道，皆从悟入。常观同志前辈，谈论良知本体，玄微超脱，或听其言，或观其书，皆令人欣快踊跃，及观其作用，殊不得力，其故何也？"罗子曰："吾儒之学，原宗孔孟，今《论语》《孟子》，其书具在，原未尝专以玄微超脱为训。然其谨言慎行，明物察伦，自能不滞形迹、妙入圣神者，原自《大学》之格致、《中庸》之性道中来也。盖格物以致其知，知方实落；达道以显其性，性乃平常。故某常泛观古今圣贤，其道虽从悟入，其悟却有不同。有从有而入于无者，则渐向虚玄，其妙味愈深，则其去人事日远，甚至终身不肯回头，自谓受用无穷也。有从无而入于有者，则渐次入于浑融，其操持愈久，则其天机愈显，所以能经纶天下之大经，立天下之大本，知天地之化育也。此个关头，最是圣狂要紧，学者不可不早鉴而敬择也。"（《近溪子集》卷射、二十七丁，《庭训》下、四丁）

也就是说，"悟"不能是玄微超脱，而必须是实在而平常的，为了成为实在而平常，就不能是"从有而入于无"，而需要"从无而入于有"。罗近溪所说的实在、平常，究竟意味着什么，从下面这段对阳明良知说的批判可以看出端倪：

阳明先生乘宋儒穷致事物之后，直指心体，说个良知，极是有功不小。但其时止要解释《大学》，而于孟子所言良知却未暇照管，故只单说个良知。而此说良知（笔者按：指《孟子·尽心上》的"良知"说），则即人之爱亲敬长处言之，其理便自实落，而其工夫便好下手，且与孔子"仁者人也，亲亲为大"的宗旨毫发不差，始是传心真脉也。（孟子下、二十七丁，卷射、二十三丁）

王阳明的良知说，作为《大学》"格物致知"的新解释是很成功的，但是并未完成与孟子的良知良能说的结合。只有将此［译者按：指良知］与爱亲敬长相结合来进行解释，此"理"才有"实落"（安定）处，如此工夫才有下手的地方。罗近溪对王阳明的上述批判，虽然未必确切①，但当良知说乘着现成圆通说之流行，太虚空阔之残影就变得愈加浓厚，如银山铁壁一般高度灵妙，"至若挽近一二谈学者，高极于无始，细入于无伦，大者罩天地，而阔者范三九矣（中略）恒言本来无物矣，而不免竟刀锥；恒言万物一体矣，而不免介睚眦"（耿天台《题近溪子集》）。若如此，罗近溪试图通过从爱亲敬长之卑近的现成态中寻求理之实落与工夫之入手处，也确实是有道理的。

　　良知现成论，在通过"亢高"而渗透到人伦不毛之地的同时，也通过"圆通"而寻求高度的体验，如果放任此两方向而不管，则"亢高"会变成缺乏哲学气味的粗野与僭越，"圆通"也恐怕会变成浮于社会实践之上的孤高之空理。从"亢高"的立场来看，"己"必须是"联属天下而为己"（论语上、三丁，卷礼二十二丁、其三），从"圆通"的立场来看，"己"必须是"即今现成"（《四书宗论》三十六丁，孟子下、二十丁，等等）。要寻求这两个方向的交接点，并在纠正各自方向的弊端的同时确立新的良知现成论，这是罗近溪毕生的课题。那么，不分阶层之高低，每个人都能很容易又迫切地找到它，还能连带着家国天下而获得太平之气象的现成之事实，究竟是什么？罗近溪认为这就是"赤子之心"。赤子之心不学不虑，天理浑然具备，在母亲的怀抱中爱恋不已的爱根，这正是孔子称之为"仁"的东西，将此爱根向外扩充，这就是人之所以为人的大道，是所以能有自然之气象、浑然之化成，并且能够参赞天地、化育

---

　　① 例如王阳明说道："知是心之本体，心自然会知：见父自然知孝，见兄自然知弟，见孺子入井自然知恻隐，此便是良知不假外求。"（《传习录》卷上）另参看《传习录》卷中《答聂文蔚》第二书，《王龙溪集》卷十六《书见罗卷兼赠思默》，卷七《南游会纪》（与陆五台的问答）等。

万物的根本所在。

> 道之为道，不从天降，亦不从地出，切近易见，则赤子下胎之初，哑啼一声是也。听着此一声哑啼，何等迫切；想着此一声哑啼，多少意味！其时骨肉之情，依依恋恋，毫发也似分离不开，顷刻也似安歇不过。真是继之者善，成之者性，而直见乎天地之心，亦真是推之四海皆准，垂之万世无朝夕。若舍此不去着力理会，其学便叫做远人以为道，纵是甚样聪明，甚样博洽，甚样精透，却总是无源之水、无根之木，用力虽勤而推充不去，不止推充不去，即心身亦受用不来。（卷射、三丁）

赤子之心的纯粹面相，在"孝弟慈"之家庭结构中展现出来。作为"小社会"的家族，如果是治理"大社会"之国家、天下的基础，那么我们就必须从"明德＝赤子之心＝孝弟慈"的现成之事实中寻找为政伦理之根据[1]。因为在"赤子之心＝孝弟慈"中所体现出来的迫切的人类相互的原初一体观[2]，才是生民的命脉，也是可以带来天下太平的捷径所在。本来，"赤子之心＝孝弟慈"如果洗去其伦理之面向，那就难免会沦落为单纯的生物性的自然冲动，如果以此作为工夫之入手处而进行扩充，则父权制家族伦理就直接扩展到天下之规模，阶层秩序会愈加坚固，结果就是文化上的落后地区依然被丢弃在那里而维持原状。如果是这样的话，那么亢高之精神就会受挫，而圆通之哲学也会被歪曲。那么，罗近溪的真意又究竟在何处呢？

---

① 例如他说："明德只是个良知，良知只是个爱亲敬长。爱亲敬长而达之天下，只是兴仁兴义，而修齐治平之事毕矣。"（《四书总论》、四十丁）
② 参看易卷、八丁，卷御、二十一丁。

六、罗近溪思想的时代背景

从嘉靖到万历，一个比较普遍的政治现象是乡村统治的方针，是对逐渐觉醒的基层社会的伦理意识应当如何被整合到社会秩序中去，以维持后者的平衡与稳定。当时作为乡村社会教化的基本纲领是皇祖的圣训以及大明律例，在乡村通过定期的讲会以及裁判，来进行普及，与此并行的重要职责是木铎老人对太祖六谕的宣传①。罗近溪对明太祖的功业极尽溢美之词：

> 即如我太祖高皇帝，人徒知其扫荡驱除，为整顿一世乾坤，而不知"孝顺父母，恭敬长上"数言，直接尧舜之统，发扬孔孟之蕴，却是整顿万世乾坤也。（卷乐、四十八丁）
>
> 后世儒者，或独契于绝学之后，或推明于继续之余，综之，莫有如我高皇帝揭六谕以作君师，而吾师罗子宪章之直指孝弟慈为生民命脉者也。（杨起元《近溪先生一贯编序》）

可见，罗近溪的政治意识与伦理规范是一直以乡村为基点而进行建构的。他在讲学的过程中经常会称道圣谕六言，以至于有人讥讽他说，这不过是木铎老人之言，罗近溪答道："学在此尽也。虽欲不为木铎老人，不可得

---

① 参看曾我部静雄《明太祖六諭の伝承について》（《东洋史研究》第十二卷第四号所收）、酒井忠夫《中国善书の研究》第一章。又，清水盛光在论及明代的村落自治的性格的时候，认为是"以自律之自治为基础的他律性的自治"（《支那社会の研究》，第 216 页），这和本文接下来要叙述的罗近溪思想产生的社会根基有关，需要注意。

也。"（《杨复所文集证学编》上、三十丁）一般认为乡约是在明代初期开始的，在中期衰落，到了万历年间又开始复兴[1]，王阳明在正德十三年立下"南赣乡约"（《王文成公全书》卷十七），这虽然有地域局限，但在乡村中谋求民俗教化之方便，获得后人的好评[2]。不过，王阳明并没有提及太祖六谕（当然，内在指导精神的一致性是不容忽视的），也并没有试图将乡村统治之原理直线扩展而构成国家统治原理的意思。也就是说，王阳明只是认识到，在政治机构末端的乡村当中，有必要通过移风易俗来进行教化而已。王心斋有时候也会援用明太祖的教民榜文来作为孝悌思想之典训（和刻本《王心斋全集》卷五《与南都诸友》），但并未以六谕来作为民众行动的方针。而到了罗近溪，他很重视作为全国政治结构之基础的乡约，认为明太祖是"衍圣训而定乡约"（《大学》、六丁）[3]，将乡约作为国家统治的基本原则来进行把握，在他看来，乡约履行与否会决定国民道德之隆盛与否以及天下太平之向背。由此，我们需要在回顾当时的政治、社会局势的同时，对他用"赤子之心——家——国——天下"式直线推演的理论进行检证。首先，罗近溪是这样描述"赤子之心"的发生样态的：

　　　　盖言有浅近而理无浅近；浅近之言即理也。民有卑下而中无卑下；卑下之民亦中也。试看今时间阎之间，愚蠢之妇，无时不抱着孩子嬉

---

　　① 曾我部静雄，前引论文。

　　② 陆桴亭曰："阅阳明全集，中载乡约法，甚妙。其赏罚善恶，皆乡老以酒行之。于乡约之中，寓乡饮之礼。较近今所行之赏罚，似为之。"（《陆桴亭遗书》"志学录"三十三丁）

　　③ 依据"柬当道诸老"，颜山农早年在家乡的时候，曾经与邻族的人们结成了可以说是振兴乡村的同志会，"会中启口劝勉，罔非祖训六条，至今四十年如一日也。"若如此，罗近溪对六谕的推崇也可能是源自颜山农，不过笔者并没有找到与之相关的详细材料。依据杨复所撰《罗近溪墓志铭》，罗近溪在嘉靖三十二年（三十九岁）的时候作为太湖令赴任，平定盗贼而获得了乡民的信赖，并制定了乡约。对其效果，杨复所写道："立乡约，饬讲规，敷演圣谕六条，恳恳勉人以孝弟为先行之。期月，争讼渐息，有缓急难卒办者，父老子弟争相趋营之。"［译者按：此处译者依据的是点校本《罗汝芳集》第921页，在"先行之"之后的一句，与作者所引用的字句略有不同，姑且存疑］

笑。夫嬉笑之言语最是浅近，闾阎之村妇最为卑下，殊不知赤子之保、孩提之爱，到反是仁义之实、而修齐治平之本也。（卷书、五丁，《四书总论》、二十九丁）

很明显，他从乡村社会的匹夫匹妇的凡庸卑近的生活感情中找到了伦理规范成立的原点。这虽然是取法于太祖六谕，但却不是要从六谕之权威来推导出"赤子之心＝孝弟慈"的生活规范，而是通过六谕来寻找阶层分化之前的普遍性的伦理感情。由此，这并非以为政者的法律的角度来进行强制，而是诉诸民众的自发性的直观①。不过，罗近溪的目标并非要将上述民意之发动与掌权者之横暴对立起来，提倡有组织的社会运动，而归根到底是认为官僚与民众都各自有赤子之心，由此可以化解无用的摩擦与不自然的对立，从而实现乡村的一团和气②。

　　汝诸人所言者就是汝诸人的本心，汝诸人的心果是就同著万物的

---

　　① 参看《四书总论》三十二丁的说法："故圣贤为政，不徒只开设条款、严立法令叫他去孝弟慈，而自己先去孝弟慈。如所谓老吾老以及人之老、长吾长以及人之长、幼吾幼以及人之幼，父之则其为父子兄弟足法，而人自法之，便是上老老而民兴孝，上长长而民兴弟，上恤孤而民不悖。果然有耻且格，若北极一旋而众星自环拱之，更不待上之人去刑罚他、追究他，自然大顺而大化也。"又，三十三丁："人这个生性，性这样良善，官人与舆人一般，汉人与夷人一般，云南人与天下人一般，大明朝人与唐虞朝人也是一般。但尧舜生来见得这个是我的天性，亦是人的同性，既以之自尽，亦以之尽人。"
　　② 侯外庐主编《中国思想通史》第四卷下册第1000页，引用了对日益苛酷的刑罚愤慨不已的罗近溪的话，认为这显然是为了劳动人民而加以关注，并严厉指责统治阶级的残暴与压迫，但罗近溪的本意，是从本来官民应当是和乐融融的赤子现成论的立场出发，对于损害此和乐的事态、条件提出问题，而并非要针对统治阶级，提出保卫人民权利的主张。当然从结果上来看，罗近溪的上述主张能够一定程度上缓和官民之间的矛盾，但这并不会给人民的地位带来根本的变化。认为罗近溪的治理政绩中有对统治者的"叛逆行为"（同上），这也是不妥当的。如果站在《中国思想通史》的立场上，例如下面这段罗近溪的"太平论"，又该如何解释呢？"予观诸君多谓今时官司任法之太严，以致生灵姓名之未顺，从是而思以一致力焉。予窃谓其非得策也。盖太之体，以平而定，则太之保，以平为先，平之用，因心而出，则平之心，以己至至。今时官司之法制，生灵之调度，吾侪安得妄与分毫？惟此《学》《庸》《语》《孟》，则是圣贤心法之所在，生平学术之所存，而亦国家之所责备吾侪，以竭力而深造之者也。"（《会语续录》上、二十丁）

心，诸人与万物的心亦果是就同著天地的心。盖天地以生物为心，今日风暄气暖、鸟鸣花发，宇宙之间，浑然是一团和乐。今日太祖高皇帝教汝等孝顺和睦，安生守分，闾阎之间亦浑然是一团和乐。和则自能致祥，如春天一和则禽畜自然生育，树木自然滋荣，苗稼自然秀颖，而万宝美利无一不生生矣。①（卷书、五十五丁）

在这里，我们甚至能看到自古以来中国人的心灵深处所隐藏的对田园牧歌般的天地的向往。怀着素王、先驱者的意识来披荆斩棘的不屈的灵魂，在此已经很难寻见。

如前所述，如果"赤子之心＝孝弟慈"是建立在原初一体观之基础上，那么这就不仅仅是乡村家族范围的亲和、统治之原理，而且必须是更大范围的社会集团（国、天下）的统治原理。或许还可以说，这不是原理，而是作为即今当下的现成之事实，作为涌现上来的灵感冲动而动摇着人心。罗近溪的孝悌思想在明代思想史上具有重要的意义，这是由于以下三点原因：其一，由心体之无限扩大与自我意识之无限膨胀，使得天理变得无法安顿，乃至诱发猖狂之弊端，作为对良知现成论的上述批判的回应，罗近溪试图确立普遍妥当而又平常卑近的支点；其二，将"孝弟慈"这种埋没于因袭的家族伦理的人性暴露在白日之下，打破此胶着状态，给予"孝弟慈"以新鲜的生命；其三，通过良知说对乡村渗透的彻底化，来完成万物一体。

那么，罗近溪的良知现成论的工夫，特别值得注意的是什么？要求在当下体认本体，这可以说是良知现成论的一般观点，所以在王龙溪与罗念

① 参看下面这段话："人人亲亲长长，任性质之自然，各安其分，只晓耕而食，凿而饮，出而作，入而息，日用饮食而已，更有何事。此孔子惓惓为政以德，只是志大道之公也。试观我高皇六谕，普天率地，莫不日用平常，仰事俯育。此正王道平平，王道荡荡也。宁非偏为尔德哉。"（卷诗、七丁）

庵的围绕"当下"展开争论的时候，罗近溪也断然地站在王龙溪一边："当下固难尽信，然亦不可不信。"（《庭训》下、三十三丁）① 然而王龙溪与罗近溪的重要区别，就在于前者比王阳明更彻底，并不将对天命的敬畏之情看成是问题，而后者则虽然没有像宋儒那样严格的制约身心的意思，却也提出了持守依循的方法，② 曰：

> 故前此诸大儒，先其论主敬工夫，极其严密，而性体平常处，未先提掇，似中而欠庸。故学之往往至于拘迫。近时同志，先达其论良知学脉，果为的确，而敬畏天命处未加紧切，似庸而未中。故学之往往无所持循。某至不肖，幸父师教诲，每责令理会经书，一字一句，不轻放过。故遵奉久久，不觉于孔圣心源，稍有契悟。惟愿诸君勿谓老髦，不相切磋而救正之也。（《中庸》、十三丁，《卷射》、五十四丁，《庭训》下、三丁）

为什么在罗近溪的良知现成论当中，必须要有"敬"？如罗近溪所说，"孝弟慈"确实是天机不容已的"自然如此之物"（おのずからなるもの），但在人类之外还有其他的"自然如此之物"，甚至"自然如此之物"彼此之间有重叠或者相互影响也是有可能的。要在"自然如此之物"当中使得"孝弟慈"优先发动，并确保其地位，究竟应该如何才能做到？在过去，统治者会以"孝弟慈"之名义而严酷打压人性，现在如果却要试图以"孝弟慈"来恢复人性，那就必须剥去"不自然如此"的覆盖，还原"自然如此之物"。但如果我们担心"自然如此之物"未必就会采取"孝弟慈"这种稳健

---

① 罗近溪对于瞬间的生命之转换，做了如下叙述："（前略）是则神明之自来，天机之自应，若铳炮之药，偶触星火而轰然雷震乎乾坤矣。至此，则七尺之躯顷刻而同乎天地一息之气，倏忽而塞乎古今。其余形骸之念、物欲之私，不犹太阳一出而魍魉潜消也哉。"（卷礼，四十一丁）

② 赵志皋撰写的近溪墓表中也有"以敬畏天命为实功"的说法。

的家族伦理之形态，那就有必要特别强调"孝弟慈"与"自然如此之物"之间的先验一体性。这不是人为的做作，而必须是从"自然如此"的生生不息的天机而生发出来的东西，在那里，所寻求的正是对超越一切人为之物的皈依与顺从。这就是罗近溪思想中的敬畏之感情所存在的位置。以无所束缚无所执着的左派现成论来看，这确实是现成论的倒退。但我们也可以将此看作罗近溪将舍弃傲慢的"亢宗"与不再散漫的"圆宗"之间所进行的折中。

那么，在此需要回过头去考虑的是，"吾人此身与天下万世原是一个，其料理自身处，便是料理天下万世处"（卷礼、十六丁，《四书总论》、十八丁），将"身""家""国""天下"各自的政治、社会性能加以均质化与同一化，这样的操作之所以成立，是罗近溪将例如个人与家族、家族与国家之间所产生的各自独特的社会性的、道德性的紧张与对立，轻易地进行消解，并还原到极其平板化的同一平面上的广狭关系，暴露了这种统一世界的原理的脆弱性。许敬庵就曾评价罗近溪的学问是"大而无统，博而未纯"（《庭训》上、三十丁），某人还曾对罗近溪提出过这样的疑问：一味地用"孝弟慈"来化民成俗，这虽然很浑厚与和平，但在人情衰而刑罚日益严峻的当今之世，是否近于迂阔（《会语续录》上、二十四丁）？对于许敬庵的批评，罗近溪回应道："大若出于天机，则本统，博若本于地命，则本纯。"（《续录》上、二十四丁）但许敬庵所质疑的或许是：如果仅仅依靠"天机""地命"这样的"自然如此之物"，可能是很难解决社会、道德的紧张与对立的。而对于刚才所举的某人的疑问，罗近溪引用了孔孟在春秋战国之世的业绩，认为刑名不仁之火即便有燎原之势，也不可能战胜仁之水，相信人性之善才是转移世道的关键所在。在这里，像朱子学那样的顺应社会关节之大小深浅而探求道理的朱子学式的格物论当然不可能存在，甚至也没有给试图将"朱子九条之说"包容到自己的学说中的王阳明的格物论留下余地。对于"赤子之心"的发动报以热烈的信赖与期待的罗近溪，对于赤子之心在自我分裂与反转的同时，反而在可以使自身向更高、更深的地方进发的人性的复杂性并没有投入相应的关注与思考。所以孟云浦评价罗近溪的思想是"贯串古今，心开目明，见广识透，盖近世学者未之或先。独意气稍类粗豪，言词不无播弄，岂其道广，宜如斯耶?"(《孟云浦集》卷二《与孟我疆第六书》)刘念台也一边称赞罗近溪学问"先生之学，可为直达原始，正阳明意中事也"，一边也说其悟入"不免反费推敲"(《刘子全书》卷十九《论罗近溪先生语录二则示秦履思》[译者按：此处原文作"卷九"，误])。

万历之初，宰相张居正认为布衣人士的讲学与游说，伴随着战国处士的横议之风，导致徒党空谈、游食无作，乃至败坏民间风俗，因此下令捣毁书院，禁止讲学，这一举措给在野的知识人以很大的冲击，罗近溪也成为张居正所厌恶的对象，却并没有中止讲学的活动①。这并非企图对权力进行抵抗，也不是要指责支配者的无能，而是罗近溪超越了人的身份等级，直接诉诸赤裸裸的人性，期待一团虚明活泼的仁脉的实现，以及天下太平的气象之恢复，这是他得到谋求内心安定的社会各个阶层广泛支持的原因所在吧。身为一介书商，却鼓励人们钻研佛学，留下了《天乐鸣空集》(万历庚戌自序本)的鲍宗肇，带着满腔欢喜说道："罗近溪先生曰举世皆圣人，真得圣人之大体，与佛教平等法界之义相合。"(同书，卷中"举世皆圣人"条)罗近溪的讲席上不分贵贱之高下、学识之有无，这一点有下文为证：

　　子立讲会，甚觉宽平。上缙绅大夫，下父老子弟，统作一会。故

---

　　① 罗近溪对于讲学的热情以及所获得成果的资料，从《庭训》以及与他相关的墓志铭、墓表等传记中都很容易找到。

他郡有同志与不同志之分，而吾郡独能免之。（《庭训》下，三十五丁)①

如此，罗近溪不区分人之地位高下的讲学活动，以及他的主张超越名教、以人性之觉醒为首务的宗旨，被主张严格履行名教伦理以振兴风教的人们视为"撤名教之藩篱"而受到抨击（管东溟《从先维俗议》卷四"名教道之藩篱"条），其讲会达到了在保守人士看来是"龙亢"② 程度的空前盛况。这是否是因为罗近溪的"舌"之巧妙，姑且不论，但无疑，这表明在节奏很快的社会组织改编的时期，民众对于罗近溪讴歌人性的哲学给予了广泛的支持③。

七、因果论辩疑

罗近溪作为"圆宗"之徒，其思想被指责为带有佛教色彩，可以说也是理所当然的，但对此问题姑且放下不谈，对于他和王龙溪的关系特别值得注意的是，王龙溪对于罗近溪的思想中所包含的因果论，从圆宗正统的

---

① 翻遍近溪集，随处都能找到"合堂贵贱，凡千百之众，皆同声感叹"（《四书总论》，三十五丁）的描述。

② 邵廷采曰："江西之学，宗龙溪者，为罗汝芳，再传归善杨起元。汝芳号近溪，南城进士，官云南副使。张居正恶其收召朋徒讲学，嗾言者劾免之。归复与门人走安城，下剑江，趋两浙、金陵，往来闽广，益务张皇，不为龙惕，而为龙亢。论者惜焉。"（《思复堂文集》卷一《王门弟子所知传》)

③ 酒井忠夫如此叙述明末士人的动向："士人阶层从作为中间阶层的指导者的意识，转变为乡党伦理的主导者，乡评、公愤意识的代言人。""乡绅、士人超越了过去的儒教文化形式与权威，在新的民众形式的文化中，对于民众的规范意识进行了客观化的整理，但他们还是会受到儒教规范之框架的相关制约。"（《中国善书の研究》，195 页）这对于我们了解构成罗近溪思想的社会背景来说，是很好的参考。

立场提出了质疑。王龙溪在写给罗近溪的书信中写道：

> 传闻吾兄主教，时及因果报应之说，固知引诱下根之权法，但恐
> 痴人前说梦，若不喜听，又增梦语，亦不可以不慎也。何如，何如？
> 不肖数时行持只寻常，此学只从一念入微处，自信自达，与百姓同作
> 同止，不作一毫奇特伎俩，循此以报知己而已。（《龙溪集》卷十一
> 《与罗近溪》）①

确实如王龙溪所言②，罗近溪自己也说："孔子谓不追既往，不逆将来。工
夫紧要，只论目前。"（卷射、三十八丁）依据良知现成论，人应当在无前
无后的当下一念之处进行默默体究，精神上的固定化的实体跨越时间、空
间而有因果报应，这样的看法必须加以拒斥。那么为什么罗近溪还要讲因
果报应，这在罗近溪的思想之整体中，又究竟占据着何等地位？

有人问罗近溪是否存在"天宫地府之处"，罗近溪答"四书五经，其说
具在"，并以《诗经》"文王陟降，在帝左右"等若干儒学古典的说法为例
证，之后又阐发了如下这段感慨：

> 后世只因认此良知面目不真，便谓形既毁坏，灵亦消灭。随决
> 言人死，不复有知。并谓天地神祇，亦只此理，而无复有所谓主宰
> 于其间者。呜呼！若如此言，则今之祭天享地，奉先祀神，皆只叩
> 拜一个空理。虽人之贤者诚敬，亦无自生。至于愚者，则怠慢欺侮，
> 肆然而无忌矣。其关于世教人伦，甚不小小。（卷乐、五十一丁，易

---

① 参看《龙溪集》卷十二《与贡玄略》。孟云浦亦云："善缘功德报咎等，皆释氏流弊，岂可
称述。"（《孟云浦集》卷七《阅近溪集臆言》）

② 王龙溪对于轮回的看法，参看《龙溪集》卷七《新安斗山书院会语》、卷十一《与张阳
和》等。

卷、二十五丁）

在阅读此文时要注意的是，这不是对于神灵实在的理论性的说明，而是首先从维护风教的角度出发的伦理性的请求。而且这种伦理感觉是通过"诚敬"来实现的，这正是与上一节所论述的与作为良知现成论之倒退的对于天命的敬畏相通的东西。对于上面这段文字，耿天台认为："略涉着相。一念清明便是天宫，一念昏迷，便是地府，已当下取之（中略）若支离则成幻想。"① 这可以说是从纯粹的良知现成论的立场出发而得出的恰当评价。对于《论语》的"未知生，焉知死"，王龙溪解释为"生死往来，犹如昼夜，应缘而生，无生之乐；缘尽而死，无死之悲"（《龙溪集》卷五《天柱山房会语》），也就是从忘机委顺的角度进行理解，罗近溪则曰："盖以死犹生也，所谓'发扬昭明，君蒿凄怆，百物之精而神之著'者也。"（《论语》下、一丁）也就是将死理解为生的延长。我们可以认为两者在生死问题上的态度有如下差别，前者超越生死，后者还有对生的执着。

从现存资料来看，罗近溪并未多次主张死后生命的延续以及因果报应，但在我们探寻其意图的时候需要注意的是，在所谓太祖六谕的通俗性演训中有明确出现。试着去读一下《庭训纪》开头所载的"六谕演训"，就会看到罗近溪罗列了与乡村社会中极其卑近的风俗惯例相关的训话，并勉励大家遵照六谕进行实践，在结语部分他说道②：

---

① 依据卷乐、五十一丁的头注。[译者按：此处作者使用的是内阁文库本，所以有注，译者未有机会见到，所以原文只能依据日文翻译出大意而已，望读者见谅]

② 依据酒井忠夫前引书第49页，罗近溪的"太祖圣谕演训"现在还能找到（日本尊经阁文库藏），是"载乡约之诸规则，依据六条的各条之演训而附加因果与善报的说明，对与之相关的法律也举出数条，用俗文进行说明"。又，内阁本近溪集卷五"劝百姓"二十条的第二条有载："劝吾民，多积善，天公报应，疾如箭。积善之家，庆有余，若还积恶，天岂眷。"又，"教民榜文"中有"鬼神道之阴阳表里，虽人所未见，冥冥之中，鬼神鉴察，作善作恶，皆有报应"云云。

一家和顺，是你各人自己受福；一家污泥，是你各人自己受祸。

报应无差，神明显赫，何苦不知感动，乃劳朝廷圣谕、官府乡约也哉。

（《庭训》上、六丁）

众所周知，在当时的民间社会，功过格极其流行，劝善惩恶的善书、类书成为民众伦理感觉之核心，那么罗近溪想要成为乡村社会的精神支柱，也就不得不对上述庶民阶层的意识有所吸收和导入。不过，我们并不能就此认为，罗近溪的良知现成论的"当下现在"会由于因果报应论而变得支离破碎。这一点可以从下面两点得到确认：罗近溪的得力弟子（杨复所、焦澹园、周海门、曹鲁川等）尽管都与佛教有很深的关联，却并无强调因果论的痕迹，并且在记述罗近溪生平的他的知己、门人的记录当中也并未对此有特别的重视。与此相关，我们不妨来比较一下当时著名的三教一致论者管东溟。罗近溪对于宋代的儒者评价最高的是程明道（《孟子》下、二十五丁，《中庸》、二十九丁），为此还专门模仿后者的著作而撰写了《识仁篇》，而管东溟则认为："淳公犹未能以孔子之一贯，贯释氏之一大事因缘也。"（《从先维俗议》卷四、九十八丁）认为程明道的思想犹有未了之处。罗近溪是把因果报应论作为良知现成论解说的手段来加以利用，管东溟则完全是以此为其思想的必要要素来加以强调。管东溟评价在罗近溪周围的人士：

姚江单提良知之体，旴江兼提赤子不学不虑知能之体，俱不悖于孔子一致百虑之宗。然持智度（作者按：佛教"十度"之一）之端倪也已矣。学人得少为足，便以轻口快舌，蔽精义入神、穷神知化之义，是以狂禅入之，多流于小人无忌惮之中庸。（《从先维俗议》卷五、八十五丁"儒者兼修六度"条）

他说的"精义入神、穷神知化"，一言以蔽之，指的就是佛教的因果论①。亦即是说，管东溟指责罗近溪一派的人们不通因果之道理，所以无法把握道理的根源，堕落为放纵无赖的狂禅。

如果因果论是罗近溪思想的核心，并成为其讲会的主要宗旨，恐怕他就不会受到这样的非难。②

如此，为了对知识水平低下的庶民阶层进行诱导，虽然多少偏离了圆宗的路线，罗近溪的思想并未偏离儒家而奔走于无轨道、无规范的路线，但在他的身边还是有诸多奇怪神秘的因缘之谈与巷里之传言。《万历野获编》记载了罗近溪死后复活的传说（卷二十七《尸解》），以及晚年得男孩却又被游僧诱拐的记事（卷二十八《得子失子》）③。又，杨时乔在上疏中描绘了罗近溪夫子与佛道两家的奇特结缘：

> 罗汝芳师事颜钧（山农），谈理学；师事胡清虚，谈烧炼，采取飞升；师僧玄觉，谈因果，单传直指。其守宁国，集诸生，会文讲学，令讼者跐跌公庭，敛目观心，用库藏充馈遗，归者如市。其在东昌、云南，置印公堂，胥吏杂用，归来请托烦数，取厌有司。每见士大夫，辄言三十三天，凭指箕仙，称吕纯阳自终南寄书。其子从丹师，死于广，乃言日在左右。其诞妄如此。（《明儒学案·罗近溪传》所引）

---

① 管东溟将三世因果放到哲学的角度进行归纳，这方面的例证在其著作中有很多，现在仅举两例。"我有一言作断案，曰：凡言乡原乱德，而不信因果之理者，皆未斩乡原之根者也。"（《从先维俗议》卷四、九十六丁）"有宋大儒，扶纲常而尊圣道，厥功不细，而未尝深究究吾夫子幽明死生游魂为变之说，是以失之。"（《宪章余集》卷下、注观自在菩萨冥示末法中比丘毁灭正法一十五事法语引）

② 罗近溪关于西方净土的看法，可以关注他与李卓吾之间的问答（《庭训》上、五十三丁）。罗近溪反对指方立相之说，主张现前净土。

③ 《涌幢小品》卷二十九"刘罗陶仙游"条也记载了关于罗近溪之死的灵验谈。依据耿天台（《天台全书》卷四《寄里中友》），罗近溪的次子为胡清虚所惑而病死。胡清虚似乎具有特别的灵异能力，能够吸引王龙溪与陶念斋等人，"浙中之士翕然以之为宗"。又，参看许敬庵的说法："我翁在旴，实为后世标准，今二三轻浮之徒，恣为荒唐无忌惮之说，以惑乱人听闻，而令守正好修之士，摇首闭目，拘此学而不信。翁可不思其故邪？翁诚绝去淫邪，幡然一归于正，则学翁之学者，又将翕然从风，其有补于世道人心，非浅浅也。"（《敬和堂集》卷五《简罗近溪先生》）

这些都是依据巷谈流言的编造而已，黄宗羲为此为罗近溪辩护：

> 此则宾客杂沓，流传错误，毁誉失真，不足以掩先生之好学也。
> （同上）

罗近溪思想的流行与其渗透力，使得诸多异色人等也成为其教化对象，从而导致了上述恶劣的传言与诽谤。他在面对生死时候的态度之端正，可以由佛者之说法得到见证。憨山德清曰：

> 从来学道人，皆在生死关头，掉臂而过。前辈不能尽知。近年若罗近溪，则其人也。（《梦游集》卷十六《答邹南皋给谏》）[1]

罗近溪在临终时曰：

> 此道炳然宇宙，原不隔乎分尘，故人己相通，形神相入，不待言说。古今自直达也。（《临行别言》、二丁）

宇宙是什么？是以"孝弟慈"为骨髓的生生不已之天命，竖则为上下古今，横则为家国天下之物（《四书总论》六十丁）。如此，罗近溪的思想就是从"孝弟慈"出发、又最终回归"孝弟慈"的一个圆环。

---

[1] 参看《紫柏集》卷二十九《游飞鳌峰悼罗近溪先生》。又，在罗近溪病危的时候，其孙子罗怀智问道："去后有何神通？"罗近溪答道："神通变化，皆异端也。我只平平。"（《临行别言》二丁）

八、杨复所对佛教的引入

与王龙溪一样，罗近溪也时常对佛教有非难指责之语。然而罗近溪的好友王塘南却告诉我们，罗近溪研习佛老之书，也与"锱流羽客"有交往，但禁止门人阅读禅书：

> 先生早岁于释典、玄宗无不探讨，锱流、羽客，延纳弗拒①，人所共知，而不知取长弃短，迄有定裁。今《会语》出晚年者，一本诸《大学》"孝弟慈"之旨，绝口不及二氏。伯愚尝私读《中峰广录》，先生一见辄持去曰："汝曹慎勿观此。禅家之说，最令人躲闪，一入其中，如落陷阱，更能转头出来，复归圣学者，百无一二，戒之哉！惟潜心《大学》'孝弟慈'之旨足矣。"（《近溪罗先生传》)②

罗近溪自己更是在临终前嘱咐子孙：

---

① 明末著名的禅僧永觉元贤（1578—1657）曾自述，自己在年轻的时候寻访罗近溪于从姑山房，在那里第一次看到了《五灯会元》（《元贤广录》卷四、二二七丁，《大日本续藏经》本）。在内阁文库本近溪集的卷二，有《楞严新指补注序》一文。

② 耿天台也说："近日高明贤俊，往往左袒西方之教，而弁髦孔孟，以为不足与拟，则失近溪子借兵意矣。余切痛之，且重惧焉。今视近溪子集，集中发明孔孟学脉甚的，指示孔孟路径甚明，粹然一轨于正，更无只字片言勦袭仙释家语柄，而仙释之奥窔精髓，故亦已包括其中矣。"（《天台全书》卷十二《近溪子集序》）又，王龙溪门下的查毅斋也说："去秋罗近老来，备道优待过厚，约束多士，大会于鸡鸣，不下数百人。此风自东廓公过后，杳然矣，然亦公之职掌宜然。近老在吾宛时，犹借口葱岭，近来单提直指，惟圣学一路，不离日用常行，动以四书六经引证，可谓深造自得。独于致知格物之旨，与文成公稍别，似犹沿渠师门旧说。至于日用感应，圆动无滞，诲人谆谆不倦，真可师法。"（《阐道集》卷十三《与赵濲阳司成书》，又参看同书卷十五《与萧思学》第九书）

　　我归去后，游方僧道一切谢却。我本不在此立脚。（《临行别言》二丁）

罗近溪在晚年与禅僧之交流是如此谨慎，然而很讽刺的是，他的直传弟子却都接近禅僧，乃至提倡儒佛一体，这给人留下了他们背叛师门之教诲的印象①。那这又究竟是为何呢？在这里，本文将以最受到罗近溪信赖、完全倾倒于老师、为师门之发扬而奔走不已的杨复所为例，来探讨其接受佛教的意味与态度，并确认这是否是对罗近溪思想的某个侧面的展开或补充。

　　杨复所的《当下吟二首示诸儿》（之第二首）曰：

　　当下真心是谓良，不由闻见不思量。千层习气须臾尽，万卷经书片语长。

　　轻可御风超倏忽，清如临水濯沧浪。也无奇特无增长，只是孩提爱恋常。（《南中论学存笥稿》卷四、十九丁）

这首诗对罗近溪的赤子之心的良知现成论的风光进行了轻妙澄明的阐释②。李卓吾如此评价杨复所的学问：

　　持论以明德、亲民、止至善为宗，而要归于'孝弟慈'（中略）大抵皆本父师之言而推衍之。（《续藏书》卷二十二《侍郎杨公》）

---

①　例如周海门之于湛然圆澄，曹鲁川之于云栖袾宏，杨复所之于憨山德清，可谓比比皆是。焦澹园热衷于儒佛合体论，这也是众所周知的。

②　关于杨复所的当下论，参看《证学编》上、三十六丁，同书下、二十六丁《沈介庵书》。杨复所还说："我朝学问自白沙阳明二先生而来，至于先师（罗近溪）始觉会合。要皆取法孔颜，而以明德亲民为至善。"（《文集》卷七《与管东溟》）

耿天台曰：

> 复所不于疑处（关于罗近溪之说）作疑，而惟于是处取证，复所
> 之度越吾党也。（《天台全书》卷三《与周柳塘》）

可见，杨复所作为近溪学的优秀理解者，这一点其周围的人们也基本是认
可的。与王龙溪门下的张阳和[①]相比，可谓形成鲜明的对比：后者认为师说
过高、对于良知现成论之框架进行大幅度的修正，乃至倾向于顿悟渐修论
而批判良知现成派[②]。

杨复所有时候也会说"罗子（近溪）说仁孝，故非佛学"（《证学编》
上、二十七丁），看似是很注重儒佛之区别，他对于同门的曹鲁川沉溺于云
栖袾宏的念佛禅、试图探寻西方往生之宗旨的做法提出告诫：

> 先生平生会语，止说孔孟，止说孝弟慈，何也？岂不以孔孟即东
> 土释迦，孝弟慈即东土出世法，东土即西方净土，无二无别。（《南中
> 论学存笥稿》卷一《曹鲁川丈》）

这样的说法，不得不让人以为师门授受虽以"孝弟慈"为旗帜，实则脚下
踩着包容儒佛的丰饶之沃土。

在杨复所看来，吾儒若欲明明德于天下，必须先明自己的明德，佛学
以"明心见性"为宗旨，又因为一大事因缘而出现在世上。由此看来，我

---

① 关于张阳和，参看拙稿《明儒张阳和论》。
② 杨复所与憨山德清交往甚密。憨山德清《梦游集》卷五十四、年谱万历二十七年条："惠
州杨少宰复所公，往与予有法门深契"，同书卷十六《答邹南皋给谏》第四书："比得杨复老，大树
性宗之帜，贫道幸坐其地，欢喜赞叹不穷也"，又，同卷《与杨复所少宰》中对于杨复所所撰写的
"曹溪通志序"表示非常赞赏。另外，杨复所著有《维摩经评注》，收录在《大日本续藏经》中。此
评注虽然未必很有特色，但对于我们了解他对佛教关心的程度来说可以提供参考。

太祖曰圣人无二心，诚为至当。后世之儒者徒欲求治理天下国家，却没有彰显自己的明德，而佛徒则只顾着探究生死之道理而不知一大事因缘，所以都是有问题的。（《杨复所先生家藏文集》卷三"明心法语序"）可以说，他的观点是将"明心"与"治政"放到更深层次的心的层面来进行统合的儒佛一体观。在他看来，"以禅为异端者，不识宝也"（同上、卷六《与骆子易》），"止至善之学不离当下。宗门之学亦不离当下"（同上、卷七《与宋吾云》），毫不掩饰自己对于佛教的共鸣，乃至对"佛教至汉始入中国"的说法进行批评，认为："入中国者，佛教之名迹耳。其道乃中国之固有。"（《冬日记》第十节）[1] 如此撤去教派之藩篱，也难怪士人会非难杨复所的说法为"释氏作用为性之说"（《明儒学案》"泰州学案"三）、"学禅门语录公案者"（《思辨录辑要》后集、卷十一）。

如果说杨复所的思想展开之轴心是儒佛一体论，那他对于明太祖的敕谕重点之把握，也就必然与老师有所不同。罗近溪将太祖六谕作为自己的赤子之心的哲学教条，也是乡村社会实践的目标，而杨复所则强调太祖尊重三教的态度（《证学编》上、三十一丁），注重太祖文集中的《示僧篇》《谕僧篇》《道患篇》等（《文集》卷七《与管东溟》）[2]。在重视明太祖的三教尊重论这一点上，杨复所与泰州学派中的独特的三教一致论者管东溟的见解是一致的。管东溟猛烈抨击良知现成论而固守顿悟渐修说，认为以泰州学派的亢宗意识为基础的讲学会讲是"处士横议"，在名教伦理中加入佛教唯识论要素，良知现成论的继承者杨复所却赞誉之为"才识无双"（《文集》卷七《与邹南皋》），"管东溟先生者，天下莫不闻，然率知其才之高，

---

① 杨复所云："宋以来之真儒，皆由佛入"（《证学编》下《送刘布衣序》）。当时焦澹园也说："佛虽晚出，其旨与尧舜周孔无以异者，其大都儒书具之矣。"（《澹园集》卷十二、二丁）

② 所谓《示僧篇》指的可能是高皇帝（太祖）文集卷十五所收录的《还经示僧》，《谕僧篇》指的是同书卷八的《谕僧》，《道患篇》指的是卷十五收录的《道患说》，此诸篇是依据佛教原理或者宗门规矩而对僧侣进行劝诫之文，与六谕并没有关系。金陵梵刹志卷一的卷末所收录的《还经示僧》《谕僧》和《三教论》三篇，还附录了杨复所的注释。

而莫知其心之苦"（同上、卷七、《与孙苏州》），仿佛看透了管东溟心中的苦恼并给予深切同情，这也完全是出于上述以佛教为媒介而严厉锻炼自己内心所产生的共鸣吧。

如耿天台所言，对佛教的憧憬可以产生诸多形态，例如取其清净，以其直接，接受其慈悲，沉浸于出世，等等①，而杨复所大胆地认为佛教是中国所固有，他到底是出于何种意图？这是出于稳坐着掠夺对抗者所拥有的庞大财富的低俗之狡智吗？

杨复所曾说过："今日之治，宋儒之赐也，学者不可不知其功。至于学力，则存乎人，未尝限人之必以宋儒为极也。"（《证学编》上、三十九丁）这一方面是对宋学的知性与理想致以敬意，另一方面也承认宋儒之教已经失去了收拾时局的威力。如焦澹园所云，"古云'为道日损'，损有两端，损事障易，损理障难也"（《澹园集》卷十三、《答蔡昆石》），由宋学传承而来的"理"意识，已经完全无法找到解决自身之矛盾的方法。本来，良知现成论是从"理"当中解放出来，试图将创造"理"的能力掌握在自己手中，但为了彻底斩断十足难缠的理之束缚，就不得不采用非常彻底的粗暴的治疗手段。也就是说，从嘲笑宋学执着于"理障"的佛学之中，寻求摆脱"理障"的渊源。但是在此场合下，佛学就不再是与宋学乃至儒学相对立的教派之佛学，而是在此刻、此处（今、ここ）、在确立自我的同时从自己的内心深处所涌现出来的东西，因此这虽然是佛学，但其实已经甚至是称不上佛学之名的东西了。

从宋儒对"理"的执着中摆脱出来的一个线索，是对朱子的明德论的反省。朱子将"明德"定义为"虚灵不昧，具众理而应万事"，此中"虚灵不昧"姑且不论，所谓"具众理而应万事"应当是"明德之赞"（对明德之具备加以赞美），而非"明德之训"（对"明德"的概念规定）。因为以众理

① 参看《天台全书》卷三《与吴少虞》。

而执着于实然，就已经是本性的胶着化，无法实现自在无碍的绝对翻转。如同镜子不留下任何影迹一样，明德也不应当具有一理。若有一理，则不可言"虚灵"。何况朱子还说"但为气禀所拘，人欲所蔽，则有时而昏"［译者按：此处作者未给出出典，应为《大学章句集注》释"明德"部分］，这是完全将先验之理与后天之人欲（先験的理と後得の人欲）视为两物的处理，与前面所述一样，如果以此为前提，那么人就根本不可能发挥"明德"的浑然全部力量。

> 凡吾人终日举心动念，无一而非欲也，皆明德之呈露显发也，何蔽之有？吾人一身视听言动，无一而非气禀也，皆明德之洋溢充满也，何物之有？即如聋瞽之人不能视听，若可以拘其明矣。（《证学编》上、十八丁）①

将气禀、物欲、知觉、感应都视为明德之具体显现，但这并非安逸地将"明德"作为一物，而是不等待向背顺逆的决定性回转之契机，将其打并归一，良知若能当下呈现，则会随着呈现次数的增加而越发敏锐地感知明暗勤惰之相位。［译者按：此处作者原文的主语是自ら，亦即"自己"，但根据杨起元的书信意思，应当是"明德"，亦即是"良知"］

> 天地万物真机，于一时一事上全体融摄。但应一声，转一瞬，无不与万物同体，顾人不善自识取耳。（《证学编》上、十三丁）

若如此，在一念之微、毫发之际就会决定成为圣/凡、佛/魔的胜败。

---

① 杨复所的"明德"论，可以参看《证学编》上、二十丁、二十三丁等。

盖闻蛇修易成龙，或动一念残物之念，则转而为蟒。夫一念之微，而形性变易如此，是以君子慎之。(《文集》卷七、《管东溟》)

夫佛者魔之反，魔者佛之似也。是佛无魔，非佛即魔，间不容发，生甚栗之。(同上〔译者按：上述两段文字并非出自同一封书信，但书信名字均为"管东溟"，且都收录在文集卷七〕)

人心对恶魔性的东西的永无止境的追求，对此有最深刻理解的毫无疑问是佛学[1]，如果佛学能够准确无误地描绘出心的真相，那将此作为中国固有之物（也就是人心本具之物），又有什么问题呢？[2] 杨复所在推广《六祖坛经》上不遗余力，这与其说是希望"佛学"兴盛，不如说是传统儒学的信念伦理〔译者按：日文原文为"心情伦理"，在大陆以及港台地区一般翻译为"信念伦理"。此处作者所言"信念伦理"与"责任伦理"应当是援用社会学家马克斯·韦伯的概念 Gesinnungsethik 与 Verantwortungsethik〕学的框架，重视"心之过"的典范。

《坛经》(《般若第二》)曰："常自见己过，与道即相当。""若真修道人，不见世间过。"又曰(《机缘第七》)："惟当一念自知，非自己灵光常显现。"至哉言乎！子曰："已矣乎！吾未见能见其过，而内自讼者也。"夫能见其过，非知道者不能也。求之孔门，惟颜子一人耳。故《易》曰"有不善未尝不知，知之未尝复行，自颜子之外，未足与几也已矣"之叹，岂虚也哉！佛学知过之极者也。后世学佛者，张皇太甚，

---

① "程子曰：人须是识其真心。嗟夫！真心岂易识哉！弟非学佛者也，因其书然后稍窥心体，回视儒先所论，如隔靴搔痒，入海较砂，深为可惜。"(《文集》卷七《与曹植老》)

② 佛理乃中国所固有，佛理在六经中就已具备等等说法，在很早以前的文献中就有出现。但是如此说的哲学依据，却会随着时代以及人的不同而有所差别，对此必须加以注意。

予尝览诸师之言，皆莫若《坛经》之简而切者。(《证学编》上、十六丁)①

也就是说，在对人性进行深度反省而发现无法彻底消灭恶根妄执，计较臆度的萌芽会时常等待着出现的时机。罗近溪的思想被称为"宽和近于佛之慈悲"(《天台全书》卷三《与吴少虞》)，由于他过于乐观地期待生意之萌发、赤子之爱根以及良知之澄明，对于内心深处所潜藏的欲根妄念之阴影的反省就不够深入，这是很令人遗憾的，但是这个弱点到了杨复所这边可以说得到了克服与修正。顾炎武在《日知录》卷十八《举业》中暗示杨起元是将禅导入到科举中的始作俑者，若单从道学的立场来进行攻击，已甚无意味，杨复所主张的儒与禅的融合，必须放在不执着于以下问题的视野中来进行检验——他是以思想界的何种课题为背景，又是以何种意图来进行的。

如前所述，杨复所与管东溟积极援引佛教唯识论，并对明太祖的三教并存政策大加赞美，看似持有相同的立场，但在社会观念上，罗近溪对管东溟的对立图式在此依然延续下去。管东溟引入佛教的意图是"以无生之妙理荡君子之名根，以果报之真因夺小人之利根"(《理要酬咨录》《答许敬庵书》)，在此，"君子""小人"的社会阶层之划分是被严格视为前提的，正因为如此，他才认为泰州学派是"不学素王之素位而行，而学素王之周流行教"，对当时的社会混乱负有重大责任而加以攻击(《师门求正牍》卷下、二十丁)。他对于周易乾卦的六龙进行解释的时候，排斥"亢龙"自不待言，"见龙"都被看作是有弊病的，他对"潜龙"的强调，是出于试图镇压阶级混乱的考虑。

———————————

① 参看文集卷三《明心法语序》。杨复所对于楞严经的顿悟渐修论虽然表示反对(《证学编》下、四十八丁、《蒋兰居年丈》)，但对其真心论则表示全面赞成，也是出于同样的理由。(《文集》卷七《与曾植老》)

然而杨复所想在佛学中探寻的，是在君子、小人之区分发生之前的"赤子之心"的自我谛观与自我锻炼的动力，是不能与"与庸众同情"之物完全分离的（邹元标撰《杨起元墓志铭》），"世儒妄自藩篱，与庸众隔阂，正公所深悯而欲拯援者"（同上）。所以杨复所批评管东溟的"六龙解"："六龙之义，门下作解，漏泄殆尽。虽然，学患不成龙耳，不患其不六也。"（《文集》卷七《管东溟》）对于杨起元而言，成为"龙"是最重要的（具有贯穿身家国天下而自我燃烧的一体观），潜、见、飞、亢之方式，是在这之后的问题。[①] 两者的差别在对李卓吾的看法上也体现出来。管东溟认定李卓吾（以及颜山农、何心隐等人）是"霸儒""霸禅"，视为良知说堕落的令人憎恶之典型而加以抨击，而杨复所则对李卓吾大加赞赏："李卓老真出世豪杰，其炉火力大，足以陶冶人，不待言已。"（《南中论学存笥稿》卷一《蒋兰居年丈》）[译者按：此处原文为"刘淳寰丈"，误] 甚至说："我近师逝矣，今之能教某者，莫如我柳师（周柳塘）与先生（李卓吾）。"（《证学编》下、三十五丁、《与李卓吾先生》）杨起元到最后依然保持着泰州学派的基调，与名教伦理之维护相比，他更重视人间存在的最初之自觉，这与即便借助佛教思想也拼命要维持日趋崩坏的阶级秩序的保守思想相比，还是有很大的差别。

　　话虽如此，杨复所不是睥睨一世的霸儒、霸禅，就像他所尊敬的宛如活孔子的老师罗近溪一样，他接受的是温文尔雅的风格。焦澹园的下面这段话，可以说非常形象地刻画出杨复所与李卓吾的人间形象之不同：

　　　　当是时，温陵李长者与先生狎主道盟。先生如和风甘雨，无人不亲，长者如绝壁巉岩，无罅可入。二老同得法于盱江，而其风尚悬绝

------

　　① 　周海门与杨复所有相似的六龙观（《圣学宗传》卷二"文王"条、九丁），其中有"或者"说的引用，恐怕指的是管东溟吧。

如此。余以为未知学者，不可不见先生，不如此则信向靡从。既知学者，不可不见长者，不如此则情尘不尽①。天生此两人，激扬一大事于留都，非偶然也。(《澹园集》卷二十二《题杨复所先生语录》)

亢宗与圆宗之融合，在李卓吾那里已经达到了顶峰，杨复所则依据师说，真挚地进行自我省察，最终他自觉认识到，佛教之真心论其实是人心本有之物，他所创造的透彻明暗表里的独特的良知现成论以及佛教观，要比李卓吾更加纯粹澄明。

明末思想界的儒佛之交涉，至此已不再是教派与教派的融合与搭配，而是关乎超越教派之权威的心学（本来人）的自我形成的问题，在人心中随心所欲变化活用的诸多素材，更是成为产生新的心学的活力与精华，在自我破坏的同时又随处唤醒自我。罗近溪与杨复所就是这样的杰出典范。

---

① 原文缺二字。[译者按：此处不知作者依据的是何种版本，例如内阁文库本采用的目前国内通行使用的万历三十四年刊本，其中并不缺此二字，即"不尽"]

第六章

管东溟

——一位明末儒佛调和论者的思想构造

一

程朱学将佛教视为异端进行排斥，在这一基调确立之后，对士人阶层而言，提倡儒佛融合就成为禁忌事项。程朱学将佛教（特别是禅宗）视为最大异端的缘由，或许在于佛教所提倡的理障说以及虚寂说是与试图确立"理"作为人存在的根据的儒家学说完全对立[①]。这种对立意识直到明末也依然存在，例如当时的新朱子学派代表学者顾宪成说道：

> 释家有理障、事障之说，便是无善无恶的注脚。试看理是甚么，唤他是障？或以情识认取，或以意念把捉，或以见解播弄，或以议论周罗，则有之矣。却是人障理，非理障人也。（光绪重刊本《顾端文公遗书》《小心斋札记》卷十、九丁）

确实如程朱学所言，没有"理"，人伦共同体的维持与存续就不可能，但此"理"究竟是怎样形成？又应当如何被认识和实践？在提出这样的根本性问题的时候，"非理障人"的程朱学之前提却难免会成为一片空疏。因为"理"意识的多样化必然会导致对于既成之理的权威的松动化，"理"权威的丧失，是因为人必须要跨越"理"而继续前进。

本来，在程朱学中，规定"性即理"，将"理"安置在"情"之深层面，给予前者以特别的权威，是为了超越私意而试图确立严格的行动准则，但当人们直面与"理"相违背，或者无法通过既成之理来加以裁断的

---

① 关于理障说，参看拙稿《湛甘泉与王阳明》第六节。

心之现象或者历史事实等等的时候，如果不去深究其发生之缘由，而仅仅依据本有的价值基准进行检证，不对"理"自身加以根本反省的话，那么一旦确立之后的"理"意识的自我变革，也就几乎不可能。也就是说，"理"作为保持主体性责任的根据，却完全埋头于如何驱使一成不变的道德感觉这种技术层面的事情，而对此道德感觉的本质之省察，则被视为对"理"的玩弄而遭到禁止。在那里，"情识、意念、见解、议论"的狂暴虽然会得到抑制，但还是不可避免地存在着程朱学内部的本质性矛盾。循着为什么会出现上述围绕"理"的奇异现象发生这个问题的线索，我们可以追溯到"性即理"这一根本原理——由于过于珍爱"理"而不让其暴露在风雨寒暑之中，仅仅透过情意之帷幕而迟缓地查阅到天气的变化。正如朱子在确立定论［译者按：应该是指通称"己丑之悟"的所谓"中和新说"］的历程所告诉我们的那样，"理"若暴晒于白日之下（即"已发"主义），则确实有可能落入在洪涛巨浪之中手忙脚乱的不安定状态的危险，而且，与其阐发"理"本身所固有的反省之性格，不如在对象性现实与主观认识之间设置一定的距离，但若相反，并不给"理"以回避腾挪来维持其自身的所谓纯粹性以机会，而将其完全带入风雨露雷之下，让其自己全面负担善恶真妄好恶美丑，并由此不断前进——阳明学的"心即理"说正是冲着上述这点，并有着相应之自觉而加以提倡的。

性、情、理、气不分的心，此如是之心就是理，这并非要将朱子学的"性"概念与"情"概念，或者"理"概念与"气"概念的区分一并撤去、设定单调同一的意识之地平，再将此物强行命名为"理"，或者说，并非要将人类所具有的诸多机能加以均一化处理，而是说，要将这些多彩的机能完全交托给浑一（并非单一）的心这一生命体中，使得其无论在何种意识层面、何种行动局面中，都成为无前无后、直上直下的一切之理的担当者、表现者。在并非与"性"处于不同场所的"心"中，"理"处于完全没有任何覆盖物与缓冲地带的赤裸的状态。否，"理"并非先在于"心"而确立，而是通过心的自主性不断创造出的理的实体。"心即理"说并非从"性即理"说的平面型扩展而来，而是将由"性即理"而得到安定化的"理"的存有余热的歇息之处彻底推倒，拽住其毛发而带到公共之场中，使其从谋求自我反省的地方出发。

上述思想在持"性即理"的立场者看来，完全是动摇"理"的权威之根基的傲慢不逊，是朝自己脸上吐唾沫一般不知廉耻。但是就"心即理"说而言，"性即理"说才是会减弱"理"的活泼的生命力与感应能力，使得"理"变成独善固陋之物，最终变成一种"意见"而已。

最能反映上述思想转换的，毫无疑问就是王阳明的"拔本塞源论"。本来，"拔本塞源"之说在朱子学那里也不是没有提到过。[①] 但是从朱子学的人性论与心性论出发，是不可能真正达成拔本塞源之目的的，正好相反，他反倒完全可能成为追逐记诵辞章、功利霸术之人自我辩护的武器而遭到恶意的利用，若如此，就应当对于朱子学的拔本塞源论从根源上加以检讨，以对更深的本源层面的"人——世界"的把握为基础来提倡拔本塞源论，这才是王阳明提出良知说的思想史意义所在吧。耿天台这样称颂王阳明的功绩：

> 　　至其倡明道术，默赞化理，未易言述。即举所著"拔本塞源"一论，开示人心，犹为明切。如使中外大小臣工实是体究，则所以翊我皇上太平无疆之治者，尤非浅小。此其功则百千世可颂者也。(《天台文集》卷二《应明诏乞褒殊勋以光圣治疏》)[②]

---

　　① 《孟子集注·梁惠王上》曰："故孟子言仁义而不言利，所以拔本塞源而救其弊，此圣贤之心也。"又参看《朱子文集》卷三十、十一丁《答汪尚书》中的苏子学批判段落。

　　② 参看李二曲的如下评论："(孟子)《集注》谓：孟子拔本塞源以救弊。诚哉是言也。继孟子而为拔本塞源之论者，莫畅于姚江王子，其言最为痛切，读之真堪堕泪，吾人宜揭之座右，触目警心。"(《四书反身录》卷七)

阳明心学断定："夫圣人之心，以天地万物为一体，其视天下之人，无外内远近，凡有血气，皆其昆弟赤子之亲，莫不欲安全而教养之，以遂其万物一体之念。"［译者按：此段即出自《传习录》卷中《答顾东桥书》最后部分、后世通称为"拔本塞源论"的段落］在这里，王阳明展开了新的万物一体论："痒疴呼吸，感触神应，有不言而喻之妙"，要求（本心）发挥迅速敏锐的无边之妙用，这又如同沛然而决的江河一般，在充实其本然之量的时候，良知无限向外进行扩展，最终迈向对"人类——世界"的改造与救济。与此同时，"凡所谓善恶之机，真妄之辨者，舍吾心之良知，亦将何所致其体察乎"，良知必须无限向内地加以内省，去除障蔽本心的私意与人欲，使得沉潜的道德冲动性得到充实。从阳明门下来看，怀有"某草莽匹夫，而尧舜君民之心未尝一日忘"（和刻本《王心斋集》卷一、五丁）的远大抱负，乘蒲轮车上京师，教"以见龙为家舍"（卷二、十四丁），"出则必为帝者师，处则必为天下万世师"（同上），为了拯救千万生灵，"以荜门之儒生，俟功富相"（《天台文集》卷十四《王心斋先生传》），被如此赞誉的王心斋，正是良知向外伸展的典型的英伟人物形象吧[1]。又例如像罗念庵这样，"某所尝着力者，以无欲为主，辨欲之有无，以当下此心微微觉处为主。此觉处甚微，非志切与气定，即不自见"（《罗念庵集》卷三《答李二守》）切实戒绝躐等凌节，以收敛静定之功，彻底扫除欲根习染，我们可以

---

[1] 侯外庐主编《中国思想通史》第四卷下册、第965页以后，将属于士大夫阶层的阳明学与属于下层庶民阶层的心斋学视为完全不同的东西，认为两者之间不存在思想上的连续性。王心斋并非单纯的阳明学的追随者，这在当时就已经有人如此指出，例如《杨复所太史家藏文集》（卷二"性学衍义序"）曰："人谓淮南（心斋）之学，足以自立一宗，而师文成（阳明）为能下，善成大，故其后嗣遍海内。"但将阳明学与泰州学完全割裂看待的说法，在当时的文献中无法寻见。相反，正因为有了阳明良知说，才会产生淮南格物说，这应当才是一般的看法。《中国思想通史》在此特地立此异说，是以"良知说是主观唯心主义"为前提，将阳明的一生理解为始终贯彻封建道德律的宣传与普及，由此断定阳明学与朱子学之间不存在本质性的差异，而实则此前提，以及此前提所进行的推演之全体，其妥当性都有必要加以检证。为此，必须对于本书处理"心学"（包含禅学）的态度加以检验。不过这些工作还是留待来日，目前笔者只想表达自己不赞成侯外庐之说的态度而已。又，关于泰州学派的主张、影响以及思想史上的地位等等，可参看岛田虔次《中国における近代思维の挫折》。本文受到该书的启发也颇多。

倾听到这样的苦斗于良知内在之深化的真挚声音。上述两种方向，都来源于"常发而常敛"的良知独体之真消息，不允许将其中一种视为正统，而将另一种贬为无根。向着太阳而昂首挺胸的良知，也同样会面临深渊而流泪。

存在如此大振幅的（这也意味着很难实施某种固定框架的教学）良知说的进展，产生出恐怕连王阳明本人都未曾预料到的如此众多的思想家群体，这便是从嘉靖到万历年间的思想界的实际情况。作为本文研究对象的管东溟（讳志道，字登之），也被时人所称赞："管东溟先生一世人豪，盖至今时时梦寐见之。"（顾宪成《泾皋藏稿》卷四《复李涵虚》）"管登之大修净业，此君终成法器，足下胡不与朝夕。"（屠隆《栖真馆集》卷十六《答王百谷》），可见是一个各方面都受到关注的独特的思想家。他拜耿天台为师，接受过罗近溪的教诲而与泰州学派相关，但正如黄宗羲所言，"泰州张皇见龙，东溟辟之"（《明儒学案》《泰州学案序说》），对毫无顾虑地推进良知的向外延伸扩展的泰州学派人士的过激行动，管东溟持严厉的批判态度，并试图加以抑制，与此同时，通过对佛道二教思想的吸纳，其毕生之努力都倾向于良知的内在化追求。他可以说是泰州学派产生的逆子、阳明学潮流中的混血儿。将其视为超过王龙溪、王心斋的"狂禅家"的看法，如果意味着他是与李卓吾、颜山农一派相同倾向的、给儒家的伦理秩序带来混乱激荡的责任者之一，那么这完全是对管东溟的立场的曲解①。但是，如果认为管东溟是"决儒释之波澜，终是其派下人也"（黄宗羲《泰州学案序说》），把他定格在泰州学派之内来界定其思想类型，这也并不是评价管东溟的正确态度。要探讨宣扬"在今日救时急务，似不必专向儒释同异，

---

① 《四库全书总目提要》曰："志道之学，出于罗汝芳。汝芳之学，出于颜均。本明季狂禅一派。"（卷三十七"孟义订测"条）又曰："显唱禅宗，较泰州、龙溪尤甚。"（卷一二五"问辩牍"条）

纷纷较量"① 的管东溟思想，同时又要考察由他所体现出来的明末思想界的动向，就必须超越儒、佛的门户之界限，撤除教宗之藩篱，考察立足于当时的时代之苦难、为了创造自己独特哲学立场的、具备特殊主体性人格的发展。在此中，一边防止良知作为意向相关项（noema）的无限扩大，又企图通过导入佛学来进行良知的意向行为（noesis）的深化，此两面在管东溟那里是一体而不可分离的关系，对此，我们必须加以严密考察。

二

管东溟最初学宗朱子学，在此后跟从耿天台，得以闻知姚江良知之宗旨后，获得了"恍然露出本来面目"② 的体验，但在其胸中，还盘旋着仅仅依靠良知说所无法充分解决的思想上的苦闷。钱牧斋对此间的管东溟之状态做了如下描绘：

> 壮而从耿恭简（天台）游，与闻姚江良知之旨。已而穷究性命，参稽儒释，疑义横生，心口交距，经年涉月，坐卧不解衣。久之纵横体认，专求向上，本儒宗［译者按：此处作者误作"佛宗"，今据四部丛刊景明崇祯本改］以课业，资禅理以治心。（《牧斋初学集》卷四十九《管志道行状》）

---

① 《顾端文公遗书》"证性编"卷五"质疑上"八丁所引管东溟语。又，《惕若斋集》卷一《续答先生教札中意》也有几乎相同的说法。

② 《惕若斋集》卷一《奉复先生见咎音问稀阔书》。这是嘉靖甲子年（四十三年），管东溟二十七岁时候的事情。

所谓"疑义横生"指的是什么？管东溟曰：

> 此时盖已寻出孔颜乐处，而一读《楞严（经）》，则傍花随柳（程
> 明道诗句）之襟怀，却被七征八还六十圣位①之案一窘。宗（禅宗）教
> （佛教）之难两彻如此。（《酬咨继录》卷二《笺焦翰撰漪园》）

也就是说，本由良知说之启迪而体会到的心体之乐处，在儒家的经典教义
中无法觅得，而在毁相泯心、波澜壮阔的《楞严经》的经文中，自己原本
构筑起来的立脚点被动摇不已，不得不面对再反省的危机局面。良知说超
越儒家的界限、顺着佛理而追寻意向行为（noesis），管东溟的基本志向在
这里可以窥见其发端，不过在这里，佛教思想还仅仅停留在指出其在先前
没有机会遇到的心性问题之所在，并促使其反省应当有补充性理学之缺憾
乃至走向解体的存在。体悟到儒佛一体化与"一贯之学"的生涯大转换，
要等到他三十四岁的时候，以周易与华严的结合的形式出现。

> 隆庆己巳（三年），应选贡入北京，阅《华严经》于西山碧云寺，
> 至"世主妙严品"，顿悟《周易》乾元统天用九无首之旨，与华严性
> 海，浑无差别，豁然若亡其身，与太虚合，照见古往今来一切圣贤出
> 世经世乘愿乘力与时变化之妙用。（钱牧斋《管志道行状》）②

这段文字需要相当多的注释说明，首先让人感到奇异的是"至世主妙严
品"的说法。因为"世主妙严品"是《新译华严经》的初品，还未到该
经的正宗分，而"至"的表现本身就让人感觉很不相匹配。"至世主妙严

---

① 《楞严经》卷一中有"七处征心"、卷二有"八还"、卷八有"六十"个修行之阶位。
② 先前引用的《笺焦翰撰漪园》中管东溟也写道："嗣后渐通华严之宗，于易道而悟乾元统
天之为毗卢（遮那）法界也，群龙无首之为普贤行门也。"

品"云云的笔法，是预设了先前的一些文字部分（而且当中包含着相当重要的内容），这如果不是指《华严经》的经文，那当然就应当考虑从注释书中寻找依据。《新译华严经》的注释书中，比较有代表性的就是李通玄的《华严合论》与清凉澄观的《华严大疏》，两者都在对《华严经》的本文进行解说之前，使用很大的篇幅展开各自的总括性的华严解释学，综合考虑诸多缘由①，笔者推定管东溟所阅读的应当是李通玄之注释，事实上如下文所述，在探讨管东溟结合周易与《华严经》的态度时也可以证明笔者的推论。

所谓周易与华严的结合，究竟是什么意思呢？在唐代，华严宗哲学的集大成之祖师们（清凉澄观、圭峰宗密等等），在他们的著述中随处可见对于当时儒家的最高典籍《易经》的经文的引用，但这并非他们寻求周易与华严的一致，而毋宁说是利用周易，并夸耀华严超越周易之上的缘故。② 因此，如果完全依从传统的教宗之指示，那么周易与华严的毫无扞格的结合这一大公案，就不可能发生。然而华严哲学随着禅宗化方向的发展，其教宗之粉饰逐渐剥落，在家常便饭之日常中确立"事事无碍"之体时，传统的教义就完全被中国人的现实生活感觉所压倒，毗卢遮那之境界与众生境界融合为一，华严学作为"非佛学的佛学""超越异端的哲学"而达到具有可以使一切哲学以及人生体验都归入其中的本来性之根基的性格。换句话说，本来拘泥于教相佛教之框架下、作为"本来一乘佛教"的《华严经》，

---

① 理由是：1. 在当时，以简明的原理而贯穿这个注疏的李通玄的《华严合论》，而并非澄观的庞大烦琐的《华严大疏》，得到广泛的阅读。2. 东溟自己也经常提及李通玄的思想，提及清凉澄观则极少，即便偶尔提到澄观也并非正面的评价。3. 清凉澄观对《周易》有明显的优越意识，而李通玄则并未如此。不过，管东溟对于程伊川的"体用一源，显微无间"之语，认为是"取义于华严经疏中"，可谓卓见。（注意并不是"取语于"）《证性编》质疑上、十四丁，以及《师门求正牍》卷下、十七丁）

② 例如清凉澄观在《华严经疏》的序文中，借用《周易》的"穷理尽性"，但却又说"今借语用之，取意则别"（《演义钞》三中，大正藏本），此原则圭峰宗密也有沿袭。不过，试图结合周易与华严来确立人间存在之根本的尝试，在宋代以来也确实是存在的。

至此具有了赤裸裸的"本来性的人间教义"之意①。给管东溟的佛教观带来莫大影响的（后述）禅僧紫柏达观也说道：

> 参须实参，悟须实悟，则华严四法界，不在八十一卷，而在我日用也。（《紫柏老人集》卷十三《募书金字华严经缘起》）

上述风潮可以说构成了管东溟的《华严经》理解的背景。

那么，在这样的风潮中，他是如何阅读《华严经》，又如何将之与《易经》相结合的？让我们回想一下前面引用的钱牧斋的话：管东溟顿悟到《周易》乾卦的"统天用九无首之旨"与华严性海之说是浑然无差别的，此悟之核心，是古往今来的一切圣贤，其出现以及生活方式虽然各自不同，但都与"时"一起变化而生发各自当下之妙用。在这里我们需要注意的是，管东溟所思考的《周易》与华严的结合之焦点，既非《周易》整体上的生成论、象数论、义理论等，也不是华严的事事无碍、一即一切、法界缘起、信满成佛等诸义的综合性展望，而是对圣贤的社会历史存在样式加以一体同源式的把握。

以孔子和释迦牟尼为顶点，儒佛两教各自或从历史，或从经文上，拥有各种各样的形态乃至不同使命的贤者，他们即便相互之间的思想倾向以及时代性的使命各自有所不同，但并不需要定某某为"一"、为正宗、为至尊而排斥其他，而都是在同一乾元性海中出现的个别之殊相，其现实之相或许有优劣，现教或许有权/实之分，但这是多次转生的愿力所产生的某一世的时位之差异，并没有必要在广大无边的乾元性海中设置藩篱、确立优劣之标准。

147

---

① 参看李屏山之语："吾读首《楞严经》，知儒在佛之下，又诵《阿含》等经，知佛似在儒下，至读《华严经》，无佛无儒，无大无小，无高无下，能佛能儒，能大能小，存泯自在矣。"（《鸣道集说》四十五丁，赤松本）

首先来看华严这边。依照李通玄,《华严经》是明确众生之本际、诸佛之本源的东西(《华严合论序》),在其初品《世主妙严品》中登场、使得菩提道场庄严起来的普贤众等四十七众,都作为"世间主"而具有引导众生的资格。而且每个人都并未因为自己的德行而占有世间,而是在五位进趣的一贯性关联之下,施行入俗利生的普贤行,在根本果位的毗卢遮那法界出现,引渡众生,然后又在此回到原始之法际中去。

> 以如来为当五位之果,普贤菩萨及诸神天等,为五位修行之因。又普贤菩萨及诸神天等,以毗卢遮那根本智为起修行本因,以自己修行之身,为佛差别智果故为,(又)以佛性智果为因,以现修之身即理智之性果故,互为因果,互为体用。(《华严经合论》四〇六左,《大日本续藏经》所收)

很可能是李通玄的上述言论引起了管东溟深深的共鸣吧。亦即是说,在华严之道场中(依据李通玄,此即当下是凡夫之道场),庄严的菩萨众各自具备"世间主"的权威,但这绝非依赖特定常在的权威而压倒他们,而是超越他们、产生他们的根本基体毗卢遮那根本智的差别性限定之所生的意味,他们不仅各自与如来是因果体用的关系,而且彼此之间也呈现出因果体用的关联性。华严的所谓主伴无碍的理论,指的是作为占有一定分位的事相互之间的一般性原则而成立,这里特别是指"世间主"与"世间主"之间的相对关系,在精神史上可以显现出其隐显出没的意义所在。如此,"释迦,特比丘中之一尊耳,岂足以尽佛"(《从先维俗议》卷五、八十六丁、"易道具足三归"条),又如"若吾夫子,非十地之顺流而至,则如来之逆流而来者也"(《师门求正牍》卷中、二十八丁)将使得世界妙严的世主们的性格做如是之解释,人们由此可以获得超越指导者意识、教祖意识的重要启迪。在此让我们把目光转向《周易》的乾卦。

乾卦之六龙，被视为对于有德之圣贤的比喻，其用九为"见群龙无首，吉""天德不可为首"，意思是说，六龙若纯乎天德，则无首，正因为如此，"以时乘之触处皆可以为首，时潜而潜即为首，时见而见即为首，人见以为首，群龙实未尝有首也"。（管东溟《六龙解》）确实，乾德之圣贤必能乘六龙，乘六龙则虽有潜、见、惕、跃、飞、亢之区别，但并不能就此以显晦与否来决定低昂优劣之次序，而必须完全看作是所乘之时、位的不同。"群龙无首一句，实是千圣之大关键，此处不透此关而论圣学，则孔子敦化川流之脉络，终不白于天下。"（《师门求正牍》卷下、九丁）从这样的立场来看，接受孟子的"自有生民以来，未有孔子也"之说法，以孔子为最高位之圣人，置于群龙之首而凌驾于其他贤者之上的做法，断绝了鸿蒙开辟以来的乾道之流行，不得不说也是对孔子本人的侮辱（同上、卷中、八丁）。

> 孔子正当见龙之位，龙见于田，亦不尊，又见于春秋乱贼之世，则必以见兼惕。究其愿力所乘，又似不以生知安行之榜见，而以学知利行之榜见。（《从先维俗议》卷四、二十三丁"群龙无首"条）

管东溟这样理解"世主妙严品"和乾卦，并将圣贤放在精神史中，通过否定教祖意识、活用本迹权实之理论来达到二者一致的结论。与此同时，作为教主的孔子以及释迦牟尼，被视为乾元性海的特殊限定之形态，二人与其他特殊限定形态的圣贤一起被放入综合性的序列成员之中，如此，儒佛二教虽然丧失了各自的教宗之特殊性，但被包容整合到更高层次的性海之中。

> 或又有疑易道之未尽佛道者，不知大哉乾元，即诸佛敦化之海，尘沙诸佛，即乾元川流之渊也。谓孔传不尽佛法之纤悉，则可。谓乾元不该诸佛之因果，则不可。盖《周易》一书，正与释藏中之《华严》

相表里，是《大学》《中庸》之鼻祖，亦三藏十二部之经王也。（《从先维俗议》卷五、九十八丁、"儒书含摄八识四智三身义理"条）

管东溟这样结合《周易》与《华严》的方式，究竟更偏向佛教，还是更偏向儒教，在此并非笔者所关心。这样的思考方式所指向的究竟是什么，产生这种思考方式的社会条件又是什么，才是我们当前要解决的课题。

三

乾龙随着时、处、位而形态各异。那在当下［译者按：此指管东溟当时所身处的时代］又以何种形态在世间存在呢？以一介庶民之身份，努力扩展良知之意向相关项（noema）的王心斋认为："圣人虽乘时之六龙以御天，然必当以见龙为家舍"（《王心斋集》卷二、二十四丁），主张"学也者，所以学为师也"（同上、卷三、七丁）他以素王之自负而周游天下，在四民之中阐明自己的明德，获得了异常显著的成果，但这样的见龙主义、素王意识蔓延开来，使得庶民对自己作为人的独立性自觉高涨起来，招致社会阶层的混乱与分裂，乃至出现有人遭遇刑戮也以殉道于"为己之学"而自夸，帝王之权威也遭到动摇。管东溟对上述时弊不胜感慨：

盛王之世，民至死不相往来，岂必凿混沌以标学。大学言欲明明德于天下者，特以教太学中所造之士，他日与有天下国家之责者也。此外四民，自有职业，若俱言明明德于天下，则必易四民之业以从儒，而天子至于无民可使矣。先王辨上下、定民志之教，安所施哉？（中略）泰州之学出，乃始标素王之统，为绝学，鼓四民而从之，如近世词人所谓建大将旗鼓席卷中原，又如禅客所谓按金刚王宝剑吼动天龙八部。具徒未窥端倪，即已薄帝王而卑（伯）夷（伊）尹，弁髦郡邑大夫，四出而传食于天下，转圣学为霸学，而处士之横议起矣。其散也，君师之权，分于庶人，而天子将失其所以为重，此而可为，则千古岂无豪杰为之者，而独一艮称雄也。意者，天亦将以艮为木铎乎？则孔子木铎万世，未尝不以素隐行怪为防也。素隐云者，谓不素其费而隐，而专素其隐也。素其费而隐，则庶人遂有圣贤之学，亦但行庶人之事，而不为首，故不称怪。不素其费，而专素其隐，则庶人虽无圣贤之学，亦拟行帝王高一着事，而欲首出庶物焉，岂非怪乎？（《师门求正牍》卷下、二十丁）①

由此可见，在力图维护学术的阶级差等性的管东溟看来，泰州学派是何等毒害。然而这是否是对心斋之学的正确评价与历史意义界定，则不无疑问②。管东溟的老师耿天台，对于当时思想界的弊端，承认有"间有矫然标树，以学自命者"（《天台文集》卷七《为己说》），但其所出并非来自心斋学，而是异端之教（佛学）（参看《天台文集》卷六《与萧给舍》）。

耿天台思想之核心是"不可已之真性"（真性已むべからざるもの［译者按：耿天台著作中似无此种说法，更常见的是"人心之不容已"等，偏重于以"心"论"不容已"，而非"性"]），其实也就是从最纯粹的发露中

---

① 下面这段话可以说是反映管东溟保守社会观的绝好材料："古者公卿大夫而下，位必称其德，位未称德，则君举而进之，士修其学，学至而君求之，皆非有预于己也。农工商贾勤其事，而所享有限，故皆有定志，而天下之心可一。后世自庶士至于公卿，日志于尊荣，农工商贾，日志于富侈，亿兆之心，交骛于利，天下纷然，欲弃不乱，难矣。是故有道之士，不问士农工商，并以各安生理为正义，而士则难与农工商贾并论。此义又在戴记中大学一篇，教大学之士者也，故言明明德，即言亲民，而究其极，曰'止于至善'，扩其量曰'欲明明德于天下'。然大学之外，岂无农工商贾之俦乎？亦责之明明德于天下，则逃生理而越分生事者，必众矣。故又约其本曰'自天子以至于庶人，壹是皆以修身为本'。（下略）"（《从先维俗议》卷二、八十八丁）

② 岛田虔次前引书，第274页："心斋或许是以道统为庶人之所从出，以师道蔽臣道。但须知，他并没有要使得天下之人产生卑君之心的意图。"与此相关的，参看同书，第304页，注54。

151

第六章 管东溟

发现孝悌之德，耿天台称王心斋为"振古豪杰"，也应该是因为他把心斋学的功绩归结为在当时极少见的孝悌思想的宣扬者①。对于将泰州学人视为"霸儒"的管东溟，耿天台的弟弟耿叔台曾诘问道：

> 兄且名其（泰州学）为霸夫？五霸假之也。泰州不假名位，不假闻见，不假文义，不假智能，匹夫而为百世师，家邦必达，蛮貊可行，吾辈反躬，愧心多矣。（《酬咨续录》卷二、四十一丁所引、《耿叔台书》）

然而，期待着"匹夫而为百世师"，却并未普及孝悌思想，反而陆续出现了破坏名教纲常、学孔子之龙德而自夸为天纵人豪的狂伪之徒。在此，以乾龙无首为自己的哲学基底、严厉防备见龙主义的管东溟也意识到他与老师耿天台之间的立场差距，因此说道："盖师之所处，今日正在惕（龙）、见（龙）之间，道之所处，今日正在潜（龙）、惕（龙）之间。"（《师门求正牍》卷上、五丁）②

> 盖孔子见群龙之无首，而王氏则以见龙为群龙之首。此其大谬于孔子处也。（《师门求正牍》卷中、三十四丁）
>
> 今泰州王氏必曰："自有生民以来，唯孔子一人为绝学，周子志伊

---

① 《天台文集》卷十四《王心斋先生传》中有"为书千余言，谆谆申孝弟"之语，又同书卷九《学象》中云："昔王汝止，拟书上世庙，皆言孝弟也。"管东溟对天台之学概括如下："先生平日论学，以默识仁体为正宗，以孝弟庸德为实地，而其独醉心于孔圣者，则以其立人达人之用，不阶名位，不矜功能，而默赞化育于无疆，是谓贤于尧舜，故尽废黜异学而愿宗之，精思力践，悟入忘言，非肤学能窥其际。"（《师门求正牍》卷上《耿子学象引》）又，认为王心斋是孝悌思想的宣扬者，这本身不算错（《心斋集》卷五《与南都诸友》《答太守任公》等），但如果仅仅以此来把握心斋之学，恐怕会错失其生命与血脉。不过现在我们关心的是耿天台与管东溟师徒之间对王心斋的观点的差异，明确这一点就已足够。

② 管东溟对自己和老师耿天台之间对心斋看法的不同做了如下的辩解："唯究到泰州学脉，则道与耿丈，委有迹相反而心相通处。一则讽士之在四民列者，不可不奋超凡入圣之志，如泰州之以一介布衣学仲尼，一则警士之入讲学场者，不可乱驾周流传食之辙，如泰州之以绝学话头卑尧舜也。大道无诤，耿丈诚近之。"（《酬咨续录》卷四、五十九丁、《答刘司成书》）

（尹）学颜（渊），非究竟语，吾必志孔子之志，学孔子之学，达则兼善天下，穷亦兼善万世。"是欲以一匹夫而盖千古之帝王也。亦知古有遁世不悔之圣人、不立一人、不达一人、而与孔子同流者乎？此由未知群龙无首之义，而以见龙之一脉首群龙也。既以见龙为首，则必滥于聚徒，而疏于稽散，的而不暗，发而不收，近飞而不近惕，用亢而不用潜，其流至于尊师卑君，废业易分，以伤孔子不骄不悖之脉。于是曾（子）、（子）思之绳墨渐移，程朱之堤防尽裂，而霸儒①盗儒胥起矣。无怪乎一传而为颜均，再传而为梁汝元（何心隐）也。（同上，三十五丁）

在管东溟看来，良知（在王心斋那里）已经超越了所给予的天理之界限而持续自我膨胀，匹夫之徒党僭上腾跃、放荡不羁乃至于狂乱化，万物一体也彻底崩坏，所以必须要再次将其拉回到静谧安宁的状态，成为纠正社会秩序之混乱的原动力。那么，这又如何才可能呢？将进行意向相关项（noema）扩散的良知的活力，转化为意向行为（noesis）的深化。自觉到心之伤痛，亦即依据良知的向心型的自我回归，便有可能。但是良知的扩散实在是过于具有激情，以至于作为其翻转形态的收敛，也不得不对于超越以往的良知说之规模的世界进行深度挖掘。在此场合下，佛教的空观哲学成为很好的理论媒介。不过，在这里需要注意的是，对佛教的接受，正如

---

① "霸儒"之说是从什么时候开始，又是在何种背景下被使用，不得而知，依笔者之管见，似乎是从嘉靖到万历年间，对于师心自用、不顾世间之非议、举止不同寻常的儒者的称呼。可以举出若干例证。蔡汝楠《说经札记》冠名为刘宓所撰写的序文（嘉靖二十九年）中有曰："冒言所以载道，卓行所以范邦。霸儒不通其指，背经反传，创师心之论，剽禅悟之绪，诩诩然自号以通经，党同门，至嫉道真。岂非惑哉。"崔后渠《松窗寱语》（《明儒学案》卷四十八）曰："先生以知能心之用也，爱敬性之实也，本诸天，故曰良。今取以证其异说，删良能而不掣，非霸儒欤？"这里的"异说"指的是阳明学。顾宪成在论述宋代以后学术衰微的时候说："流传浸久，分裂失真，于是乎有禅而儒者，有霸而儒者，有史而儒者，此吾道将涣之兆也。"（《小心斋札记》卷一、三丁）陈懿典是焦漪园的弟子，在其文集中有这样的用例："老师之道德功名，皆性反之真，而非霸儒之假矣。"（《陈学士先生初集》卷三十四《焦老师》)，又曰："自文中子之言出，而训诂家诎矣，传至宋儒，则又目通为霸儒。"（同上、卷二十五《十三经注疏》）

在泰州学派末流的"狂禅派"那里，不会对良知的作为意向相关项（noema）的深化所产生的外部膨胀起到抑制作用，反倒可能使其更加高涨。① 如此，在儒门之内要警戒霸儒，在佛门之中也必须时刻小心地排除霸禅之影响。

> 昔孟子严王霸之辨，而今儒中有霸儒，禅中有霸禅矣。盖今之不仕不农，执泰州之木铎以卑尧舜，又或掠宗掠教，影二氏之敝帚以诮程朱。既博虚名，且图实利，此皆霸儒之流也。名曰儒怪。其在空门者，口说无生，心多色相，上则借六度以夤缘宫禁，下则借一乘以耸动儒绅，神出鬼没，不可控驭，此皆霸禅之流也，名曰禅怪。兹二怪者，正孔释之罪人也。(《师门求正牍》卷下、二十三丁)

四

一概将禅斥为堕落，未必妥当，禅宗也有很多形态，有形式上传授公案的，有沉溺于静闲寂灭之境的，有阿谀权门世家、追逐世俗名利的，如果说有使得宗教生命力完全枯竭的死禅，那么也有燃烧活跃之生命、深刻理解历史性现实、彻底扫描遮二无二之俗界污浊、其势之所趋甚至冒犯统治权的活禅。寄希望于世法之静谧的人们，最恐惧的莫过于过激化的禅宗，

---

① 泰州学派与禅之间的联系，管东溟是这样理解的："姚江（阳明）翻其（指朱子）格物，而不翻其道统，其徒泰州王氏，且以一竈丁举身于尧舜伊尹之上，自任帝王师、万世师，于是潜龙之迹削，飞龙之格卑，而群龙之首，全属于见龙矣。孟子后，唯禅家有盖天盖地、无君无师之话头，而今乃淫于儒家，则泰州倡之也。故一失则狂，再失则伪，又再失则狂伪两合，而成无忌惮之小人，皆从有首之端起。"(《从先维俗议》卷四、三十三丁、"曾孟程朱有首"条)

正如管东溟称泰州学派为"霸儒"一样,这些禅僧也被称为"霸禅"。而所谓"霸禅"之魁首,就是紫柏达观。

紫柏达观原本是管东溟青年时代的"莫逆之友"(憨山德清撰《达观大师塔铭》),但后来管东溟却将其与李卓吾等同视之而称其为"魔僧""怪僧",加以言辞激烈的攻击,这是因为以"泰州学派——紫柏达观"为代表的明末思想界之急速变化①,使得管东溟成为泰州学派的批判者,并不惜宣布自己与紫柏达观的对决。紫柏达观未必可以称得上是阳明学的理解者,但他生活在阳明学拔本塞源的风潮中,并试图将其精神融入佛学之中,这一点可以从如下的话中窥见端倪:

> 夫死生荣辱好恶烦恼,皆以我身我心为本源。苟有勇猛丈夫,能直下拔其本、塞其源,则众生之障碍,未始非诸佛之解脱也。八大人觉经曰:"心为恶源,形为罪薮。"(《紫柏老人集》卷十二)

然而在紫柏达观这里,为了化解社会危机、改革人间意识的拔本塞源,究竟如何成为可能?紫柏达观认为,这必须贯彻无所得之空观,烧尽我相之根株,粉碎彼我之差别,真切笃实地以民众之饥寒为己之饥寒,若达不到此种彻底的程度,则对民众的同情会"终有倦时"(失去拔本塞源之热情而甘于微温式的逃避)。我们来看他写给某位官僚的书信:

> 知无所得,则一切众生,可以交神之道见之。见之者,乃痛民饥

---

① 参看如下之语:"(嘉靖末隆庆初年开始)不出三十年,士风大变,类皆窜入狂宗,扫荡礼法,口尚乳臭,妄诋先贤。"(《酬咨续录》卷二、五十五丁、《答严道彻》)"(儒与禅)相牵相倚,使天下嚣然,易其守义安命之思,而入于浪游奔竞之习。不曰魔家眷属,吾不信也。"(《从先维俗议》卷五、一一八丁)管东溟对于上述思想界的异变,认为其发生的重要原因是在野不满人士的游历传食以及默认此风气的地方官员之间的勾连(《从先维俗议》卷三、六十六丁)。

即我饥，民寒即我寒。如未见之，不过率情之痛，非率性之痛。情属生灭，性无生灭，故以有生灭者痛民，终有倦时。（同上、卷二十三、《与李君实节推》）

在诸如提出独创性的经典诠释，或者建立宏大的思想体系，抑或是制定前所未有的禅林清规等领域中，紫柏达观并未做出太多值得人们注意的功绩。他被视为"霸禅"的中心人物，具有巨大的社会影响力，一是由于他所做的"以弘法利生为家务"（憨山德清撰《达观大师塔铭》）、救济时弊的社会活动。[①] 因而其佛教思想之要领，在于对"用"的重视。像耿天台那样以佛教为"有体无用"的观点，在东溟看来只是沿袭宋儒之窠臼而加以拒斥，[②] 而东溟之所以会如此主张，应该不是仅仅依据诸如以往的佛教史上有何等祖师出现，或者佛教理论中有某主张——诸如此类的没有实感之知识，而是因为在他面前就能看到这样的师家、有接触这种活生生的体验的机会吧。[③] 而这类师家的代表性人物，无疑就是紫柏达观。紫柏达观曰：

修行易而悟心难，悟心易而治心难，治心易而无心难，无心易而用

---

① 这一点让人想起宋代大慧宗杲的禅风。憨山德清也说："予以师之见地，诚可远追临济，上接大慧。"（《达观大师塔铭》）又，紫柏达观出版方册大藏经的伟业，也是他的广泛的社会活动的一个环节。对此事业，管东溟也作为热心的外部护法者而参与其中，但对紫柏达观的近似大慧的禅风，则认为是"有我慢之根"（《从先维俗议》卷五、一一三丁），非常明显地（将达观其人与达观之事业）加以区分。

② "如师所评，似尚沿宋儒之说，而以佛为有体无用，然则何以称人天导师，而与孔教并流天壤间邪？"（《师门求正牍》卷中、四十丁）陈几亭也指责李卓吾的邪说横议："好谈作用，极近来之陋习，智者入于机变，不复明慧，愚者依然拙腐，但添虚诈。"（《几亭全书》卷十六）

③ 管东溟的《续原教论》（三十八丁）曰："嘉靖中，吴兴有万松讲师，乃大慧宗杲之再来"，不过他是否在这方面也汲取了体用兼备的佛教思想，不得而知。但就管见之所及，管东溟并未以万松为"霸禅"。万松慧林的略传，参看《释氏稽古略续集》卷三、《续灯存稿》卷十、《五灯严统》卷二十三等，但其思想之详细内容，我们无从得知。顺便提一下，黄绾《明道编》（中华书局，1959年）卷一、第4页曰："三教之言性皆同，而作用不同，今之为禅学者，欲并作用而同之"，从中可以看出这个时代的佛者的动向。

心难。(《紫柏老人集》卷三"法语",又参看卷二十一"金仲坚字说")

又例如,他惋惜于李卓吾之死:"然卓吾非不知道,但不能用道耳。知即照,用即行,老朽更不如卓吾在。"(同上、卷二十三《答于中甫》)可见他对于"用"的不同寻常的关注程度。"大机大用""全体运用""照用自在"等语,禅门之祖师也会频繁使用,但他们所说的"用"基本都停留在特殊封闭的集团内部之应酬、作略、操作之界限内,而广义的参与社会的能动的、有计划性的手腕、经略,则只有极少数有才能的师家才能做到。然而,紫柏达观被世人称为临济义玄、大慧宗杲之再世,拥有如此高的威望,也完全是因为他能将佛法加以时代化和实用化。他说道:"盖世法变极,不以出世法救之,则变终莫止。出世法变极,不以世法救之,则其变亦终不止。"(同上、卷二十三《与李君实》),即认为,世法与出世法(佛法)在一体相成的情况下,社会才能走向真正的进步,此并非廉价而妥协的儒佛一致论,而是他站在了悟时局之艰难的高度而体悟到的。

佛法在直面混沌而难渡的时局、发挥其拔本塞源之力量时,进行了何种严厉的社会批判?当时李卓吾以官僚为"衣冠大盗"(《焚书》卷三《罗近溪先生告文》),紫柏达观亦对官僚加以痛快讽刺:

> 盗贼以绿林为薮,兵刃为权,则易捕。设以衣冠为薮,爵位为权,则难擒。(《紫柏老人集》卷二十一《戒贪暴说》)[①]

他还在《人王法王说》(卷二十一)中认为,人王是形而下世界、俗界之主,法王是形而上世界、法界之主,使命各自不同,而且从"权"的角度来看,

---

① "画屏花鸟,非不悦目也,如欲使之香,使之鸣,虽圣如神禹,吾知其不能也。今有人于此,智不能周一身,力不能缚一鸡,衣之冠之,而周旋揖让,非不悦目也,然使之为上治民,何异使画花香,画鸟鸣乎。"(《紫柏老人集》卷九《长松茹退》)

尧舜也不过是凡夫之位，暗中以法王居于人王之上。他认为方外之宾即出家人不应当为世主之礼法所束缚："人王以仁义为理，法王以性为理"，以"仁义"为"子"，以"性"为"仁义"之"父"，断言子虽可以继承父业但子不可以为父。紫柏达观的上述"法先王后"之主张，如果是像东晋的慧远那样仅仅停留在谋求封闭的宗教团体内部的专职僧侣的职能性特权的程度的话，也不至于遭到士大夫阶层的反击。然而在紫柏达观看来，他所处的时代之困境已经很难以世法来加以拯救，在这样的紧急状态下，唯一可行的就是贯彻出世之法——并非以职业宗教家之身份，而是贯彻以儒佛一体化为方针的拔本塞源之道。更直接地说，对时弊之根源已经无法再深入挖掘下去的官僚集团的经略与施策，无法使问题真正得到解决，而不过是不断重复生死流转的业力而已。很显然，紫柏达观与泰州学派一样，都不惜以法幢之旗帜来挑战世俗权力，其"三界导师"之意识可谓赫然跃于纸上。

> 既得道已，师范人天，流芳千古，如此之名，名终不朽，如此之功，功盖天地，上之人天，下之蝼蚁，皆受其恩泽，较淮阴夷吾，彼皆生死之因，此乃无坠之本。（同上、卷七《龙泉别众示》）

所谓"淮阴""夷吾"当然不是指远古的武将或宰相，而是指他当时的高级官僚。如此桀骜不羁的导师，当然已经完全背离了管东溟的所谓"世主妙严"之期待。

"病卓吾、达观之不向深山密林，而向长安。"[1]（《酬咨续录》卷一《答

---

[1] 紫柏达观的心境，参看《紫柏老人集》别集卷三、《与冯开之礼》第十一书。关于李卓吾，管东溟又有如下之苛酷评价："吾见今世儒流，从佛法发正智者，什不一二，从佛法发狂伪者，什常八九。伪必发于小人，而狂亦发于君子（中略）曹洞、临济之狂徒，不足论已。吾党中亦有中此毒药者，影窥佛法，大煽狂风，轻出焚书藏书，以召杀身之祸，岂不应文殊之遗谶也。往者不可谏，来者犹可追，慎之哉，慎之哉。"（《从先维俗议》卷五、一一〇丁、"剖儒释现悟修证境界"条）

郭中丞书》）"儒如李卓吾，僧如达观，既以行怪杀身，而余风依然未熄。"（同上、《补侯曾见台先生引告归锦书》）

特别是紫柏达观在狱中之死，段幻然写信给管东溟，认为这实在是伟大的坐脱立亡，管东溟则反驳道："达观和尚，未可轻信。""当知凡此等僧，乃佛法之贼也。"（同上、卷三、《答段幻然书》）在这里，根深蒂固的传统官僚支配体制拥护者的意识，以及对于侵犯国禁者的反感，可谓扑面而来。

以上，管东溟对于他视为霸禅之魁首的紫柏达观，加以体无完肤的攻击，正如管东溟的良知说是对泰州学派思想的颠倒一样，其佛教观也建立在对于紫柏达观思想的抑制、矫正之基础上：

> 今日之弊安在哉。莫大于似儒非儒，似释非释，而成小人无忌惮之中庸，其端盖起于惮儒道之拘检，慕佛学之圆通，故仗佛卑空，以为己地耳。岂知孔释互用，而学孔即所以学佛也。（《师门求正牍》卷中、四十一丁）

> 奉孔矩愈严，则取佛证愈速。非故有所抑扬，实理本如是耳。（《酬咨续录》卷二、《答丁敬宇年兄书》）

159

管东溟的上述言论，表面上装作是公正的儒佛之和合，实则是对于霸禅"法先王后""释先孔后"的绝地反击，在此确实有某种历史意义。他的所谓三教一致论的根本，是完全仰赖于帝王之权威，以明太祖为"圣之时者"（《酬咨续录》卷三、《与杨淇园公论酬咨录中智仁圣义》）、《百王中之杰出者》（《从先维俗议》卷五、六十丁、《金汤外护名义》），乃至在《般若心经序》《道德经序》中称明太祖为"万世之极"①。管东溟的庭训中有"世儒每

---

① 管东溟认为："自有载籍以来，中更斯文两大变局，而万世之极乃定"，此两大变局是指孔子"以匹夫为万世师，而斯文之统移于下"，以及明太祖"以天子持三教之衡，而斯文之统合于上。"（《师门求正牍》卷上《读耿先生赘言有省漫述》）

重禅宗而轻忠臣孝子，我则不然"（《师门求正牍》卷中、三十三丁），也是如此。与"余素不佞佛，亦不辟佛，唯恃此心能转佛书耳"[1]（《天台文集》卷十一《译异编序》）的耿天台相比，管东溟积极勇敢地沉潜到佛法之深海中，这确实给人以不执着于教派之藩篱的自由思想家之印象，然而从刚才的分析来看，管东溟比耿天台更注重制约人的能动的、自主的社会活动，意图依赖观念之内省来缓和与纠正社会体制的歪曲。张江陵为了控制言论自由而禁绝天下之书院的时候[2]，耿天台担忧讲学之衰微而加以积极的反对，而害怕"以战国游士之余风，染禅讲二家之弊习"的管东溟，则认为"建书院，在宋元则可，在我朝则不可"。（《从先维俗议》卷二、一〇七丁）在这里也可以看出二人的时代观、学问观的差异。[3]

五

以名教伦理之拥护者而自任的管东溟，为了良知的意向行为（noesis）之深化，而求助于他本应该以"情缘"加以拒斥的佛教，又究竟是为何呢？这又导致了怎样的结果呢？

在管东溟看来，遏制禅学之狂风、确立名教思想的程朱学的回天之力，是应当得到承认的，然而即便是程朱也并未探究到圣学的起因结果之处，遮蔽了生死大事之根源，因此导致以义理出发，却换得名利的"伪窦"之结果：

---

[1] 黄宗羲认为耿天台"于佛学半信半不信"（《泰州学案》四"耿天台"条）。

[2] 参看朱东润《张居正大传》（湖北人民出版社，1957年）第九章、第190页以下。

[3] 管东溟认为耿天台在南畿做督学的时候，曾为了诸生而在白下建立崇正书院，但随后就后悔而曰："声色之与以化民，末也，此举之为声色，大矣"（《从先维俗议》卷二、一〇八丁）。在管东溟看来，即便是在书院讲学取得卓越成效的罗近溪，也只是"有漏之因"而已（同上、一〇九丁）。

今乃蔽人生死根原，而使之硬守忠孝节义之藩篱，未有不决裂而溃败者。是程朱主敬穷理之真脉，反以强排出世一着而穷也（中略）乃今名利中人，心何所主，而但以无原之名教束缚之，则驱之于伪途耳。（《觉迷蠡测》卷下、《稽儒敝章第二十九》）

接下去他还提到了王阳明：

阳明于是提良知以荡涤之，回天之力，亦不在程朱之下，而狂窦又于是乎开矣。盖阳明本从应化菩萨身来，而为之徒者，习其说而得少为足，上既不透出世宗旨，下又不守维世法门，无忌惮之中庸遂盛。（同上）

所谓道高一尺，魔高一丈。"伪"与"狂"交相呼应，"狂伪交发，莫可禁止"之风潮中，欲维护名教之心在此世间可以依靠的立足点已经完全失去。剩下的唯一道路，就是认识到世间法之局限性，从而突入出世间之领域中并寻求立足之地：

当斯际也，欲申主敬穷理以挽之不得，欲申致良知以挽之，亦不得。于是不得不追及孔子一贯之宗。然一贯亦理学家之话头也，使不掀出乾元秘藏，通诸释藏之无上法王，而徒以庸言庸行之教门揽英雄于壳内，势亦不得。（同上）

此场合下的所谓"狂伪"，本可以理解为具有打破名教纲常之社会体制的异次元之历史创造原动力，但如果（像管东溟这样）始终以名教为己方、将社会思想之混乱看作名教弛缓的末世之现象或者名教之倦怠现象的话，那么剩下的道路就无非是依托良知的意向行为（noesis）之深化来进行风教之矫正与治安之回复。幸运的是，良知所有的浑一之性格，不管其如何被运用，都具备了与"真妄一体"的佛教唯心论相融合的资质，如果通过佛教之媒介而向"妄心亦照"（《传习录》卷中）的"妄"之方向发展、深化良知的"一念之微"，那么与泰州学派所发展出来的"真"之方向截然相反的对极之中，良知也同样可以获得作为逆向转换的"妄"向度的位相。超越朱子、阳明而设定第三种立场，这是管东溟的目标所在。

然而，将心之本体向"妄"的方向加以逼迫，由此形成绝对的逆转而通向真心的做法，佛家很早就有提出，现在像紫柏达观这样，以"心为恶源，形为罪薮"的《佛说八大人觉经》之语为示教之指标，以《楞严经》（卷一之二）的所谓"法尘分别影事"为检验心田拂拭之关口，这会让一般的学佛者觉得艰深繁难。如果能通过此关，人就能获得解脱，但此时手中所握有的名教，恐怕会或以"情缘"而加以舍弃，或仅仅作为在人伦世界生活的人的必要之礼仪用语而停留在表面上。诚如管东溟所说：

> 盖无始以来原无君臣夫妇昆弟之伦，伦皆起于染物之后。（《从先维俗议》卷五、一四四丁"儒者当究大事因缘之义"条）
>
> 究竟至无极太极，阴阳无朕，仁义礼智四字亦著不得。（《证性编》质疑下、三丁）

这样的说法，很容易使人误会，以为他是支持反名教之徒。为了给对世间的狂伪之徒的斗争打上终止符，他尝试着跳跃到更高的出世之层面，但敌人的主力在此却有更好的武器，包围了管东溟。要确立第三种立场的困难就在于此①。空手回归名教是没有意义的。但若就此向狂禅之一派投降，也

---

① 顾宪成也曾承认管东溟的一片苦心："翁之所以剂量于其间者，其用心最苦，而所以防微矫枉，为万世虑者，亦最深远矣。"（《证性编》质疑上、三十一丁）

并不符合解脱的本旨。可能的途径是，将出世法之"圆"与世间法之"方"加以调和，互相依靠，为了征讨世间人之狂妄而出世，为了征讨出世人之狂妄而在世间①。

> 凡学者不从真悟中发，纵有窥于三教藩篱，不入理障，则入名窦。愚深以此自悲，而亦为世之英杰悲也。即今之以禅悟扫孔矩者，皆以悟境之未深耳（中略）世人但知悟门之一超直入为奇，而不知中庸之行门，乃悟之所以始，所以终也。是以近圣一分，则近佛一分，近狂一分，则远佛一分。（《酬咨续录》卷二、十五丁、"复屠赤水书"）

为了将名教从伪窦中拯救出来、放置到永远不动的安定之处，就必须凝视内心深处的执妄，并寻求在出世间的解脱之道。然而在出世间的伪窦之消解，却可能会形成狂窦，在此就又必须求助于名教的真诚实践才可能回光返照。因为所谓执妄、罪恶，都是以名教为基准，是与此基准相背离的东西，其解决又必须带到出世间，因而在管东溟这里，"世间——出世间"既存在断裂，又有联系。由此，所谓执妄也具有名教意义上的实体性，而非"当体即空"。紫柏达观经常以"释毗舍浮佛偈"②为心要，管东溟则认为其"罪福如幻"之句为霸气发生之渊源。这一方面是对于一超直入的现成主义之警惕，另一个理由，就是担心以罪福之本性为"空"，则可能最终导致名

163

---

① "方"与"圆"如何加以结合的讨论，在万历思想界是一大公案，紫柏达观认为："灵如融通之水，迷如窒碍之冰，融通则在方而方，在圆而圆，窒碍则方则定方，圆则定圆。方圆无滞之谓活，方圆有定之谓死。是故圣人居方圆，而方圆莫能滞，以无滞故，所以能通天下之情。众人则不然，见方而被方惑，见圆而起圆执，所以在圣人，即死而活，在众人，即活而死，故圣人谓之生人，众人谓之死人。"（《紫柏老人集》卷十二"释毗舍浮佛偈"）管东溟也经常会提及"方"与"圆"，其目标是在教学上融合儒教之规矩（"方"）与佛教之证悟（"圆"），德性层面上将名分意识（"方"）与事事无碍意识（"圆"）相结合，思想史方面则是将朱子学（"方"）与禅学（"圆"）进行综合。

② 《景德传灯录》卷一："假借四大以为身，心本无生因境有，前境若无心亦无，罪福如幻起亦灭"。明末禅僧为霖道霈的《法会录》中有"万历间，达观老人一生说法接人，唯此一偈"。

教实体性的破坏。

如上所述，为了将纠缠于名教的妄执一扫而空，使得名教始终保持宛如纯白之宝塔一般，就需要将回旋在名教周围的诸多意识归结为佛教的所谓"发初识心"之后的东西，并谋求超越此种东西的纯粹意识层面的"妙明真心"（《楞严经》卷二之一），使得前者向后者转换。这其实是完全模仿佛教唯识论中的"八识"与"真心"的严格区别，而在将周易与佛教思想进行结合的管东溟这边，则在解释周易的生成论时套用了上述二重构造说，将"妙明真心"之世界观与乾元相匹配，将"发识初心"之世界观与坤元匹配，主张乾坤二卦之间有迷/悟之"几"存在（《酬咨续录》卷三"乾元坤元辨"）①。追溯造化之根源、混沌之草创，从这种唯心论的《易经》观出发，周子的所谓"无极而太极"并非无极即太极之义，"无极"是超越"太极"的更深一层的绝对领域，一身之去来、圣学之始终究极都在此不可知之处（《师门求正牍》卷下、十三丁）②。如此，将乾元、无极之原初性的"无"之性格，与坤元、太极的后天的"有"之性格相对，以此一线为界限，一切狂伪之波澜的飞沫都不可能沾到，人心也就被放置在安全的防波堤之内，这可以看成是依据儒佛调和论而来的拔本塞源论的一种形态吧。

然而，要从后天的堕落之世界向原初性的本来之世界进行飞跃，这究竟要如何进行？良知是否仅仅通过顿悟就可了事，在阳明门下也曾有过激烈的争论，而管东溟警觉于霸儒、霸禅之矜高放肆乃至无修行无证悟之情况下良知的无节制之自我膨胀的危机，试图将良知之生命力完全注入自身

---

① 乾元与坤元之间的关系，参看《从先维俗议》卷四、八十一丁、"性善既乾元"条。

② 在管东溟看来，《易经》是有天地万物之后的论述，因而仅点出"太极"二字，而《太极图》则追溯到天地万物未生之前，而说"无极"。不过，"一物"并非在"两仪"未判之前，"无极而太极"也正如"无觉之大觉""无心之妙心"的说法一样，并头上安头之意。管东溟的无极论，在人性论上将阳明学以及禅宗的无善无恶说作为究竟之地，将性善说贬为落在八识田中之物。顾宪成《证性编》卷五所载顾、管二氏的争论的主要论题质疑，即是性善说与无善无恶说之对立。此论争在内容上非常精致而有高度，可以说是万历年间学术界的代表性遗产。

之内部加以沉潜，他当然是不会同意单纯的顿悟主义的，并且还认为必须要加上涤荡尘沙之惑、微细之习气的渐修工夫。"顿悟渐修"之工夫论，在唐代作为菏泽禅的继承者圭峰宗密那里达到顶峰，在禅门之内部未必得到重视，但在明末的儒佛二教之下，作为矫正顿悟主义之过激化的思想运动而再度兴盛起来①。管东溟的思想换一个角度来看，也可以说是此种顿悟渐修风潮的产物。管东溟所爱读的《华严经合论》，在强调刹那成佛的同时，也提醒人们注意菩萨的位阶晋升之形式，管东溟则显然反对仅强调前者的做法，他说道：

> 盖谓大心凡夫，顿获根本性智，即与佛心无二无别，从此进修，永无退堕，三祇只是刹那，何用稽其次第？故谓之一超直入佛地。其实佛性虽见，细惑难除，贤地不知圣地事，十地不知十一地事，而可以凌节助长哉。（《从先维俗议》卷五、一〇一丁）

一般而言，在"顿悟"上面加以"渐修"的工夫论的特点是对玄虚凌等之风的警戒、寻求坚实冷静的成果之积累，但"顿悟"如果对于"渐修"完全没有限制，反倒是"渐修"使得"顿悟"四分五裂的话，那就会使人完全避开刹那之间与全一之对决，在三世因果的时间延长线上使得主体产生分化，乃至真心（良知）完全丧失当下全体倾注自身能量之危险。奇特的是，正如以前圭峰宗密的"顿悟渐修"论会陷入上述歧路的历程一样，管

165

---

① 不过，明末的顿悟渐修论不应当仅仅看作对宗密哲学的复兴，而是更加广泛的思潮。东溟对于顿悟渐修论，有如下之语："儒教即人伦日用上修持，以至于尽性至命。释教先从根本上顿悟，然后回入人伦万行。考二圣之教迹，委是如此，然须通三祇而照之始得。盖学人未有不从久修而入顿悟，从顿悟而入圆修，从圆修而入圆证者也。试考释迦在七地时，曾作儒童菩萨，便知孔子在初地时，必透达摩性宗，而（儒童）菩萨之证初地，先已历过一大阿僧祇劫矣。入僧入俗，何常之有，可谓儒必先修后证，释必先悟后修故。"（《酬咨续录》卷四"答孙无见疑义五条"）管东溟又以"下学上达"来解释"顿悟渐修"，参看《酬咨续录》卷二"论下学上达义"以及《从先维俗议》卷五、一二〇丁、"别孔门下学上达之义"等。

东溪也同样为三世因果的实体性范畴所困，口称天堂地狱、罪福报应，诉说阎罗王审判之恐怖，谈论冥感梦兆之神秘意义，甚至相信不生不灭的神灵之实在。斥责程朱学不知圣学的起因结果之处，同时还仰慕反对三乘之先因后果论、屡屡提倡因果一体的李通玄，正是这样的管东溪，却在三世因果之幻影中寻求真心的意向行为（noesis）深化之底层，此中之原因，固然可以归结为当时功过格、净土教之流行的时代风潮之使然，但也不得不认为，这是因为他失去了姚江之学的浑一之精神，因为畏惧"理"（纲常）不再能独立自存，乃至使良知的自我内在冲动完全转为南辕北辙之物吧。[①]黄宗羲对于管东溪的评语"平生尤喜谈鬼神梦寐，其学不见道可知"（"泰州学案序说"），以及陆桴亭的"欲挽狂澜之倒，而更以其身为狂澜，可乎至于剽窃二氏，推墨附儒，至三教合一之说，昌言无忌、一时横议之风，犹可想见，讲学之弊，遂至于此，祸亦烈矣"（《思辨录辑要》后集、卷十一）的指责，在某种程度上可以说是切中要害的。

不过，如本文最初所言，仅从某种特定的儒家之立场出发而断定管东溪为"不见道""其身为狂澜"，这样的做法是无法理解他在明末思想史上所占据的地位的，也无从理解其思想构造之特色，作为拔本塞源的良知论的内在化处理方式，以及接受佛教思想的时代意义等问题。本文试图打破此等偏见，从更加客观的历史立场来对管东溪的思想加以素描式的勾勒，不过还是留下了其周边与诸家交流的重要课题，对此尚需留待他日来加以探讨。

---

① 因此顾宪成反驳道："窃惟吾侪学问，只是见在一着，于此得力，即过去未来，皆在其中，因果之说，自应存而不论。"（《证性编》质疑下、二十七丁）邹南皋也在写给管东溪的书信中，对其以梦说因果感应表示质疑（《愿学集》卷二"答管东溪"）。

第七章

明儒张阳和论

——良知现成论的折射

一

出乎马祖道一的江西禅，则有圭峰宗密的顿悟渐修论，出乎大慧宗杲的公案禅，则有朱子的格物致知论。虽然各自的思想环境不同，但人的修行经验在达到某种顶点，形成无修亦无证的不可及之高峰之时，忽然将其加以修正与缓和，形成比较容易攀缘与接近的连绵山峰，这样的尝试在中国思想史上出现过好几次。

明代围绕阳明学良知论而展开的思想界一般动向中，也同样有好几处类似情况。"今既没三十年，传者已不能无于迂径顿渐之际。"（《王敬所文集》卷一"南野先生文集序"）良知论的折射与变化，在明代后期随处可见，本文则挑选将良知论之核心燃烧磨练到极限状态的王龙溪与其弟子张阳和之间的关系，来追踪其中显著的折射之样态，以此作为阐明明代思想史的一个视角。

二

张阳和在很早以前就跟从王龙溪而传良知之说，明儒顾庸庵曾如此说明张阳和思想之特性：

张阳和太史云："本体本无可说，凡所言者皆功夫也。"一语道尽王门末学之弊。驳其钱绪山、王龙溪辈之言良知不言致良知，真破的

之论。(《广理学备考》《顾庸庵集》、二十四丁)

黄宗羲《明儒学案》(卷十五)中亦称:

> 先生(张阳和)之学,从龙溪得其绪论,故笃信阳明四有教法。
> 龙溪谈本体而讳言工夫,识得本体,便是工夫。先生不信,而谓"本
> 体本无可说,凡可说者皆工夫也"。

并下结论曰:

> 先生谈文成之学,而究竟不出于朱子。

《明史稿》(列传、卷六十)中,张阳和之略传是与邓以赞(定宇)部分在
一起,其末尾结语如下①:

> 以赞、元忭(张阳和)自未第时,即从王畿游,传良知之学。然
> 皆笃于孝行,躬行实践。以赞品端志洁,而元忭矩矱俨然,无流入禅
> 寂之弊。

所谓"禅寂之弊"的主要责任者之一,从同书(列传、卷八十)王畿传来
看,很显然是指王龙溪②。

---

① 《明史》列传一七一的记载完全相同。王龙溪门人查毅斋亦曰:"阳和、定宇二公,虽品格
造诣不同,要皆海内之人豪,卓然以此道成结果者。"(《阐道集》卷八"上龙溪师书")
② 其中有如下一节:"其论良知,但指本体,益流于虚寂,颇善谈说,能鼓动人,所至听者
云集,每广座阐扬,时杂以禅机,竟亦不自讳也。学者称为龙溪先生,其后士之浮诞不逞者,率自
名龙溪弟子。"

综合上述诸说，张阳和在年轻时从学于王龙溪之门下，但觉察到禅寂之弊，反而成为老师的严厉批评者，这最终使得他的思想与朱子学很接近。不过，虽然他对于王龙溪思想中的禅学倾向不以为然，却终生是良知学的信奉者，如果对王龙溪的批判性态度未必意味着对于阳明学的全面否定，那么从反禅寂主义到回归朱子学，这样的图式化理解就不得不说存在着诸多问题。更值得注意的是，在上述顾宪成、黄宗羲两家的文中所见的"本体本无可说，凡可说者皆工夫也"的张阳和之语，就现存的张阳和文集即《不二斋文选》① 来看，并不是针对王龙溪的批判，而是对罗近溪的弟子杨复所而发（《文选》卷三、"寄罗近溪"）。

特别是王龙溪与罗近溪被并称为"二溪"，其思想上有相近之处，可以作为一并讨论的对象②，所以对于罗近溪一派的不满或许也适用于王龙溪。不过即便如此，"杨复所之超诣"对于张阳和而言是不可或缺的"益友"（《文选》、卷三、"答孟我疆"），其对王龙溪的评价如下：

> 钱（绪山）、王（龙溪）之说，大抵缵述文成（阳明），务培本根
> 而芟枝叶，余既闻其概矣。（《文选》卷四《赠王学博序》）

这是将王龙溪视为传承阳明学精神的人而加以评价和接受。由此可见，完全将二溪、杨复所与张阳和加以对立，简单地将其思想放入朱子学的牢笼中的看法之不合理性，必须在考察时有所警觉。他在与朱子学的关联中叙

---

① 内阁文库藏，明万历三十年序看，以下本文简称为《文选》。

② 参照刘念台的话："然学阳明之学者，意不止阳明也，读龙溪近溪之书，时时不满其师说，而益启瞿昙（佛教）之秘，举而归之师，渐挤阳明而禅矣，不亦冤哉。则生于二溪之后者，又可知矣。"（《刘子全书》卷十九、《答王金如三》）又，陶望龄曰："近溪与龙溪，一时并主讲席于江左右，学者又称二溪系。友人有获侍二溪者，常言龙溪笔胜舌，近溪舌胜笔。"（《歇庵集》卷三《旴江要语序》）但是龙溪对于近溪的"不离见在"而有所不满（《王龙溪集》卷四《留都会纪》），认为罗近溪不能免"认虚见为实见"之弊（同上、卷十、《答冯纬川》）。就此而言，将二溪等同看待是有问题的，不过在此暂且不展开详细讨论。

述王阳明出现的意义所在：

> 自考亭为穷致物理之学，学者不能善会，遂致茫茫荡荡，逐于见闻，胶于格式，而昧其本然之体。盖相沿三百余年，而后阳明出于其间，首揭致良知之训，呼久寝之人心，而使之顿瘳。（同上、卷三、《答许敬庵》[译者按：卷三《答许敬庵》有两封书信，此为第二封书信之内容]）

对于许敬庵否认王阳明作为孔子之教的继承者的说法，张阳和以异常的热情加以反驳（尽管其说法并没有什么独创性），就此而言，已经能看作他自身信念之吐露。这种朱王结合之观念是如何找到立脚点，又如何与他的社会观相联系，在本文后面会进行考察，在此仅先指出他并未想要走与阳明学的路线相反的道路这一点。

为了阐明张阳和思想的实质，有一点需要注意，他在中年时曾与孤山之禅僧（禅净一致论者）云栖袾宏有交往，受到后者很大的影响。《王龙溪集》卷七"与浦庵会语"：

> 阳和张子访莲池沈子（云栖袾宏）① 于兴浦山房，因置榻圜中，共修静业。沈子盖儒而逃禅者也。

这是一段以追忆张阳和对云栖袾宏之倾倒为开场白的叙述，与张阳和有亲交的许敬庵也以多少感叹的心情写道：

> 子盖笃信王文成致良知之学，而其中年与衲子沈莲池游，间出入

---

① 袾宏，字佛慧，俗姓沈氏（憨山德清撰《云栖莲池大师塔铭》）。

于儒佛两家之议。然忠孝廉节，好善孳孳，出其天性，而躬行重于知解，学术务为经济。使得究其所施，则笃实光辉，必非邪辟之所能累。（《敬和堂集》卷十《祭张子荩谕德》）

另一方面，在云栖袾宏的《直道录》"惜福"条中，在诸人于孤山聚集讲学之际，张阳和吃了猪肉和鱼，但不吃鸡肉，云"鱼、肉二味足矣，鸡决不敢奉命"，云栖袾宏对此赞叹不已："嗟呼！阳和以世家子，状元及第，而惜福如是，谓志不在温饱者，非欤？"可见张阳和、云栖袾宏两者之间因缘匪浅。尤其是在张阳和的文集中，我们很容易找到他模仿当时一般的儒家的口吻说"以心为槁木死灰，尽外闻见"（《文选》卷二、二十九丁"寄冯纬川"）来攻击佛教，或者感慨于近世之讲学者连篇累牍使用禅语，又或者是：

当今佔毕之徒，以此学为笑谈，而豪杰超悟者，又多归依西方之教，孔门中教，毅然承当者，寥寥无人，尤可慨叹。（同上、"答周继实"）

从上文可知，他对佛教的压倒性流行表示强烈的不满。以此为依据，认为张阳和与云栖袾宏的关系只是其精神发展途中的浅淡之清游与闲适，并未丝毫动摇其儒家之主体性，也确实并非不可能。记录张阳和略传的诸多资料对于其与云栖袾宏的关系都避而不谈，恐怕也是基于上述理解之意图吧①。上述意图之正当性，在下面这首附录了"冀莲池之归正而作"[译者

---

① 《明儒学案》卷十五、《明史稿》《明史》等皆如此。不过前引许敬庵撰写的祭文最明确地触及此问题。徐象梅撰《两浙名贤录》卷四《张子荩传》中对此并未涉及，但同书卷六十二《袾宏传》中列举了至云栖袾宏之门下问道的士大夫，其中就有张阳和的名字。这或许是依据憨山德清撰《云栖莲池大师塔铭》也未可知。

按：原文此部分如下："予因获见之，嘉其超世之勇，而犹冀其归于正也，故遣之以诗。"] 意味的序言的诗中也获得了看似不可动摇的证据：

> 羡尔三十遗世事，独披破衲投空门。
>
> 不容一发为身累，难把二心与俗论。
>
> 皓月孤悬自皎皎，黑风时作正昏昏。
>
> 应知圣果圆成后，回道还酬罔极恩。
>
> （《文选》卷七、十九丁、《赠莲池上人》）

张阳和期待"儒而逃禅者"的云栖袾宏能够还俗归儒，此诗从上述表现来看，二者之间的结缘似乎有确凿的一线之隔。然而，当我们深入寻找此诗之真意时，难道不能感受到缠绵欲断而又不可断的道交之深吗？至少此诗并非与莲池的绝缘、别离之诗。恰恰相反，难道我们不应当把这首诗看作如同虽有琴线相触，却身隔藩篱而居住、无法忍受此不得相见的煎熬难耐（もどかしさ）之灵魂，真切地发出呼唤，希望浸润在更直接的，更赤裸裸、意气相投之友谊中吗？① 若如此，就不应当以某种特定的儒家意识的先入之见来抹杀与扭曲张阳和思想的流动触发之痕迹，必须要深入追寻其细腻的心情之活动与折射之阴影。云栖袾宏对张阳和思想的细微部分有所影响，对此提出疑问的许敬庵，在这个意义上来说，确实是很值得倾听的（后述）。

---

① 云栖《山房杂录》卷二中有题为"山阴与浦庵次韵酬张阳和太史"的酬答阳和之诗：
　　玉殿传胪第一人，杖藜今到衲僧门。
　　剡溪兴在连宵宿，莲社情多尽日论。
　　定水净除心地垢，慧灯高烁性天昏。
　　一朝勘破香岩钵，双报君恩与佛恩。
又，同书卷十一《栗斋先生遗稿跋》中有"太史（阳和）与予分深"之语。

三

依据张阳和之述怀，他在少年时读到"大学（章句）格致章补传"［译者按：此处原文误作"补则"，今改］（"众物之表里精粗无不到，而吾心之全体大用无不明矣"一节），怀疑工夫之次序是否弄颠倒了："无亦曰吾心之全体大用无不明，而后庶物之表里精粗无不到乎？果若所（"格物致知补传"）言，何以为知本也？"在稍长之后读到《大学古本》，"而后知圣人之学，固如是乎易简而无难也"（《文选》卷四《朱子摘编序》）。这段经历和年轻时候的王阳明的问题意识以及思想转向非常相似。张阳和后来的思想之要点，若如其同道邓定宇所言，是"以万物一体为宗，以明明德于天下为愿"（《刻张宫谕文集序》），那这也正是阳明"大学问"的精神之继承。张阳和并未有直接见到王阳明的机会①，但其消解上述疑团的途径，是求助于同乡之先学"玲珑透彻，令人极有感动处"（《四有斋从说》卷四）的王龙溪之教示，几乎可疑。在张阳和眼中，王龙溪又是怎样的一个人呢？

> 先生见道透彻，善识人病，每闻指授，令人跃然。高年步履视瞻，少壮者所不能及。是岂可以强为？随时应用，见其随时收摄，造次忙冗中，愈见其镇定安和，喜怒未尝形于色。吾党且学他得力处。（《王龙溪集》卷五《天柱山房会语》）

反过来，在王龙溪看来张阳和的人品又如何？王龙溪在比较张阳和与其朋

---

① 王阳明（1472—1528），王龙溪（1498—1583），张阳和（1538—1588）。

友罗康洲的时候叙述道：

> 康洲温而栗，阳和毅而畅；康洲如金玉，阳和如高山大川。但得
> 循守随身规矩，以天地为法，以圣人为师，时时不忘此念，便是世间
> 豪杰作用。久久行持，水到渠成，自当有破除处，不须速说质明。（同
> 上、卷七《龙南山居会语》）

在王阳明门下，可与颜子相媲美的[①]王龙溪的俊敏之才智与能辩，时常会被人怀疑其并无实践能力[②]，但张阳和对于王龙溪应用收摄自在的力量抱着深深的憧憬，完全是径直朝着他而前进的。张阳和的"毅"之性格，从他在十九岁时听闻杨继盛弃市的消息、遥作哭文伤痛其死，乃至慨然泪下的经历[③]就可看出，其"畅"指的则是前引"吾心之全体大用无不明，而后庶物之表里精粗无不到"的所谓确立"大本"为第一义的志向吧。

王龙溪思想的特色，众所周知，是将良知说向彻悟透脱的方向发展，使之升华为绝对现在之一念，无前无后、变动周流，极度忌讳格套上的模仿，工夫、价值判断乃至规矩之创造，也都赌在此一念灵明的自我发展上，此绝对现在之良知，本来在每个瞬间之当下就包含了天然的格式，与天下国家之实事相即不离，并非佛老之虚寂无为。例如他说：

---

① "龙溪在先师之门，人比之颜子。"（《聂双江集》卷七"寄念庵"第十一书）

② 聂双江言："龙溪之学，其初窃得二氏意见，而于二氏苦功曾未之及。所谓自度者，度其逸欲之情耳。以故误尽天下学者。"（《聂双江集》卷七"寄念庵"第十五书）高忠宪曰："彦文问：王龙溪之辞受不明，必良知之学误之也。先生曰：良知何常误龙溪，龙溪误良知耳。"（《高子遗书》卷五）又《明儒学案》卷十二王龙溪略传曰："唐荆川谓：先生笃于自信，不为行迹之防，包荒为大，无净秽之择，故世之议先生者，不一而足。"

③ 《文选》卷五"哭杨椒山"。又，《两浙名贤录》卷四如此描绘张阳和的少年时代："忕生而魁岸，总角时岳岳负意气，数矢口谈时政得失，人物臧否。太仆（阳和之父）故抑之，不答也。会杨忠愍以谏死，忕遥为诔词，慷慨泣下沾襟。"杨继盛惨死是在张阳和执笔撰写哭文的前一年十月份。

世之儒者，不能自信其心，反疑良知凭虚滞寂，不足以尽天下之变，未免泥于典要，涉于思为，循守助发以为学，而变动感通之旨遂亡。渐渍积习，已非一朝夕之故。今日致知之学，未尝遗典要、废思为，但出之有本，作用不同。不胶于迹，天则自见，是真典要；不起于意，天机自动，是真思为。古今学术毫末之辨，辨诸此而已矣。（《王龙溪集》卷十五《自讼问答》）

疏于细致地考察王龙溪思想，认为其缺乏工夫、无视规矩、沉沦于禅寂乃至扰乱社会之风教，如此断定王龙溪思想的人，恐怕只会被滚滚涌出而无止境的王龙溪之辨说与才学所彻底压倒吧。例如对于无视道义、名节的指责，王龙溪会像下面这样进行答复吧：

若真信得良知过时，自生道义，自存名节，独往独来，如珠之走盘，不待拘管，而自不过其则也。（同上、卷四《过丰城答问》）

若是重本体而轻工夫的指责，他会如此反驳：

先师尝谓人曰："戒慎恐惧是本体，不睹不闻是工夫。"戒慎恐惧若非本体，于本体上便生障碍；不睹不闻若非工夫，于一切处尽成支离。盖工夫不离本体，本体即是工夫，非有二也。（同上、卷一《冲元会纪》）

其思索真可谓讲求精致，其悟境贯彻人情事物之表里，叩其一端则全体应现，欲押而不得，欲罗而不得，不得不说是"字字皆解脱门"（李卓吾《焚书》卷二《复焦弱侯》）。这种极度高扬的"当下现成"之生机，使得阳明良知说所固有的浑一之性格，在赫赫然自我燃烧之处必然达到极点，与此同时，他在中年就从官场隐退，"林下四十余年"（《明儒学案》"王龙溪"条）的无所束缚之生活体验，也锻造了此生机。王龙溪依然有着"天地间第一等人"的士大夫之自负与责任感（《王龙溪集》卷五《申约后语》），用今天的话说就是"在野之自由人"，其解放的意识在面对传统社会的规矩法则之权威时，完全相信本心之德，是非顺逆完全不依从他人而转换，要求以"虚""无"为媒介的价值观之自由创造，这在成为实际的社会行动或者发言的情况下，习惯于传统的一般人士会认为是"殊更立异""非此局中人之无责任发言"或者"儒而堕落为禅之人"，也情有可原。即便是同辈的钱绪山，在承认其伶俐直接的风格的同时，也有所不满——"于见上觉有著处"（《明儒学案》卷十一《钱绪山论学书》），对于王龙溪而言，良知将权衡掌握在手中，并没有意图要破除世界或者反抗传统，但因为王龙溪要求人必须不顾毁誉、不屑绳墨、仅信任现在一念之光明具德，那么只要对时时提撕保任之功有丝毫懈怠，就有忽然跌落万丈深渊的危险。亦即是说，"良知天然之则"在外侧没有设置任何防御性设施，在任何时刻都有被偷换（すりかえられる）为"知觉人为之则"的可能性。如果要说深刻，大概没有比这更深刻的思想，要说恐怖，也没有比这更恐怖的人性论了吧。对于王龙溪思想的一切忠告或者诽谤，要而言之，都与这种恐怖感、警戒心为起点。张阳和也不是例外。

《王龙溪集》卷五《与阳和张子问答》收录了张阳和与王龙溪之间的五段问答。现在我们就来看其中一些重要的片段。

第一，关于"无善无恶"。

问："若曰无善无恶，又曰不思善，不思恶，恐鹘突无可下手，而甚者自信自是，以妄念所发皆为良知，人欲肆而天理微矣。请质所疑。"

答："不思善，不思恶，良知知是知非而善恶自辨，是谓本来面目，有何善恶可思得？非鹘突无可下手之谓也。妄念所发，认为良知，正是不曾致得良知。诚致良知，所谓太阳一出，魍魉自消，此端本澄源之学，孔门之精蕴也。"

第二，关于警惕戒惧（省略）。

第三，关于"良知"与"规矩"。

问："孔子教人每每以孝弟忠信，而罕言命与仁。盖'中人以下不可以语上'，故但以规矩示之，使有所执持，然后可以入道。大匠教人，必以规矩，若夫得心应手之妙，在乎能者从之而已。一贯之传，自曾、赐而下无闻也。今良知之旨，不择其人而语之，吾道不几于亵乎？且使学者弃规矩而谈妙悟，深为可忧也。"

答："（前略）'良知'二字，是彻上彻下语。良知知是知非，良知无是无非。知是知非，即所谓规矩，忘是非而得其巧，即所谓悟也。中人上下，可语与不可语，亦在乎此。夫良知之旨，所谓中道而立，能者从之，非有所加损也。夫道，一而已矣，孔子与门弟子言，未尝不在于一。及门之人，笃实莫如曾子，颖悟莫如子贡，二子能传师教，故于二子名下标示学则，以见孔门教人之规矩，非曾、赐以外无闻也。孔子告曾子以一贯，及其语弟子，则示以忠恕之道，明忠恕即一贯也。子贡谓'夫子言性与天道，不可得而闻'，性与天道，孔子未尝不言，但闻之有得有不得之异耳。弃规矩而谈妙悟，自是不善学之病，非良知之教使之然也。"

第四，关于狂者与乡愿之间的优劣（省略）。

第五，关于良知与修为。

问："良知本来具足，不假修为，然今之人利欲胶蔽，夜气不足以存，良或几乎泯矣。譬如目体本明，而病目之人渐成障翳，要在去其障翳而光明自在，不必论其光明为何如何如也。今不务克去己欲以复其本体，而徒曰良知良知云尔，如人说食，终不能饱。请叩致之之方。"

答："良知不学不虑，本来具足，众人之心与尧舜同。辟之众人之目本来光明，与离娄同。然利欲交蔽，夜气不足以存，失其本体之良，必须绝利去欲，而后能复其初心，非苟然而已也。今谓众人之目与离娄异，是自诬也；障翳之目自谓与离娄同，是自欺也。夫致知之功，非有加于性分之外，学者复其不学之体而已，虑者复其不虑之体而已。若外性分而别求物理，务为多学而忘德性之知，是犹病目之人，不务眼药条理以复其光明，伥伥然求明于外，祇益盲瞆而已。此回、赐之学，所由以分也。"

从上面的问答中可以看到，张阳和始终是站在"自良知之说一出，学者多谈妙悟，而忽戒惧之功，其弊流于无忌惮而不自知"（同上、第二问中之语［译者按：此处原文误作"第三问"，今改］）的忧世之立场，对良知现成论的种种看似过于高妙的上上根本位之理说提出了种种质疑，而王龙溪则彻底地信赖良知本体所具有的功德与作用，毫不妥协与退让，期待着对方主动投入自己的阵营。对张阳和而言，他对于王龙溪的本体翕聚之说有很大共鸣①，并非没有希望达到工夫的精髓之处②。然而，即便工夫、修为的究竟境地如王龙溪之所言，是良知一念的绝对现在之流动充足，工夫即本体、本体即工夫，形成紧密之一体，但要真正达到这种彻悟之境，难道就应当放过渐进之发展过程所具有的独立意义吗？特别是如果过于拒斥对于格套的模仿，将一切传统之遗产都在良知之天然性中加以分解，由于忧虑陷入绳墨之窠臼，而将所有的社会规矩都放到"虚""无"之筛（ふるい）中粉碎为微尘的时候，失去一切手足可以倚靠攀缘之物的良知，难道没有可能沦为没有实德之光景、在宇宙中茫然失所吗？在此，并非要妙悟本体说的满弦之弓松弛下来，而只是要强调，为了防止其空中之游弋，回到切实安定的地面上，对于个别之事象所具有的社会性的、历史的层面不

---

① "龙溪公时相接亦深，以翕聚之语为学者首务。盖此段工夫，本无间于动静。辟之草木，当秋冬时，生意归藏，故此翕聚也，及春夏时生意发舒，华叶敷茂，而其本体寂然无动摇，无渗漏，则未尝不翕聚也。"（《文选》卷二《寄张洪阳》）

② "今猛发一念于心髓入微处，讨一究竟，庶不枉过一生，亦未知果能了此誓愿。"（《文选》卷二《寄邹聚所》第二书）

加以肆意之歪曲，需要与本体并行之工夫的重要性而已。张阳和在写给罗近溪的书信中，如实地吐露了他的心境：

> （杨）复所欲广师门之传，每对人谈本体，而讳言功夫，以为识得本体，便是功夫。某谓本体本无可说，凡可说者，皆功夫也。识得本体，方可用功夫。明道先生言："识得仁体，以诚敬存之是也。"（楞严）经云："理以顿悟，事以渐修。"悟与修安可偏废哉。世固有悟而不修者，是徒驰虚见，窥影响焉耳。非真悟也。亦有修而不悟者，是徒守途辙，依名相耳，非真修也。故得悟而修，乃为真修，得修而悟，乃为真悟。（《文选》卷三《寄罗近溪》）

张阳和的悟修并行说，是对轻视修行的社会风潮的反省与警告，这一点从下面一节即可看出：

> 近世学者，窥见影响，辄自以为大彻大悟，而肆然不复修持，决藩篱而荡名检，其弊有不可胜言者。某窃有忧之，故每对学者，必以悟修并进、知礼兼持为说。（同上）①

又，对于作为罗近溪的门人、使得无善无恶思想更加向禅门方向靠近的周海门，张阳和说道：

> 大抵近时之弊，徒言"良知"而不言"致"，徒言"悟"而不言

---

① "近世谈学者，或不然，但知良知之本然具足，本来圆通，窥见影响，便以为把柄在手，而不复知有戒慎恐惧之功。以嗜欲为天机，以情识为智慧，自以为寂然不动，而妄动愈多。自以为廓然无我，而有我愈固，甚至于名检荡然，而良心尽丧。孔门之所谓仁，阳明之所谓良知，果若是乎。"（《文选》卷三《寄查毅斋》）

"修"。仆独持议，不但曰"良知"，而必曰"致良知"，不但曰"理以顿悟"，而必曰"事以渐修"。盖谓救时之意。（同上、卷三《答周海门》）

在这里需要注意的是，在上面写给罗近溪以及周海门的书信中，张阳和使用的"理以顿悟，事以渐修"的《楞严经》之语①，为当时儒佛两家凡主张"顿悟渐修"者所常用，然而在这种情况下，几乎都含有为了缓和与修正顿悟论之过激的意味在内②。受到这种时代潮流的影响，王龙溪也会说"理乘顿悟，事属渐修"（《王龙溪集》卷十七《渐庵说》），若往前追溯，在"天泉证道记"（同上、卷一）中就已经记录了王阳明的教诲："但吾人凡心未了，虽已得悟，不妨随时用渐修工夫。不如此，不足以超凡入圣。"然而如果依照遵循上述"天泉证道记"之大义的王龙溪之语，只是说人随着根器之高低而有悟有修，良知作为彻上彻下的真种子，这点并未有所改变，借用华严学的术语来讲，顿悟可以获得"根本智"，渐修则能尽"差别智"，而学之全体始终是"悟"（同上、卷十二《答程方峰》），亦即是说，在王龙溪看来，即便说"顿/渐"，也只是提示良知最上一机的分别之相而已，并不意味着在事、理二项上分化的企图或者理解，这也正是其真面目所在。这和宋代提倡顿悟主义的法将圆悟克勤或大慧宗杲与依据楞严经的所谓"顿悟渐修"派之间的理解截然不同是一个道理。

---

① "理则顿悟，乘悟并销。事非顿除，因次第尽。"（《楞严经》卷十，《大正藏》卷十九、一五五上）另可参看张阳和的下面这段话："不悟从何修，不修亦空悟，悟与修，安可相离，理以顿悟，事以渐修，本楞严经语，彼正因学者有偏废之患，故对举而言之，其实（顿悟与渐修）一也。"（《文选》卷三《答孟我疆》第二书）

② 管东溟曰："学者正当于楞严经中，信'理须顿悟，事以渐修'两言，此不易之案。学狂禅枵心之语，不入最上一乘而反入魔说。"（《从先维俗议》卷五）但这是管东溟晚年所言。张阳和从三十四岁开始（此时管东溟三十六岁）与管东溟相识，他一方面对管东溟有仰慕之情，但另一方面也抱有"其议论太高，意气太盛"的不满（《文选》卷三《寄周二鲁》）。后来管东溟鉴于时弊，开始自重自制。但其彻底的儒佛调和论并未获得张阳和的认可。

张阳和在"良知在践履上体验，方为真知"（《文选》卷二"寄邹聚所"）的前提下主张"顿悟渐修"，并非为了照搬师说、尝试再现"良知即工夫、工夫即良知"，而是要对良知之性格加以若干修正：要在分化为事、理二项的良知之中，在作为顿悟之"理"而具有绝对自由的本体之中，加入作为高度浓缩的素材的渐修之"事"。换句话说，生死自在、取舍无碍的良知的"无"之性格，依照传统的社会规矩，使得其妙用接受现实性的制约。王龙溪所言"渐修"与张阳和之间，有如此大的差异与变化，这是由先前所说的二者的良知观之差别而带来的。

如此，将"事"的"有"之性格放入"理"的"无"之性格中，这是否就能拯救良知的虚寂化、放纵化，我们不得而知。但很难保证，此时"混沌初开第一窍"的良知就不会失去其作为根源之法门的性格、转而变成既成规范的拥护者。从结果上看，张阳和的渐修意识，在排除"径超""虚寂"的带有洁癖性质的表现之下，实际上开始走向逐渐接近传统的价值观，特别是朱子学式的名分思想。

> 宋儒分析诚多支离，然当时讲论，皆尚名检，故一时人物，卓然可称，今之言学者，信心而遗行，崇虚无而蔑礼法，作伪之士，得假其说以自文曰"任真"，曰"妙用"，曰"不顾毁誉"，只成得个无忌惮而已。圣门立教，不曰忠信，则曰恭敬，其所虑者远也。（《文选》卷二《寄冯纬川》）①

本来，王阳明以及王龙溪热心提倡良知说、寻求通过一念入微之工夫来拯

---

① "近世论学者，孰不訾宋儒为支离，然当时界限甚严，故士多笃行，世教有赖焉，乃今往往崇妙悟而畧躬行，就其所谈说，人人自以为颜子，即由赠弗屑也。夷考其行，乃或有大谬不然者，随使世之人得以议其隙，并槩其余，俗靡道衰，无甚于此时，其咎将谁诿哉。"（《文选》卷三《复邹南臯》）

救时弊，是因为他们看到世间的黑暗——功利性的世情渐渐熏染与渗透到人的心髓中，好名好货之习气顽固地潜伏于人心，假借粉饰、安逸因循、循于典要，终生沉溺于义袭而毫无自觉，希望能通过在一念独知之处做端本清源、默默改过、彻底扫荡、彻底解脱之工夫，尽扫纤翳，昭察万象。宋儒之支离受到严厉拒斥，是因为（宋儒之工夫论）容易成为功利之毒、安逸之情的避难所与意见窠臼之酝酿地的缘故。

张阳和曾自谓"功名一念已能忘机，不动心"，王龙溪斥之曰："何言之易易也（中略）吾子看得功名题目太浅，所以如此自信。"［译者按：王龙溪在批评张阳和并未真正看清克服追求功名之困难之前，举阳明为例，兹摘录如下："昔有乡老讥先师曰：阳明先生虽与世间讲道学，其实也只是功名之士。先师闻之，谓诸友曰：你道这老者是讥我？是称我？诸友笑曰：此直东家丘耳，何与于讥称？师曰：不然。昔人论士之所志大约有三：道德、功名、富贵。圣学不明，道德之风邈矣。志于功名者，富贵始不足以动其心。我今于世间讲学，固以道德设教，是与人同善不容已之心，我亦未能实有诸己，一念不谨，还有流入富贵时候。赖天之灵，一念自反，觉得早，反得力，未至堕落耳。世衰道丧，功利之毒浃于人之心髓，士鲜以豪杰自命。以世界论之，是千百年习染；以人身论之，是一生干当。古今人所见不同，大抵名浮而实下。古之所谓功名，今之道德；古之所谓富贵，今之功名。若今之所谓富贵，狗偷鼠窃，竞竞刀钻之利，比于乞墦穿窬，有仪秦所耻而不屑为者。其视一怒安居之气象，何如也？"］（《王龙溪集》卷五《天柱山房会语》）然而如今张阳和却对（阳明学对于）宋儒"支离"之批判轻轻带过，反而憧憬其"尚名检""多笃行"，以为此可以对治当世之"无忌惮""不品行"。当然，我们可以站在张阳和的角度来看问题，或许他认为对于"支离"的批判已经随着人们接受良知说而得到解决，当下更重要的是对良知说所酿成的弊端加以矫正。但是，就姚江学的精神而言，拒斥支离、成就自我之确立的良知，为了保持自身之正常性，除了依靠

"当下自反"的自我调节能力之外，别无他途，在"支离"的基础上建立的任何美德、善行，若就此披在自己身上，都是为良知之学所不容许的。更不要说这是以充满憧憬的感情将之接纳入内，则良知本身会引起质的变化，也将在所难免。如此，一方面保存了良知一心之精神，认为心外无理，另一方面又试图导入朱子学的典要格式，张阳和的上述两可折中之态度，与之相符合的安身之处，就是王阳明的《朱子晚年定论》（这也是在张阳和自己的解释的基础上）。张阳和曰：

> 世之号为朱学者，往往得其肤而未窥其髓，是以驰骛于考索，而不知吾心有不虑之知；拘泥于格式，而不知吾心有天然之则。斯岂善学考亭者哉！阳明先生首揭致良知之旨，以捄其弊，而当时骤闻之者，辄以其畔于考亭而攻之。惟阳明亦有不自安者，乃取考亭之书而检求之，咀其华，勾其玄，辑为晚年定论。自定论出，而后考亭之学，其精髓始透露于此，其拳拳于培本原，收放心，居然延平之家法也，而后考亭之学，始为质之濂洛而无疑，是阳明不唯不畔于考亭，抑亦有功于考亭者也。（《文选》卷四《朱子摘编序》）①

文中所谓"自定论出，而后考亭之学，其精髓始透露于此"的说法，不仅意味着对于朱子学在当时的再评价、再认识，与此同时再迈进一步，也含有"自定论出，而后阳明之学，其精髓始透露于此"的意味，亦即阳明学在当时得到再评价。"晚年定论"在发表当初就是问题极多的一本书，阳明自己也辩称此书乃是"不得已"（《传习录》卷中《答罗整庵》）而编纂，在张阳和这里，却被理解为阳明是为了填补"有不自安"之处

---

① 依照《朱子摘编》之序言所述，"朱子晚年定论"与"性理大全"所载考亭之诗（这被称为"定论之余响"）一并刊刻。又，《文选》卷四《岳麓同游记》中也提到《朱子晚年定论》。

而编辑成书，并成为成就朱王一体的自身之定论。作为"委曲调停"之手段而编纂"定论"，此意图之界限乃至作为权法之作用，王阳明也好，王龙溪也罢，从最初开始就都对此有明确自觉，张阳和却把"定论"看成是（阳明）思想的终结点。在这里我们也可以确认王龙溪与张阳和之间的偏差。

张阳和很喜欢引用程明道的《识仁篇》中的名句"识得仁体，以诚敬存之"，对此句之后的"不须防检，不须穷索"却截去不用。这恐怕与顾宪成的想法有相通之处吧：

> 今也于"不须防检，不须穷索"则悉意举扬，于"诚敬存之"则草草放过，若是者非半提而何？（《小心斋札记》卷七、六丁）[①]

故曰：

> 世儒以直悟本体为圣学要诀，而诚敬存之之功忽焉不讲，其亦异乎程门之训矣。（《文选》卷二、三十丁《寄冯纬川》）

对于张阳和的上述看法，提倡本体工夫一致论的杨复所进行了如下的反驳：

> 言本体而黜工夫，起（＝起元，复所之名）则安敢然哉。但谓吾人识得此体，便随时随处都是工夫，工夫虽做得万分细密，依旧还他一个本体，而我并不曾做着他一毫耳。即如程子云"识得仁体，以诚敬存之"，岂仁体之外，别有诚敬乎？（《杨复所集·证性篇》、卷下

---

① 邹南皋当时也指出人们往往遗漏"以诚敬存之"的事实（《愿学集》卷四"王塘南全集序"）。查毅斋曾忠告张阳和："明道诚敬存之，以意识卜度之心念承当。"（《阐道集》卷二"与张阳和修撰书"）其警戒之意识在当时的思想界中有很强烈的存在感，对此也必须加以注意。

《柬张阳老》[译者按：此处原文作"柬张阳和"，误，今改])

无论如何，从张阳和的慎重平稳、端正洁癖的良知论出发，给予良知的过激化、放纵化以借口的王龙溪的无善无恶论也罢，以良知为"范围三教之宗"的三教合一说也罢，都不会有生存的余地①。

那么，王龙溪与张阳和的上述立场之差异，在更具体的人性论、社会观中，又带来了怎样的见解上的隔阂？

四

张阳和在隆庆五年（1571年）辛未以第一名的成绩及第进士科，当时的主考官是张居正。翌年年幼的皇帝神宗即位，张居正在其深厚的信任之下，逐渐掌握了宫廷的权力，毁誉之波涛也波及身边，但张阳和并未特地阿谀其权势，也并未大胆上疏建言，只是冷静地眺望着时局之变迁②。

老师（张居正）自当国以来，可谓有敏断之才，沉几之智，其任事任怨，亦人所难使，更虚其心，宏其量，以容纳善言，培养元气，则昭代贤相，亦无以踰之。（《文选》卷二、三十五丁《寄傅慎所》）

---

① 参看《文选》卷二、二十一丁以及三十一丁（均出自《寄冯纬川》）。
② 王锡爵"张公墓志铭"（《国朝献征录》卷十九）曰："盖君之进也，出江陵门下。当其炎炎时，卑者蚁附，高者鹜鸣，而君不随不激，有以自守。"义，《两浙名贤录》卷四"张子荩"条曰："特操端介，绝不喜嫭妸事人，然坦焉蹢中庸之庭，亦不欲以奇行自见。"

此简明的话语中，有张阳和对于张居正扫除积弊、不顾世评、经纶天下的政治手腕之期待，同时也可以读出他对张居正的独断专行的淡淡的忧惧之情。张居正弹压言路，滥用权力，反对张居正的气运在万历三年前后就已经开始产生，但张阳和持慎重的看法，并未加入反对之阵营中。因为他担心，在现今阶段徒凭一己之意气用事，以激烈之言论痛快直接地加以攻击，只会诱发支配者的反击，招来堪比北宋朋党之祸的混乱。曰：

> 诚为宗社计，则今日论事，须先虚我之心，婉词以规之，庶几于君相有补，若攻讦大过，将来激成熙宁之祸，吾党乌得独辞其咎。明道之处荆公（王安石），固万世法程也。（同上）

又曰：

> 主上诚圣明，而尚在冲年，非可尽言之时，且今世路可谓清平，愿诸丈持之以慎重，出之以和平，毋为过激之论，以伤熙朝之大体。（同上、卷二《答徐孺东》[译者按：此处原文误作"答徐孺柬"，应为印刷错误，今改]）

"虚心""婉词""慎重""和平"等语，都表现出张阳和抑制谦逊的志向。（张居正）强大的独裁政治，在其掌握政权的初期，往往将其内部所包含的诸多矛盾纠葛隐藏起来，装扮成果断迅速的善政①，在万历初年，张阳和以为是"世路清平"，在王龙溪则以为值得相庆，"圣天子童蒙之吉，柔中临

---

① 《明史纪事本末》卷六十一"江陵柄政、万历五年十一月"条："张居正自矫饰，虽或任情，而英敏善断，中外群誉之，居正亦自负不世出。"

之于上，元老以刚中应之于下，刚柔相济，德业日彰"（《王龙溪集》卷十《与耿楚侗》），表现出平稳之外表。此平稳在希求继续平稳之推移时，首先要求的是处世态度与心术的"和平"。当时罗近溪就说，"天下太平非他，即人心和平之极"（《近溪集》续集、卷上、十八丁、明刊本），张阳和的想法也与之相似吧。"和平"并非"无事（事勿れ）主义"。"夫同乎流俗，合乎污世，似和平而非和平也。不易乎世，不成乎名，似非和平，实和平也。二者路头一差，其缪奚啻千里。弟之所惧，在违道，不在违俗。"（《文选》卷二《寄罗康洲》）如此的和平论，在独裁政治的弊端日益显著时，会采取怎样的社会姿态呢？

曾经被认为是"世路清平"的张居正之施政，结果不过是与儒家之仁政相去甚远的功利刑名之压力政治。"昔日之荆公（王安石）与今日之荆州（张居正），其平生所学者，管商之富强而已耳，申韩之刑名而已耳。"（同上、卷三《复查毅斋》）张居正轻视名教，万历五年十月，时值别居多年的父亲之死（九月十三日）他也不回乡服丧，引发所谓"夺情"事件之旋风。对此事件，张阳和称："当丁丑之冬，天常大裂，人心几死矣。赖诸君子毅然起而力维之。"（同上、卷三《复邹南皋》）此所谓"诸君子"中，最后奋起的是刚任官就招致廷杖八十、被逐出京师的邹南皋。因时局之艰难而返回故乡越州、耳闻此事的张阳和，"且泣且喜，谓世道不幸，而当此时犹幸而有此人也"（《文选》卷三、十一丁《复邹南皋》），此时的张阳和，应该是站在转折点上的——放弃一直以来作为信念的"和平"之路线，从心髓之微处彻底进行主客一如的反省，从良知根本源头上重新确立自我。是否因为滚滚沸腾的激情，"和平"也脱下了其春服，赤裸裸地朝向活泼的实践中去？事实并非如此。翌年，作为内馆之教习官而复职的张阳和，并未提出具体的社会改良之方策，也没有宣布振奋世道的进步性思想，而是作为内观习静的真挚的实践家，越发深入到"和平"的缜密之思索与体验中。因为在他看来，支配者的权力之滥用也好，以"激情"来加

189

以对抗的士大夫之反击也好，都只是会给世间造成激化混乱的恶性循环而已，那么要让这种混乱沉静下来的最好办法，就是使人心变为虚心、澄静、无我。

> 弟不自量，误以此身再入尘网，窃欲如释氏所云污泥中生莲花者，而实未能也。目前种种，直是浮云苍素，何足较量。来谕谓"正人必先自治"，此一言以蔽之矣。吾辈今日所当亟图者，亦唯反之身心，日涤月洗，务使此中澄然无所染着，屹然不可动摇，而后他日足以应天下之事。不然，则人之议我，与我之议人，相去几何。"虚"之一言，乃自治之要机，凡外有所系，内有所执者，皆虚之障也。古来豪杰聪明自负者不少，而卒至于酿祸当时，取讥后世，其病每由于此，安可不惧耶。（同上、卷三《寄赵定宇》）

在正人之前先正自己，或者为了期待他日之应用而在今日努力做到澄然无执，这样的做法当然也有适合时宜的时候，但从经世之场中退出，将自/他、内/外加以区分，将问题之解决延伸到以后的做法，难道不会让从生民之疾痛苦难中产生出来的与他人休戚相关、浑然一体的良知的生生不已之真机弱化吗？张阳和所主张的心髓精微处之工夫，是否并不作为王阳明所设定的社会病理学式治疗法，而仅仅是以自己之心为镜子而返照检查是否存在蔓延之病菌的技术？良知论确实具有"信念伦理"的严厉性，但与此同时，也具有"责任伦理"的彻底性。

> 吾辈今日所可自尽，唯修己以俟时，随所遇之大小以求利济于物而已，若以伤时愤世之念，横于胸中，即属有我，出之必不足于和平，即非圣门。（同上、卷二《寄周继实》）

张阳和这样说，很显然是倾向于前者（信念伦理）。"不欲为过高骇俗之行"的告白（同上）以及"素位安分"的讨论（《文选》卷三《寄周二鲁》）等，都是张阳和的上述志向的表现。若将当时所有提倡"顿悟""激情"之人都归为"责任伦理"之实践家，那显然是错误的，但至少我们不得不承认，主张"和平""渐修"的张阳和之立场，并未站在改变时代的最前列，也缺乏提出具有独创性的社会改良之方法的意欲①。

万历七年正月，张居正以"吾所恶者，恶紫之夺朱也，莠之乱苗也，郑声之乱雅也，作伪之乱学也"的名义，试图捣毁天下之书院。而且依据他自己的说法，这是在"信心任真，求本元之一念"的信念下进行的。伴随新法之颁布②，白鹿洞不得不废除书院而换上祠的匾额，当时到白鹿洞的张阳和对于书院被废除深表不满："（书院）即未能无弊，乃其利为多矣，是何可废也。"（《文选》卷四《游白鹿洞记》）与张阳和的家乡相去不远的稽山书院，是为了纪念在浙东的朱子之伟业而创立，历史悠久，却也遭遇废止之命运，张阳和多方奔走，也不能改变书院变成祠的结果，而只能勉强使书院之旧态得以保存（同上、卷三《答傅太守》，卷四《修复朱文公祠记》）。在当时，对于张阳和与王龙溪而言共同关心的问题是杭州城南十里

---

① 张阳和下面这段自得之论，同样停留在强调严格磨练心志的程度，并未显示出积极解决"外境"之矛盾的意图："先儒每令学者寻仲尼颜子乐处。咦！此乐不在仲尼颜子，而时时在我，学不至于好且乐，则苦难而欲止，今欲寻乐，岂待外求哉。诚于心髓入微处洗涤磨练，黜一切外驰之念，令心地常虚明常，好恶不作，人我顿忘。至于外境之顺逆好丑，任其去来，而我无动摇，则日用之间，一言一行，自然发而中节，动合古人，无事模拟而自无谬戾，此所谓无入而不自得也。试以此窥仲尼颜子之乐，其与我有异乎无邪。"（《文选》卷二《答田文学》）当然，在张阳和作为士大夫既不越出常轨，也会尽经世家之责任。例如乡党之前辈徐文长被投入监狱的时候，张阳和为其释放竭尽所能，便是如此。但像徐文长这样高傲奇辟的才子，厌恶为礼法所拘，其与张阳和之间的交情之疏远也是在所难免的（陶望龄撰"徐文长传"以及《万历野获编》卷二十三"徐文长"条）又，徐仑著《徐文长》（上海人民出版社，1962年）第119—199页中有多处涉及徐文长与张阳和一族之间的来往。

② 朱东润著《张居正大传》第十二章、第308页。

的天真山中、依照王阳明之遗意而创设的天真书院之存废①。此"阳明先生倡道之所",乃"不费一官钱"、全由各地的学人与士大夫自发筹集资金而创建,"每岁春秋之祭,四方衣冠辐辏,彬彬甚盛。"(同上、卷三、《与范按院》)

对此书院之存留,在野的王龙溪屡屡嘱托为官的张阳和奔走斡旋,可以说是理所当然的,张阳和也按照王龙溪之嘱托向政府加以进言。然而一方面是许敬庵等同辈的告诫,另一方面是相信书院有可能保留的坊间传言,在光阴荏苒之中,最后经该地方的抚按之手,书院被毁废,王阳明之遗像也被埋没在荆棘之中②。

对此,张阳和曾写下自我辩解之书寄给王龙溪:

> 今则祠已毁矣,产(书院所有之土地)已佃矣。夫听其毁之佃之者,抚按也,彼意专有所承,翁(王龙溪)来书乃欲抚按访挐毁佃之

---

① 关于天真书院,参看《王文成公全书·阳明年谱》"嘉靖九年"条。又,全书卷二十有题为"德洪、汝中方卜书院,盛称天真之奇,并寄及之"的诗,王龙溪撰写的《钱绪山行状》(《王龙溪集》卷二十)中也有提及。从王阳明门人黄绾所写的下面这段话中可以看出,天真书院对于王阳明的门人而言就是缅怀先师的圣地:"浙江之上,龙山之麓,有曰天真书院,立祠阳明先生者也。盖先生尝游于斯,既没,故于斯创精舍,讲先生之学,以明先生之道(中略)书院始于先生门人行人薛侃,进士钱德洪、王畿,合同志之资为之。继而门人金事王臣、主事薛侨,有事于浙,又增治之,始买田七十余亩。蒸尝辑理,岁病不给。侍御张君按浙,乃跻书院而叹曰,'先生之学,论可性善。先生之功,在于社稷。皆所宜祀,矧覆泽兹土尤甚,恶可忽哉!'乃属提学金事徐君阶,命绍兴推官陈让,以会稽废寺田八十余亩为庄,属之书院。又出法台赎金三百两,命杭州推官罗大用及钱塘知县王鈙买宋人所为龟畴田九十余亩以益之。于是需足人聚,风声益树,而道化行矣。昔宋因书院而为学校,今于学校之外复立书院,盖久常特新之意与?予尝登兹山,坐幽岩,步危磴,俯江流之洞淅,引苍渤之冥茫,北览西湖,南目禹穴,云树苍苍,晴岚窅窅,于是怆然而悲,悄然而感,恍见先生之如在而能不忘也。"(《久庵文选》卷八《天真书院田记》)

② 依据陶望龄的记载,天真书院在万历十二年复兴,到万历三十五年的时候基本恢复原貌(《歇庵集》卷六《重修勋贤祠碑记》)。对当时的光景,袁中郎的诗有相当形象的描绘(《袁中郎诗集》):

天真书院阳明讲学处
百尺颓墙在,三千旧事闻。
野花粘壁粉,山鸟煽炉温。
江亦学之字,田犹画卦文。
儿孙空满眼,谁与荐荒芹。

人而究治之，仍以产复归本姓，是犹驾舟而上千仞之巅，虽有羿氏之勇，其将能乎。且天下事未有不需之已耳（中略）某诚不敏，顷误入畏途，仅仅自守不失其身而已。既非可为而不为责之，岂其然乎。盖翁向处山林，久与世隔，不知市朝之态，朝夕万状，无怪乎云云也。且桑田沧海，不可逆料昔。本无而忽有今也，当与而忽废，又安知他日废而不复兴乎。特需之已耳。文成学术接周孔，勋业盖天地，他日从祀建祠，定应有时，只今焦劳，竟亦何益。嗟乎！嗟乎！大厦非一木所支也，兴言及此，可为大息。（《文选》卷三《复王龙溪翁》）①

他希望官方加以特别关注的天真书院之留存，结果到底是不可能，抑或是张阳和觉察到了时局之动向，皆未可知，但张阳和"大厦非一木所支也"的说法，暗示了他从一开始就采取了"退养"的姿态，言辞中对于在野甚久的恩师不谙时局颇有怜悯之意，在这当中，我们很难看到"虽万欲腾沸之中，若肯反诸一念良知，其真是真非炯然未尝不明"（《王龙溪集》卷九《答茅治乡》）所体现出的本心的勃勃生机，以及对不屈服于现实的韧劲（しぶとい粘着力）。张阳和所期待的只是"明日"，是"兴废之循环"，是"阳明之从祀"。为了让天运之循环走上正轨，张阳和既没有亲手使历史之潮流向前推进，也没有阻挡逆流的意思。否，在当时的形势下，高谈阔论乃至激烈言辞（在他看来）不仅是不会让不可能成为可能的愚昧，而且是拘泥于我执与空理，是蔑视礼法的径超无实之辈，对此必须加以拒斥。如果作为实践态度的"径超"与时事批判的"激辞"被放在一起，那么作为

①　当时查毅斋也写了附和张阳和的书简寄给王龙溪，曰："独天真事未如意，每书欲阳和为处，不知此中无机可乘，渠虽心切，亦无所用其力也。此乃阳明先生注意道场，知不能忘情，但物之兴废，亦自有数，俟之可也。达摩西来，原未有道场，止得一神光（二祖慧可），至今精神遍满世界。老师今所切者，惟在得人付托，使阳明先生此脉不坠，即天真可缓也。"（《阐道集》卷二[译者按：原文作"卷八"，误，今改]《再上龙溪师书》）

实践态度的"渐修"就与旁观时局的"和平"相关联。从以"径超"者为"重妙悟而略躬行"之辈而加以批判的张阳和的视角来看，应当是预想着上述两种对应关系。这两派都是顺良知论之潮流而产生，而忠实于传统的名分论的后者，很容易找到通向朱子学的道路，这也是不言而喻的。张阳和在朱王一体之处，找到自己的安身之处，也是可以理解的。但当他以"非可为之时，非可得之地"作为逃避王龙溪责难之借口的时候，是否有想过，其主张和平之理论会削弱"责任伦理"之支柱呢？依据王宗沐之记载，王龙溪在晚年对于书院毁废、讲学禁止，感到"志孤"，"拂郁不自得以没"（《龙溪王先生集序》）。对于王龙溪来说，学问之弹压绝非可以等到"明日"之课题①。

万历十年，张居正因病卧床，举朝之人大多奔走于醮事②，张阳和虽然是其门生，却并未加入（《明儒学案》卷十五）。这大概是因为张阳和对于卑淫之佛事的拒斥，以及对张居正本人乃至其施政的强烈不满吧。在此确实可以看出其汲取了泾渭分明的宋儒之精神。黄宗羲所言"先生谈文成之学，而究竟不出于朱子"，可以说是以宋学之规矩意识鲜明地勾勒出张阳和的见识之特色。东林党的顾宪成言：

> 张阳和太史孜孜好善，自其天性。其于世故，又尽留心，假令得
> 政，当有可观。（《小心斋札记》卷四、四丁）

---

① 当时与王龙溪相比、保持比较稳健的思想立场的耿天台都觉得，张居正打压讲学的政策会引起世道人心之危机，希望能改变张居正之施策。在此仅引用其结论部分："夫不誉口说，而神明默成，不树徒党而气声求，上臻安富尊荣之效，下成孝弟忠信之风，此则相君（张居正）讲学之本指也。何尝禁厌讲学哉！今使相君而蒙此名于天下，使天下而有此风，此区区所欲裂腹剖心，一明之而无从者也。夫使相君而素未知学，即知学而未遂，犹可言也。相君之学之邃，谅门下凤契之矣。今欲破此承讹，使同志士胥，明相君讲学本指如是，又得相君间为提掇，一明此意指于天下，使天下学术，晓然咸归宗孔孟血脉，而不至于多岐虚浮，是挽回人心世道一大机也。计非门下，不能任此重，乃狂瞽惟门下留意焉。"（《天台全书》卷六"与张阳和"三首之第一首）

② 参看《二十二史札记》卷二十五。

这多半是源于朱子学路线的共感吧①②。

五

　　本体层面的超越时间的理之顿悟，与作用层面的时间的事之渐修，一般而言在顿悟渐修论者中有分开进行的倾向，张阳和也是如此，因而其所设想的本心之存在样态也就很难避免双重构造。原本，这是在向上位的分别，在究竟位上不用说应当是内外寂感无间隔的浑然一体之心。

　　　　万物皆备于我，非心外有理也。孔孟之学，但曰"正心"，曰"存心"，正则理无不正，心存则理无不存，千古圣贤，何曾于心外加得一毫。(《文选》卷三《答吕新吾》)（又参看卷二、二十九丁《寄冯纬川》）

作为"存心"之工夫，张阳和从王龙溪那里学到的是"翕聚"。尤其是如王龙溪在对罗念庵的批判中所言，天机之神应本不需等待收摄保聚而后有(《王龙溪集》卷八《致知难易解》)。然而张阳和却说：

---

　　①　张伯行《正谊堂全书》中收录张阳和集（《不二斋文选》的节略本），也是如此吧。故意销毁张阳和与王龙溪之关系，是此节略的一个特色。例如本文所引用的张阳和写给王龙溪的书信当然被删除，卷首的邹元标撰《张阳和文选序》中叙述与王龙溪之密切关系的一百三十五字也被全数删除。

　　②　张居正在万历十年六月去世，两年以后，其家族遭遇籍没之惨祸。对此，张阳和发表了如下感想："江陵公平日自是自私，倚信群晓，结怨缙绅，致犹今日之祸，固其自取。然至于籍其家，辱其母，杀其子弟，则太甚矣。十年翊赞之劳，岂容尽泯。即如筹边一事，十余年西北晏然，谁则主之。此其罪与功亦应少准，而一旦斩艾之若此，于国家元气，得无少损乎？"(《文选》卷三、二十丁《答邹南皋》)

龙溪公时相接，亦深以翕聚之语为学者首务。盖此段工夫，本无间于动静。（《文选》卷二《寄张洪阳》）

又曰：

夫心无动静，而存心之功，未有不自静中得之者。初学之士，未能于静中得其把柄，遂欲以其憧憧扰扰之私，而妄意于动静合一之妙，辟之驾无柁之舟，以浮江汉，犯波涛，其不至于覆且溺者，鲜矣。（同上）

认为存心之工夫应当在当下之静中加以体认，"随时之节省"是依托渐修之工夫。他在云门山中修习静业，其原因之一也是为此。另一方面，在动态的事行之方面的工夫，张阳和则主张从"几"上省察善恶：

几，一而已矣。自圣人言则为神化之几，自吾人言则为善恶之几，其实非有二也。作圣之功，则必由粗以入精，由可知以进于不可知，而知几之学毕矣。（同上、卷二、二十六丁《寄冯纬川》）

自下学立志之始，以至于无声无臭之妙，其几一也。研几之功，自察善恶始，善必充，恶必克，久而至于忘，则几非在我，与天地合其德，与鬼神合其吉凶矣。（卷二、二十四丁《寄冯纬川》）

知"几"之学，其究极是渐修与顿悟的毫无缝隙的结合，渐修完全被顿悟所吸收，事理无碍、动静一如，乃至于"几"亦忘矣。但若如此，为何必须要确立"存心"之功与"研几"之学这两种手段呢？这是因为人之存在有理亦有气，有（气之）清浊邪正、善恶分化，人与禽兽相异者几希，若不存理义之心，则去禽兽不远。然而，世间却有人以"知觉"为"良知"，以良知为善恶不分，这将使人性与物性相混淆。良知是有善无恶之物，不可言无善无恶（卷二、二十二丁《寄冯纬川》）。本来，人心之所欲需要在事先加以预防，禁之于未发之时，然后才可以说是"不犯手之工夫"，然而这不能随意放在嘴上说。所谓此心即是天理，是指人心在未动之时，本来无欲，一旦有所萌动，"天理"与"人欲"即为两判，此即是尧舜危微之训［译者按：即所谓"虞廷十六字"："人心惟危，道心惟微，惟精惟一，允执厥中。"］（同上、二十四丁）

张阳和的上述观点，给人以仿佛在听朱子学之训诫的印象。张阳和所担心的是，如果以良知为无善无恶，放任此说之流行，则可能导致在具体的事物之判断上放纵无忌惮的结果，然而，如果在最初就不完全信任作为未发之中的良知，在退一步两步的地点设置工夫之主战场，再将其成果带入到良知的本分之中，这难道不会有损于十方无碍的良知之本质，而依托与受制于后天之模拟典要吗？这已经不是王阳明传授给王龙溪的"良知不分已发未发，所谓无前后内外，浑然一体者也"（《王龙溪集》卷三《九答聂双江》之第一书）的良知无分别的性格了。王龙溪言：

> 此几之前，更无收敛，此几之后，更无发散。盖常体不易，即所以为收敛，寂而感也；应变无穷，即所以为发散，感而寂也。恒寂恒感，造化之所以恒久而不已。若此几之前，更加收敛，即滞，谓之沉空；此几之后，更加发散，即流，谓之溺境。沉与溺，虽所趋不同，其为未得生几，则一而已。（《王龙溪集》卷三《周潭汪子晤言》）

如此看来，区分体/用、已发/未发，将"研几"之工夫与"存心"错开的张阳和之主张，是有落入"沉空"或者"溺境"之弊端的危险的。黄宗羲就批评道："察识善几、恶几是照也，非良知之本体也"（《明儒学案》卷十五），不得不承认，此说是很有道理的。

依据"秋游记"(《文选》卷四），在某个禅堂中，以王龙溪为中心的士人在进行学问之交谈，王龙溪言："良知无是无非，良知知是知非，儒镜之于物，镜体本空，而妍媸自无不照。若以照为明，何异执指为月。"张阳和当时虽"与康洲子亦无所逆"，却还是提出了疑问：

> 但平生窃疑，世儒口口说悟，乃其作用处殊，似未悟者。悟与修分两途，终未能解。（《文选》卷四、二十三丁）

依照"修"来规范"悟"的张阳和之意图，可以说是非常明显的。对此，王龙溪大胆地提及"狂者"，将"悟"中的不容已而发动的非"修"之物视为有所掩饰、有所窝藏之物而加以拒斥：

> 翁曰：狂者志大而行不掩，乃是直心而动，无所掩饰，无所窝藏，时时有过可改，此是入圣真路头。世人总说修持，终有掩饰窝藏意思在，此去圣学路径，何啻千里。且如齐宣王既好货，又好色好斗，自世人观之，将目为无赖。孟子独惓惓不忍舍去，何哉。只是他肯信口直陈己病，无一毫掩藏。即此一念充拓，便是改过不吝。故曰：王犹足用为善。（同上）①

从常识性的伦理观来看，连基本的教养与学识都不具备的所谓"无赖"之中，要断定其有成圣之可能性、超越口称"修持"之人，这只会让人联想到禅门所谓"屠儿立地成佛"。不拘泥于典要与格套的王龙溪的良知现成论，若走错一步就有流入放纵无忌惮之流的危险，这是因为他不以既成之

---

① 关于"秋游记"，参看《邓文洁公佚稿》卷四《秋游记》。又，耿天台对此颇有微词："曩读邓张二君游记，郎其雅致英标，诚斯道所属，心切倾服，顾其学脉，尚可商量。时龙溪所论，已失本宗。"（《天台全书》卷六《与吴伯恒》)

道德律为评价基准，而是将重点放在满盘托出的赤裸裸之人性上。虽然这未必意味着明确地自觉到政治上的自由意识，但支撑国家、社会、家族的传统意识构造显然很难容忍自己被个人的自由意志任意变形改造。站在常识性伦理观、社会观立场上，视自我的无规范之扩张为"无赖""放纵"是在所难免，对于不符合现实社会结构的实践之企图，也会认为是流于"虚寂""佛老"。王龙溪屡屡被指责为实践性淡薄，而张阳和总体来说得到重视实践之褒扬，其理由就在于此。

由此看来，前面所述的张阳和所主张的"于几上察善恶"，是左右"悟"之本质的重要方法。关于保养生机的工夫，为宋代以来的儒家所关注，而或许是因为地理条件之关系，张阳和通过孤山禅僧云栖袾宏学了很多话头禅的机锋。宋代盛行的话头禅之风格，毋宁说与王龙溪有相近之处，而与张阳和稍远，但云栖袾宏此人是被誉为"守三条椽下，不出跬步""大抵莲老一派主于静默，惟修净土者遵之"（《万历野获编》卷二十七《禅林诸名宿》）的温和平实的顿悟渐修派[①]，其大体倾向与张阳和有相契合之处。那么云栖袾宏是如何教导士大夫的呢？《王龙溪集》卷七《与浦庵会语》记录了在云栖袾宏之丈室中，其与王龙溪、张阳和等几人的相会以及交谈[②]，云栖袾宏云"须察念头起处"，此"察"是"察即观也"（观自性之观）之意，"察念始不落空。不然，当成枯寂"。

那么问题就在于，"察念"之方法是不离于"念"的，正如用污秽之水洗涤污秽之器具一样，如此的方法有如下的危险：在意根上重复恶性循环，忘却了以智慧来观照自性的本原之工夫。所以云栖袾宏所言"须察念头起处"，必须是在性相体用一体观层面上的"察即观也"。而且袾宏之示教要

199

---

① 参看拙稿"真心をめぐる儒佛の对立"（《九州中国学学报》第七卷）第三节。
② 云栖袾宏的《山房杂录》卷二，在本文注释（7）引用的酬答张阳和之诗以外，还收录了《与浦庵夜话用前韵寄王龙溪武部》《与浦庵示禅者兼寄张太史阳和》两首诗。前者的第五句有"静力偏从忙里得"，可见云栖对龙溪的立场是十分清楚的。即便云栖最终并未满足于良知说。

求"不取向上之玄谈，唯取做工夫吃紧处"(《禅关策进》卷一)，这也与张阳和的想法有相合之处。云栖祩宏所信奉的功过格以及净土思想，张阳和并未有所触动，但顿悟渐修之论调应该是使两者达成共识的基础。要证明这一点，在现存的张阳和之文集中很难找到根据，但在许敬庵写给张阳和的书信中，我们可以看到张阳和的体验之深处所投影的莲池之法光[1]。

龙溪先生之言，爽快而圆融，混儒佛而为其说，从来久矣。莲池和尚之言，雄辩明哲。其止观之源委，自是禅家本等学问。皆以不可论。独吾兄今日诚有志圣贤中正之学，宇宙之间为担负纲常，维持世教，岂可为依傍见解之语哉？既云省缘息虑，收摄归一，而又云，必用照察之力以参究之。既云疑情顿释，心境朗然，而又云，此段工夫虽尚未免于犹着意，正曹溪观照自性之旨，但不可只察念，而又云，察念诚初学事，若照察本来，岂但初学之众可为。玩兄之微意，盖仅为莲池，分疏其以照察为观之说，而又恐以察念为意，反复辨明而已。(《敬和堂集》卷五《简张阳和兄》〔译者按：《敬和堂集》版本极其复杂，译者查阅了内阁文库万历二十二年刊八册十三卷《敬和堂集》，当中确实有"简张阳和年兄"，但其中并未提及此事，很可能是作者在其他善本中找到此资料，在此只能根据日文训读进行大致翻译，还望读者见谅〕)

---

① 从作为"与浦庵会语"的列席者之一王泗源那里得知详情的邓定宇，在写给张阳和的书信中，提出作为观察者的批评，信的末尾是一段忠告："弟又有说：丈平日崇正诎异，耻作禅语，以为谕道而借词焉者，是助之辨也。弟深以兄为先得我心之同。今读来教，一则曰本来，一则曰金针，岂俗所谓导人早行而自犯暮耶。"(《邓文洁公佚稿》卷七《答张阳和》)当然，邓定宇自己也使用佛语，例如"言净名经，生火中莲花，此则为希有"(同上、卷七《与陈玉垒相公》)，"道高一尺，魔高一丈"(同上、卷八《与王荆石相公》)。在《秋游记》中，甚至有王龙溪曾问他"近况如何""予谬为禅语以对，翁大笑，以予为狂"的场面。

张阳和所关心的,许敬庵看得非常清楚。尤其是许敬庵所诘问的"几"与"察"之问题,这或许是由于云栖袾宏之影响,抑或是由王龙溪或者其他周边的人之感化,但在此无法确定上述猜测。如前所述,张阳和应该并未完全被云栖袾宏之思想所笼罩,所以像许敬庵批评张阳和是"一人之身,忽焉归儒"(《敬和堂集》同上),作为儒家而毫无节操与定见的说法,未必妥当。从这种倾向中拯救张阳和的,也还是朱子学之教养吧。如此,怎样将"存心"与"研几"、阳明学与朱子学、顿悟与渐修、理与事进行紧密一体化,使优游超脱之忘机与念念无间之提撕塑造为调和的心象,是张阳和最关心的事情。他将山房起名为"不二斋",其志向应当是很深远的。"不二"本来是作为伊尹之一德(《尚书》),但如王龙溪所言,这又可以让人联想到《维摩经》的不二法门(《王龙溪集》卷十七《不二斋说》)①。张阳和并非以维摩来自我标榜,也不是企图融合儒佛,在超越一切有为的教宗之藩篱而变动周流的最上乘之道中,若深入沉潜,天机就会不管人的意识,自然泄漏出来。这是明代中后期的主流看法。若在此通过自我异化而希望保持自身之纯洁性,则越如此生命就会越郁结,缺乏引导时代的魄力也就在所难免。良知现成论在张阳和这里经历了很大的折射,而其回返之力也愈加浓密与确实,其对于佛教素材之挑选也引人关注。反过来说,采取超俗之姿态的佛教,随处可见其与时代的交叉接触点,由此可知其发言意欲之旺盛。一边高唱着纲常之维护,一边时而在佛教思想中寻求磨练内心的素材的存在之依据,便是明证。如此,张阳和的顿悟渐修论在具有王龙溪思想的修正主义的意味的同时,也可以看作儒佛折中的时代思潮之产物。其思想之规模未必广大,但话说回来,一个人作为思想家、实践家,又作为经世之人才,被世人所承认,这是因为他不追溯固有之教宗、苦心寻求其自己所

---

① 云栖袾宏题为"张太史构山房见留,再用前韵奉谢"(《山房杂录》卷二)之诗的第七句中也有"青山且辟维摩室"的句子。

固有的主体性之确立而得到精进的缘故吧。如前面提到的许敬庵和顾宪成等人所言，张阳和在其经世济民之才能未得到充分发挥的情况下就去世了，当时孟云浦曾感慨地写道：

> （孟）我疆、（张）阳和二先生，相继沦化，斯文斯世之伤，可尽言乎？（《孟云浦集》卷二《答吕新吾》第一书）

依据《万历野获编》（卷十六《己丑词林》），海内对于张阳和、邓定宇等抱着等待天降甘露般的期待，但他们实际操持政务，结果却是被逆境所压倒。对于过于激化的万历政界，像张阳和这样的人间观以及处世观，实在是过于谨慎而带有洁癖，或许能够看透此中的复杂诡谲之动向吧。确实，上述看法也不是没有道理。但是张阳和的思想立场本身，如前所述，就缺乏穿透时代潮流的魄力与预见力，即便他能担任枢要之职，恐怕也很难推出特别的新政。

第八章

周海门的思想

一、周海门与王龙溪

周海门（1547—1629）的后学陶石篑，在《海门文集序》（《歇庵集》卷三）中，曾对"王阳明—王龙溪—周海门"的浙东阳明学之系谱做了如下叙述：

> 自阳明先生盛言理学，雷声电舌，雨云嘘施，以着为文词之用。龙溪绍厥统，沛乎江河之既汇，于是天下闻二先生遗风，读其书者若饥得饱，热得濯，病得汗，鲜盖不独道术至是大明，而言语文字足以妙乎一世。明兴二百年，其较然可耀前代，传来兹者，惟是而已（中略）海门子，少闻道龙溪之门，晚而有诣焉。自信力，故尊其师说也益坚。其契也亲，故词不饰而甚辩。四方从游者皆曰：先生，今龙溪也。①

所谓"少闻道龙溪之门，晚而有诣"，周海门曾自述这段经过：隆庆四年（时王龙溪七十三岁，周海门二十四岁），剡县（绍兴）的邑令请王龙溪来讲学，我也和诸生一起去听讲，但却没有完全领会王龙溪所讲的内容。我任官（万历五年）之后重新再看龙溪会语，发现一字一句都与自己相契，由此萌发了皈依王龙溪的念头，但此时王龙溪已经去世了（王龙溪于万历十一年卒）。所以周海门与王龙溪的关系就是"及门而未受业，受业而非及

205

---

① 参看《刘子全书》卷二十三《祭周海门先生》。

门矣。"(《东越证学录》①卷五，五十丁)

周海门虽然列席王龙溪之会讲，但没有理解其内容，是因为在周海门内心还没有形成可以接受王龙溪思想的基础吧，不过似乎他也没有什么抵触的感觉，所以直到后来理会王龙溪的思想，也应该没有经历太多的挫折。不过值得注意的是，周海门崇拜的先哲还有罗近溪。黄梨洲《明儒学案》（卷三十六）载："近溪尝以《法苑珠林》示先生，先生览一二页，欲有所言，近溪止之，令且看去。先生竦然若鞭背。故先生供近溪像，节日必祭，事之终身。"②梨洲的记述不知何据，恐怕是当时的逸话，以及周海门身边有杨复所、焦澹园、管东溟等泰州学派的代表人物在的缘故③，所以梨洲将周海门也放入《泰州学案》。王龙溪与近溪在思想上存在相似性，这是当时的学界同志之共识，那么周海门的思想谱系究竟应该放在哪一边才更恰当呢？对此问题的解答，可以提供参考的是周海门自己比较王龙溪与近溪学问的话：

> 问：龙溪子与近溪子语录如何？先生曰：龙溪子之语，上中下根俱接得着。近溪子之语，须上根方能领略，中下根人辏泊不易。（《证学录》卷一，二十四丁）

这段评价完全颠倒了世人对二溪的评价，非常值得注意。因为如《传习录》（卷下）以及其他资料所显示，王阳明在其晚年天泉桥的教示中，认为王龙溪的无善无恶说只能"接利根人"，另一方面，近溪虽然受到王龙溪的影响，但对王龙溪思想可能导致"从有入无"的荡越之弊非常警惕，在思想上寻求"从无出有"式的穷乡僻壤之愚妇都能知晓的孝弟慈之原理。周海门对二人的看法又为何会如此呢？这是因为虽然通常王龙溪的思想非常高

---

① 日本尊经阁文库藏，万历乙巳序刊本。以下本文在引用时简称《证学录》。

② 《明史》卷二八三《王畿传》也说"汝芳（近溪）传杨起元（复所）、周汝登（海门）"。

③ 参看拙稿《罗近溪的思想》（本书所收）。以下论及罗近溪的地方也同样如此。

深莫测，但却是建立在人类存在的基本原理之上，而罗近溪思想中看似通俗的思想架构，必须要通过此原理的映射才能被真正理解的缘故吧。也就是说，王龙溪思想非常明晰地指示了万人都可以走的大道，而罗近溪思想有某种表现上的技巧，若没有相当的本领则很难把握其真意。所以"近溪子之语，须上根方能领略"，这并不是说罗近溪就比王龙溪更高妙（这一点与在天泉桥上的阳明所给出的王龙溪与钱绪山的对比关系是不同的），而是指出二者在表达方式上的隐显曲直之不同罢了①。

周海门所编纂的思想史《圣学宗传》（同书，卷十四）"王龙溪"条末尾引用了李卓吾撰写的《龙溪先生文录抄序》以及《告文》② 概要，在《告文》中，对于世俗之误解，李卓吾为王龙溪进行辩护：

> 先生以行示天下，而学者每惊疑其所行，以为先生之不妙若斯也，而不知其精神也，是先生之所重也。

这部分与"文录抄序"下面这节彼此对照，即可看出李卓吾的龙溪观是非常明确的：

> 先生少壮至老，一味和柔，大同无我，无新奇可喜之行，故俗士亦多不悦先生之为人，而又肯读先生之书乎？

提起王龙溪，人们往往会把他指为使得良知说狂荡化、奇矫化的罪魁祸首，

---

① 如下文所述，周海门认为天泉桥上的阳明未必真正表达了自己的本意，所以对将龙溪的四无说视为"接利根人"的阳明的发言并不赞同，曰："文成倡道于晦翁之后，有揭掀旋转之功。人之耳目，积习难移，故《传习录》中语带方便向上一机。偶拈示于天泉桥上，而未尽托出，时节使之然也。"（《圣学宗传》卷十五"邹守益"条）

② 均出自《焚书》卷三。

而在这里，卓吾却把王龙溪之所以不受士人欢迎的原因归结为"无新奇可喜之行"。亦即是说，在卓吾看来，王龙溪之所论是毫无新奇可喜的平常道，这种理解也可为周海门的龙溪观之佐证吧。

周海门喜欢引用的近溪之示教"此捧茶童子却是道也"，是几乎与禅学相隔毫厘的激烈之言①。近溪思想中的最鲜明特色，亦即将高皇帝六谕向民间社会进行普及推广这一点几乎没有受到重视②，周海门将重点完全放在罗近溪与王龙溪相当的良知现成态的当下之发挥上面。

由以上可知，王龙溪才是周海门的师表，近溪算是旁座，周海门被称为"今之龙溪"也是可以理解的③。在此再次引用陶石篑的话来结束本节的讨论：

> 越自龙溪先生既没，微言将陨，赖海门丈复起而续之，其行义爵然尤足，以重道而信于世。故云从之徒，或不及往日，而疑谤亦复寡矣。（《歇庵集》卷十六《与萧若拙广文》[译者按：原文作"卷十五"，然而查日本内阁文库藏《歇庵集》七册十六卷本，应为卷十六所收录]）

二、无善无恶论的提倡

众所周知，王龙溪多年经营的讲学游说，对听讲者的动员可谓所向披

---

① 《证学录》卷五、二十五丁以及三十四丁，又《圣学宗传》卷十八"罗汝芳"条也曾引用。这句话是指出无心将茶端到讲会之座席上的童子身上有毫无黏滞的戒慎恐惧之姿态。

② 不过，《证学录》卷九《题明亲社规》推举六谕之实践："故惟体此六谕，则彻下彻上，为佛为儒，无余事矣"，但这应当不是周海门的思想核心部分。

③ 黄梨洲将周海门列入《泰州学案》，并非全无缘由，但由上述考察可知，列入浙中王门学案才更恰当。又，关于周海门对王龙溪的思慕之情，可参看《证学录》卷六《刻王龙溪先生集序》、卷十七《登龙溪师讲楼》等。

靡，同时其"良知现成论""无善无恶论"所带来的无约束、无规范的自由的感觉，也使得一部分人感到不安，他们试图对此进行修正来达成某种稳健化，这种动向在其有力的门人（例如张阳和）中间就已经产生了。由现存的文献来进行追踪考察的话，"无善无恶论"在阳明思想中是否处于中心地位，其内容之检讨是否已经充分，都是不无疑问的，由以上理由，甚至出现了认为无善无恶说乃是王龙溪的独断之创造的说法（刘念台、黄梨洲等），然而在被称为"良知现在之一念"的绝对现在赌上一切，不依赖于任何东西，也不执着于任何东西，让本心之全体完全如是发挥，对于这样的阳明学而言，无善无恶说瞄准的是要把本心/良知从预先被设定为价值标准或者变成某种共谋的惰性中解放出来，是可以非常恰当地表明良知说之本质的标语。

提起无善无恶论，人们很容易将其理解为抹消善恶之分别、流于恣意放纵的借口而已，然而王龙溪恐怕已经领会到阳明的"拔本塞源论"之真意，以端本澄源之工夫来对治慢性化的功利流毒之渗透，并控诉义袭之窃臼所带来的道德颓废，所以无善无恶论是要将已经陷入既成的价值标准、行动准则（所谓"典要""格式"）的重重罗网，而无法自拔的人心从危机中拯救出来、从根本之骨骼上进行再造而打出的激烈的人间变革之口号。作为社会之遗产而得到传承的典要、格式，对其只要认真地遵守便是道德实践，也是规范性之人格，可以成为保持社会安宁的安全阀——这样的想法不过是虚伪的道德感觉而已，在其看似方正的行为的背后隐藏了欺瞒、狡智、虚饰、阴险，这一切道德的、社会的伪装，试图将人类驱赶到妄自尊大并无休止的自欺的境地，"无善无恶论"就是要将这些东西进行彻底的曝光与揭露，从根源上重新确立典要、格式的根基。在那里，当然并非不存在陶醉于无限制的自由意志、游离于传承文化而沉溺于虚寂的危险，但在无善无恶论者看来，除此之外，并没有其他可以打破道德之拟态来实现

209

人间变革的根本疗法了①。

　　周海门进士合格是在万历五年（1577年，时年31岁），这正是宰相张居正由夺情事件而产生广泛动荡的时候。对张居正的独裁政治的功罪，世人的评价各异，然而在此十余年的执政期间，有谄媚者，有旁观者，有反抗者，各种立场不一而足，伪善、阴谋、谋利、卖名等等，时人之心术极其复杂，进退变幻莫测。天理之背后潜藏着人欲、饰私意于巧辞的善恶之互相欺骗，这一切在单一的性善论、天理论的力量底下，构成了无可复加的种种窠臼。

　　　　天理人欲，文成数数语之，其言若易领，而不知甚难。后人往往
　　　　认欲为理，所以文成之旨不明。（《证学录》卷五、五十五丁）

人心之痼疾已经到如此险恶之地步，对伪装之善意已经无法信赖，而阐明恶之实际状态的方法也已经山穷水尽，那就不得不抛开一切模棱两可的弥缝之手段，探究自己的心体，直到无依无靠之境地，并在那里重新构建道德之主体。这里就体现出周海门与王龙溪（以及罗近溪）的相通之处。不妨来看一下周海门《共学心期录序》中的"明义利"条：

　　　　义利一关，不能容易打破，须高着眼睛勘破之，硬着肩膀摆脱之。
　　　　稍为点染，便成秽器。若奔竞钻刺等，是利中恶道，更不待言。至于
　　　　名根隐隐，尤难扫除。省察极宜着力，大抵只要向道心切，用功心真，

---

　　① 例如王龙溪云："自圣学不明，道义之风日微，功利之毒沦浃于人之心髓，殆千百年于兹。苟不从一念入微处，察识诚伪，求慊于心，求通于道，纵使拟议卜度，尽将古人行过好事辏贴身上行持，以为集义，正堕在义袭窠臼，名为宣畅光复，适足以增伯者之藩篱，而圣学之门墙不可复睹，其亦可哀也已！所幸良知在人，千古一日，一念自反，即得本心。此是挽回世界大机括。"（《王龙溪集》卷八《孟子告子之学》）

诸病自少有，亦能消。不然，泥里洗土，终难了脱。(《证学录》卷六、十丁)

又例如关于《大学》的正心诚意致知格物之说，他曾发出警告：

> 人性本善者，至善也，不明至善，便成蔽陷（中略）心意知物，只是一个，分别言之者，方便语耳。下手工夫，只是明善（中略）舍是而言正诚致格，头脑一差，则正亦是邪，诚亦是伪，致亦是迷，格亦是障。非明之明，其弊难开，非止之止，其根难拔。(《证学录》卷一《南都会语》，《九谛九解》之《谛四解》①［译者按：原文引用从"言正诚致格"开始，现为了帮助读者理解，将前面省略的部分也择要摘录之])

如此，洞察到内心深处所隐藏的隐微之恶根，却又很难将其拂拭掉的时候，心学的自律之姿态就显得愈加严厉，要从善恶相对待而互相追逐的境地，向善恶发生以前之场所进行突进。这并不意味着放弃善恶之判断，而是为了持续严肃、切实地进行善恶之分别而做自省自戒的深化。所以周海门对于"无善无恶论难道不会让人变得放肆"的质疑回答道：我不明白从哪点上来看这会让人变得放肆（中略）我所说的无善无恶，正是想让人们能够真正地为善与去恶（中略）更何况，所谓放肆，生于挟善。一旦醒悟到无善，（此意识）将会消灭或者变为空虚，所以怎么会变成放肆呢？(《证学录》卷一"或问"十条、第七问答［译者按：此处译者查阅了几个版本的《东越证学录》，卷一"或问"第七条的内容都和作者所言完全不同，所以

211

---

① 在《谛五解》中，周海门也说"惟彼着善之人，皆世所谓贤人君子者，不知本自无善，妄作善见"。

应当是版本不同所致，在此只能依据日文翻译中文大意，望读者见谅]）

这里必须注意，"放肆"被说成是"生于挟善"。善之亡灵以各种各样的美丽词句与品位雅容，在现实社会中泛滥成灾。而这些伪装成善的东西总是在寻找着什么，盘算着发现什么。有这些"什么"，就不得不说这一切都是虚妄之善。所以在周海门看来，为臣而特地立"忠"，为子要标榜"孝"，那都是私心，毋宁应当寻求免于不忠，免于不孝（《证学录》卷一、二十四丁）

当时，周海门的知己邹南皋曾断言："道心浓，魔军长，从古然矣，我辈可不严慎！"（《愿学集》卷二《柬周山泉》）同时对已经无可救药的时弊之深只能长叹一声①："既入仕途，高者为立德立言所迷惑，稍知检束者又为名相所迷惑，功夫入细者为识神所迷惑。"（同上，卷三《答周耿西》）邹南皋虽然并未接受王龙溪、近溪的学统，但还是对二溪之后的周海门之见识表达了敬意②，他曾在书信中如此忠告并激励周海门：

> 以龙溪先生见地，能小心翼翼不堕世间行，岂不照天照地？以近溪先生，若再谨饬一下，后学谁得而议之？（同上，卷三《答周海门》）

如前所述，周海门对于（伪装成）善（的人）的无耻痛加批判，而确立了无善无恶之说，但即便如此，世人依然只看到行为之表面，认为善恶应当是泾渭分明的东西。例如敢谏之节（向天子进谏的节操）、康济之猷（拯救民众），这些难道不是应当被认定为无条件的善吗？对于世人的困惑，周海门答道：

---

① 邹南皋还说："宁为真小人，无为伪道学。"（《愿学集》卷二《柬吴东节》）
② 邹南皋的著作《语义合编》《愿学集》等都附录周海门的序，《存真集》则是周海门与曾凤仪共同编辑的。另外，周海门的《东越证学录》冠以邹南皋之序，二人的友情之深厚由此可见一斑。

为善则非善矣。孟子言乍见孺子入井二句，最可体验，今人若乍见孺子入井，必然惊呼一声，足亦便跑，跑到定然抱住，此岂待为乎？此岂知有善而行之者乎？故今有目击时事、危论昌言者，就是这一呼。拯民之溺，八年于外者，就是这一跑。怀保小民，哀此子独者，就是这一抱。此非不足，彼非有余，此不安排，彼不意必，一而已矣。今人看得目前小事业大，忽却目前，着意去做事业，做得成时，亦只是霸功小道。（《证学录》卷一、二十六丁）

黄梨洲在评价周海门的无善无恶论的时候，认为周海门没有领会阳明学的真意，周海门所说的"有有善之善，有无善之善"是"求直截而反支离矣"（《明儒学案》卷三十六），然而周海门绝没有将"有善之善"与"无善之善"等量齐观进而视为善的两种，而是认为人心有挟"有善之善"之危险，因此主张打破此"有善之善"而存养真正毫无己私的"无善之善"。这不仅不会让心"支离"，而且指出了不论外界事物的何等去来离合都丝毫不动的统一之根源。无善无恶是否会成为沉空守寂的死法，或者混淆善恶之边界的虚法，抑或斩断善与恶、成为自在地创造善与恶的活法，这一切都取决于主体（心）是否能维持旺盛的自我保持之状态。这在王阳明即表现为"良知现在之一念"，在王龙溪则曰："若此一真，当下自反，即得本心。"（《王龙溪集》卷一《三山丽泽录》）

由此，围绕着"当下"的性格与是非的讨论，就成为明末思想界的重要课题，而周海门的类似于王龙溪风格的当下论，也正具有画龙点睛之意味①。周海门的论敌许敬庵云："充得孝弟尽时即尧舜之道，亦不过是。"周海门反驳道："孟子只言尧舜之道，孝弟而已矣，若加个'充得尽'，则是孝弟犹未尽也。"（《证学录》卷一、二十一丁）这绝不是对于"孝弟"这个

---

① 参看《东越证学录》卷一，十五丁、二十丁。

德目的内容解释方面进行的讨论，而是围绕支撑"孝弟"的"当下"意识的具缺盈虚而展开的争论。这样的当下体验，就不得不在言语道断的全体生命之涌现中押上所有期待，其真正的风光之传达，也绝非知解可得，由此确实如黄梨洲所言，更类似"宗门作略"①（《明儒学案》卷三十六）。［译者按：完整的原文如下：先生教人贵于直下承当，尝忽然谓门人刘塙曰："信得当下否？"塙曰："信得。"先生曰："然则汝是圣人否？"塙曰："也是圣人。"先生喝之曰："圣人便是圣人，又多一'也'字！"其指点如此甚多，皆宗门作略也。］

尽管如此，王龙溪、周海门所力主的无善无恶论，对于反对派而言反而成为一个促成其进行自我反省的有力契机。作为无善无恶论的有力批判者，顾宪成在《南岳商语》（六丁，《顾端文公遗书》所收）曾引用吴安节的话：

> 且彼宗阳明而失之，犹有圆通一路，可借以文饰。至于口口周程，而犹然言不顾行，行不顾言，将何以谢龙溪诸人乎？

并说道：

> 余闻之，悚然起曰：此真顶门一针矣，敢不拜教。

从这里我们可以看出，任凭自我意识膨胀而驰骋于所谓圆通之路，使传统文化之形成与思考规范受到轻视与混乱，这自然不会让顾宪成感到愉快，但面临瓶颈的正统儒学之现状，在他的胸中更激起了焦躁与危机感的漩涡。

---

① 也可参看周海门题为"有客谈圆顿之理，书以示之"的诗（《证学录》卷十七、一丁）："中天皎皎月孤悬，常在松窗竹几前，开眼自能知弄赏，不劳谈顿与谈圆。"

这当然也不是他一个人的问题意识。在万历年间，学问的方式、修炼的方法、确立人格的基础、阶级秩序之整顿等等，这一系列问题在仿佛如样品一般端正的士人的意识之中从难以察觉的幽隐之处开始产生并逐渐积累起来，而无善无恶论作为对此问题的强烈突破口，向世人展现出一条充满生机的活路①。

三、与佛者的交流

依据明末儒者刘念台的记载，当时有人怀疑周海门的学问近于禅学②（《刘子全书》遗编，卷二、一丁），既然与王龙溪一样都提倡无善无恶与当下解脱，那此类指责就在所难免。而且周海门与佛者的交流与王龙溪相比起来要更加亲密且积极，这当中的家族环境的影响也很大。

首先从家族环境进行考察。周海门开始去听王龙溪的讲会，是受到兄长周梦秀的感化③。周梦秀著有《知儒编》，虽然题名"知儒"，实则几乎都集录了禅家的机锋之语，除此之外仅有很少的陈白沙、王阳明之语附录在内。编纂禅语而取名为"知儒"，是周梦秀基于学佛才能明白儒为何物的信念，从禅宗的千百则公案中挑选出适合宰官居士之参悟的个案作为沟通

---

① 明末清初非常特别的思想家方以智，曾受到天台宗的空假中三谛的辩证法影响，展开了独特的存泯无碍、互夺双融的思想，他对王龙溪、周海门的"无善无恶论"也有共鸣："理家有沿袭龙溪、海门而不知其本意，壁听禅宗药语，专供无善恶之牌位，生怕说着'义''利'两字，避浅好深，一发好笑。"（中华书局版《东西均》，一一九页）

② 这当中毫无疑问应该有念台的老师许敬庵。他指责海门："吾丈若以天资朴实、操履端严，断不失空虚无实之病。然谓儒释不异，以悟为宗，窃恐于孔门道脉尚隔一指。"（《敬和堂集》卷五《答周海门司封来书》）

③ 对此，《明儒学案》的周海门小传中有所提及，在此另可参考陶石篑的说法："海门子有从兄，曰剡山，尝闻道龙溪先生之门，精心密行，有三绝之号，海门之最初发心，尽其鞭策。"（《歇庵集》卷十四《题周双溪先生遗训卷》）

(儒佛) 之桥梁①。可以说，梦秀是从嘉靖、隆庆开始勃兴、至万历年间达到顶点的儒佛调和论的风潮中受到影响的一个士人。像他这样不分儒佛、从教旨之形成以前的心体寻求道之源头的态度，为周海门的王龙溪思想之接受打开了一扇大门。

　　要了解周海门对于佛教的看法，就需要注意他所编纂的《王门宗旨》（王阳明遗文之选编）卷三中收录《谏迎佛疏》（《王文成公全书》卷九所收）的意义所在。此疏是针对武宗皇帝在灾害日兴、盗贼日炽、民生困苦之极的时候却特地派使者从外夷迎接佛者，希望皇帝能改过而执笔，其结论是应当"毋求诸佛而求诸圣人，毋求诸外夷而求诸中国"。单从结论上看，这显然是排佛的论调。但是王阳明在此并没有满足于张扬中华意识与排斥异端。他非常清楚，以世儒那样不谙世事的说教之口吻是绝没有办法打动皇帝的，因而诉诸将陛下好佛之心进行彻底化的策略。"诚使陛下好佛之心果已真切恳至，不徒好其名而必务得其实，不但好其末而必务求其本，则尧舜之圣可至，三代之盛可复矣。"那么，怎样才能"务得其实""务得其本"？以佛教的清心寡欲、慈悲普爱之心来关怀天下民生之困苦即可。如此，就会马上醒悟到花费万金、不远万里派遣迎佛使者的愚昧，以及真正济世救民的方向。由此，王阳明通过对于"好佛之心"的深化，强调应当发现济世救民的儒家之理想，当下就有成佛成圣之道。此疏之文脉当然预设了儒先佛后的价值序列，但王阳明并不是以儒教之权威或者民族之偏见进行阐述，而是相信本心的自律活动，通过毫无虚伪的内在之欲求来探求问题之解决，这在儒佛论争史上具有极其特殊的意味。所以其论旨与其说是排佛，不如说具有探佛的性格，可以说展示了寄心于佛教的宰官居士所必经的心路历程。周海门称赞此疏"其见

────────────

　　①　参看《知儒编》自序。有曰："欲通儒脉，须借禅宗。"又，冯梦祯的《快雪堂集》卷五十四、日记（丙辰，九丁）中有如下之记事："周继元来，赠新刻知儒编，以知儒而后知儒。所录俱先辈机缘，又学的教衡，录白沙阳明语并诗。继元留心学问，自许有得，欲与余及杨贞复质证，此亦佳事。"

地精深超越，忠君之心、告君之体、引君之法，色色俱全"（《证学录》卷五，五十三丁），认为其与韩退之的"论佛骨表"完全不同的理由，也正在此处，而周海门将此疏放到《王门宗旨》中，也含有希望旧态依然而带有感情色彩的排佛论者能有所反省的意图吧。在挖掘他对于佛教的亲近感的问题的时候，便可以推知其不加掩饰地与佛者进行的交流，并不限于诗文之应酬或者息虑凝心之便法。由此，下面就来看一下周海门与当时的佛者之交流。

　　周海门活跃的年代正好碰上佛教复兴的机运，有能之佛者辈出，而周海门就与其中的几人有亲密的交往。其中之一是憨山德清。憨山德清与当时的紫柏达观被并称为禅林之耆宿①，万历二十三年（1595年）因触犯当局者之忌讳，被流放到岭南，翌年至五羊（广州）。碰巧赴任岭南的周海门率门生数十人拜访憨山德清，在席上，《周易・系辞传》的"通昼夜之道而知"成为议论的话题，据说只有周海门领会了憨山德清的示教。（《梦游集》卷五十四《年谱》三丁）周海门在万历二十六年离开岭南，在此期间的将近半年内，他经常去憨山德清所居住的寺院，探讨阳明学与佛学的关系、本分第一义等等，通过问答反复锤炼自己。本来，岭南曹溪是六祖慧能住过的禅门兴盛之圣地，然而周海门却目睹到此地荒废之禅风是如何堕落，在憨山德清的嘱托下，他为当地禅学之复兴尽心尽力，还编纂了《曹溪志》，写了《重修曹溪志序》（《证学录》卷七、二十四丁）②。憨山德清写给周海门如下之书信，表示赞叹与感谢：

　　　　岭南法道久湮，幸得大悲手眼，一发扬之，使阐提之辈，顿发无上善根，比虽入室者希，而知有者众，归依者日益渐佳（中略）足证居士此番宦游，实是龙天推出，乘大愿轮而行也。（《梦游集》卷十六

---

　　①　参看《万历野获编》卷二十七《禅林诸名宿》。又，此二人再加上云栖袾宏被称为"万历三高僧"。

　　②　参看《梦游集》卷五十至卷五十二《曹溪中兴录》。

《与周海门观察》)

一方面，周海门在写给友人杨复所的信中表达了自己能拜谒六祖之庙的感激，以及能与憨山德清相遇的喜悦（《证学录》卷十九、二十丁，其中有"岭南真佛国哉"之语）。与憨山德清之道交在此后也持续很长时间，这一点从憨山德清的下面这封书信可以得知：

别来忽忽二十年矣，音问不通者，亦十余年。精神固无间然，不若承颜接响之为快也。去春之云栖，准拟奉教于湖上，久候不至，怅然还山（中略）念此末法。独老居士一人为光明幢。（《梦游集》卷十八《与周海门太仆》）

岭南相别二十年，那么（憨山德清在写此信时）二人都应该已经是七十岁左右高龄的人了（周海门比憨山德清小一岁）。

周海门与憨山德清的盟友紫柏达观也有交往。周海门最初遇到紫柏达观，是在岭南与憨山德清相见的三年前，亦即万历二十一年的金陵。当时同席的数位儒者被要求对于《楞严经》中的某四句进行讲解，其成果让紫柏达观都有所触动（《证学录》卷十三《达观大师像赞跋语》）。此后周海门与紫柏达观的往来无法确知①，但例如紫柏达观因为妖书事件被官府逮捕，最终在狱中愤懑而死，周海门对此非常感伤："世界不宽，时人眼孔不大，

①　周晖《续金陵琐事》"鲥鱼转语"条记载了围绕海门与紫柏达观之间的有趣轶事，在此摘录全文，以供参考："海门周史部邀诸同寅游弘济寺，达观老衲同坐。庖人买得鲥鱼一尾。此鱼有禁，尚未进供也。海门问于达观曰：'食好不食好，乞老师一转语。'达观曰：'须是进供过，方可食。'海门曰：'门外汉，门外汉。'李卓吾闻而击节喜之。数年后，一士大夫举此公案，要无象和尚下一转语。无象学于卓吾者，乃曰：'只须投鱼于江中。'余谓此二僧，皆死语，皆门外汉。"事情的真伪无从得知，但确实勾画出金陵在任期间——这也正是海门与许敬庵进行激烈争论［译者按：即对于王阳明晚年"天泉证道"的"无善无恶"说的争论，详载《证学录》卷一］的时期——周海门的自信之姿态。

竟莫容此老。"对于紫柏达观的豪放之生涯寄予切切思慕之情。

还有一个与周海门结交的高僧是湛然圆澄。湛然圆澄本来就主要在周海门的出生地浙东地区进行布教活动，所以与周海门有很多接触的机会①。周海门经常拜托他进行说法、主持法会，可以说是肝胆相照的关系。万历三十二年，某次会食之筵席上，圆澄说不应当吃鱼肉（当然这是以禁止杀生、破戒轮回的思想为前提），周海门则认为既然就心之本质而言儒释相同，只有出家、在家的因缘之差异而已："戒者心戒，不求诸心而以罪福感应为言，小乘之见解，去至道远矣。"（《证学录》卷五，三十四丁）此文的记录者在结语中写道："湛然颇近旷达，故先生规之如此云。"经过多年的心上磨练，周海门已经具备了如此高远的见识。曾有湛然圆澄的门人问他，周海门究竟是道学还是禅学，得到的回答是"道学"（《圆澄语录》卷六 ［译者按：原文如下："问周海门相会否。师曰：'尝会'。曰：'他是道学耶，禅宗耶?'师曰：'道学。'曰：'怎么则不合也?'师曰：'在天而天。在人而人。'"］），（在湛然圆澄看来）周海门并没有在道学与禅学之间进行二者择一式的选择，而是通过儒、禅的各种体验，形成了自己作为一个士人的独特的风格与见识吧。

上述憨山德清、紫柏达观、湛然圆澄三人，其法系、佛教思想等等都未必一致，但都否定虚寂退婴之佛法，与现实社会密切联系、试图在人伦世界中发挥自己的悟道之力量，不顾忌世人评价，也不屈从于掌权者之威压，四处奔走。也因此，紫柏达观在狱中死去，憨山德清被流放岭南，湛然圆澄则感慨于"佛日将沉"而著《慨古录》（大日本续藏经所收）。如果他们仅仅是作为稳健平和的传道者、担任世间的镇静剂之作用而奔走的话，那就不可能成为动摇当时思想界的法雷，恰恰相反，他们都抱有堂堂救世主之自负，对于时弊之核心予以敏锐的揭露与批判，所以能吸引众多宰官

219

———————

① 黄梨洲曰："东浙宗风之盛，始于周海门先生。湛然（圆）澄、密云（圆）悟，皆缘之而起。"（《南雷文定》四集，卷一《空林禅师诗序》）

居士，能在儒佛交流，或者毋宁说是在"心"的磨练中具有白热化的问题意识。换句话说，他们探究散漫堕落的官僚、读书人之心态，作为问题之解药，以己身示范佛教心学所具备的重要性；众多抱有真诚信念的官僚从儒家传承的心性论、工夫论中无法得到满足，而由此被禅僧的热情与说服力所打动。这曾经激起多么广泛的波澜，从黄梨洲的下文中即可想见：

> 明初以来，（禅门之）宗风寥落。万历间，儒者讲席遍天下，释者亦遂有紫柏、憨山因缘而起。至于密云、湛然，则周海门、陶石篑为之推波助澜，而儒释几如肉受串，处处同其义味矣。（《南雷文定》后集卷四《张仁庵先生墓志铭》）

如前所述，周海门与当时有名的禅僧多有方外之交，但他并没有甘于做护佛者，也不是试图消除俗世的诸多琐碎烦恼，更不是乐于诗文应酬之闲雅。这正是探寻、培养心学之源头的毫无黏滞的灵魂巡礼。对于周海门而言，最初在先的是无垢无束缚之心，而不是儒教或者佛教，是作为肩负家国天下之责任的士人的"心"。可以来看一下他写的题为《佛法正轮序》（《证学录》卷七、二十二丁）：

> 儒与禅合乎？曰：不可合也。儒与禅分乎？曰：不可分也。何以明之？譬之水然水有河，江不可为河，犹河不可为江，欲合为一，虽至神不能，此儒禅不可合也。江河殊矣，而湿性同流行，同利济，同到海，同必歧为二，虽至愚不许，此儒禅不可分也（中略）而今之为儒禅者，盖滞于分合之迹矣。儒者执儒而病禅曰："禅，异端也，足以乱正也。"（中略）如是，则儒门粗浅淡薄矣（中略）禅者执禅而病儒曰："儒，世法也，非以出世也。"谓为别有坏而取之，卒使日用饮食之常，经世宰物之事，皆推之儒，而不敢当之为禅。夫如是，则禅教

绝不可以治家国天下矣。

周海门的目标，其实还是在纲常伦理之中寻求能够经世济用的心学，这正是王阳明以来的良知说的传统之继承①。就这点上来看，在禅者眼中，其悟性仍然夹杂了世俗之物，所以湛然圆澄认为周海门是道学而非禅学。然而，当时曹洞宗的大家无畏元来说：

> 海门先生《证学录》，说道理，不沾着纤毫。第不曾与真善知识话会②，然于生死分中，亦得其受用。力量浅深，又不可概与悟门论也。
> （《元来广录》卷三十《复方士雄太学》）

对于周海门的人品表示刮目相看，又例如杨复所在列举海内之同志时赞许道"南中精诣者周海门"（《文集》卷七《与邹南皋年丈》），可说（在时人眼中周海门）是一个超越时代的独特的思想家。周海门的儒佛调和论在阳明心学，或者说在明代思想中形成了一个引人注目的高峰。

四、社会观与思想史观

代表王学左派的两大伟材王龙溪与王心斋，其风格并不一致，王龙溪

---

① 云栖袾宏在《竹窗随笔》（二笔"儒佛配合"条）中说："儒主治世，佛主出世。治世，则自应如《大学》格致诚正修齐治平足矣；而过于高深，则纲常伦理不成安立。出世，则自应穷高极深，方成解脱，而于家国天下不无稍疏。盖理势自然，无足怪者。"周海门对此进行了反驳："若求高深于纲常伦理之外，其高深又是何意？若在国家天下成解脱，其解脱又是何意？"（《证学录》卷五、五十九丁）

② 海门既然与当时的一流禅僧都有交流，那么无畏元来的话就有些难以理解。

倡导"无善无恶论"，在其思想中能够找到由高层次的认知直观而打破定相的机敏，但并没有相应的实践创造能力，而提出独特的格物论（所谓"淮南格物说"）的王心斋的思想，虽然不免被讥为简单粗暴，但其门下出现了诸多投身社会实践、成效斐然的人物，这也是众所周知的。本来，在实践背后应当要有对于心性的陶冶，但从高妙的认知直观中，我们却很难找到对于社会弊病的架构与扭曲的文化制度结构的洞察。尽管"无善无恶说"中洋溢着某种义无反顾的激荡，但从其对社会改革的看法以及实现方式来看，意外地存在着可以推导出采取维持现状的暧昧态度之结论的理由。像李卓吾这样将王龙溪、心斋二者的思想进行综合吸收，由此提出极其鲜明积极的社会观、历史观，周海门对此也不得不持略微批判的态度。

对于周海门的社会思想，首先需要注意的是其着眼点在素位安分上。曰：

> 夫学问无他，素位而已，生如是，死如是，贫贱如是，富贵如是。随缘自在，便了。（《证学录》卷四、三十四丁）

既然要求随缘而寻求自足，那么在现在各自的职业、地位上尽职尽责、不愿乎其外，就成为周海门的职业伦理的要点：

> 吾人处世，各安其遇，见在为士，则当素士之位而行，不可复萌出位之想。（同上，卷五、三丁）
>
> 寻常者，随缘尽分，心无异想。（同上，卷五、四丁）
>
> 道本无奇功，惟见在为士子则习举业，为农夫则事耕田，为比丘则诵经课，为宰官则修政绩，各素其位，各安其心，而道存乎其间矣。此个工夫彻上彻下，知头脑者便得休歇。（同上，卷十九、四丁《与范损之》）

这全然是以安定化的阶级秩序为前提。所以周海门在与同志共作盟约《公学心期录序》（同上，卷六）中设立了八条遵守项目，其中第四条"敦伦记"中曰"道宁有越于孝弟者哉"①，第六条"修职业"中认为出仕、习举、布衣各有本分，"尽分安心，不生妄想，便是实学"。由此可以说周海门对于现行体制本身根本就没有加以评判的意思②。不仅如此，"大明律轻重出入，俱从天则自然所定，不得增减。五经亦含其中"（《证学录》卷四、三十五丁［译者按：此处作者并非引用原文，而是对原文进行概括，另外日文原文标记卷数为"卷五"，误，今更正为"卷四"，兹给出原文如下："大明律亦不可不看，中间轻重出入，俱从天则自然所定，稍减稍增，便不惬快（中略）是一部《春秋》，亦是一部《易经》，即《书》《礼》《乐》都在里许。"］），对于拥护体制的根本法典加以强烈肯定。所以他的时代批判都集中于人心之变态，而不是针对秩序之变态，像李卓吾那样，自己被视为"异端者""妖人""左道"，乃至最终被迫害［译者按：此处原文为"やつあたりする"，直译为"将不满与愤怒向无关之人进行发泄"，在此为了行文流畅，采取意译］的事例可以说是异类中的异类。周海门虽然有时对李卓吾的时势批判有所共鸣，但未必抱有好感，这也就不足为怪了。这可以说是周海门思想的界限与特质吧。

李卓吾对于王龙溪的《天泉证道记》有如下评语：

　　　　有善恶安得根基？随处对治，安得入悟？真权法非实究竟也。
（《卓吾批评王龙溪先生语录钞》卷一、二丁）

---

　　① "我辈正当以身发明，从家庭中竭力，必以孝弟忠信为根基，在境缘上勘磨。"（《证学录》卷四、六丁）
　　② "熊念塘言：世界缺陷，吾人当随分自足，心方宽太。先生曰：自信缺陷，世界缺陷，自心满足，世界满足。不干世界事。"（同上，卷二、八丁）

认为天泉桥上的阳明之教示（特别是"四有说"）是权法，这一点李卓吾和周海门的意见是一致的。但即便如此，社会观、价值观上却产生距离，这是因为二人对"无善无恶说"的理解、运用、操作上各有不同吧。"无善无恶说"也正是拥有这样不可单一化、划一化的实质，才能成为宽严缓急自在的无定体之标语。周海门的"无善无恶论"主张素位安分的伦理，具有对现有政权体制的裂缝进行缝合补强的意图，但却依然无法避免被保守的正统派思想家视为危险思想，这是因为（在正统派思想家看来）其即兴提出的上述社会实践之提议，都只是为了迷惑世人的权宜之举措，对于具有稳定性的道德规范之设定并没有热情。更何况"无善无恶说"本身的大幅度振幅，其狂躁化的可能性甚至可能超过李卓吾也未可知，在明末的社会形势下就更是如此了。"维世范俗，以为善去恶为堤防，而尽性知天，必无善无恶为究竟。无善无恶，即为善去恶而无迹，而为善去恶，悟无善无恶而始真。"（《九谛九解》之《解一》）周海门的话语中并没有恣意放纵的倾向，但以"维世范俗"与"尽性知天"为由、以客观世界之规范为心之影迹的做法，未尝不可有以一己之欲随意改换变动的可能。（《敬和堂集》卷五《答周海门司封谛解》）固守性善论的正统思想家的反驳之焦点也正在此，这场争论以最集中的形式得以进行的，就是许敬庵与周海门二者之间展开的"九谛九解"（《证学录》卷一《南都会语》以及《明儒学案》卷三十六）。此争论是在万历二十年，周海门于南都（南京）会讲中提及"天泉证道"篇的时候，对于许敬庵提出的九条质疑，周海门一一加以反驳，试图阐明"无善无恶说"的真意，虽然二人之交锋在言语中透露出热情，但争议始终以平行线的方式而告终①。对此问答，许敬庵的弟子刘念台站在师说一边：

---

① 对于敬庵的九谛，海门做了九解作为回应，在此后敬庵又写了书信诘问海门（参看《敬和堂集》卷五），又参看《东越证学录》卷十九、三十五丁《上许司马敬庵公》。

师论辞严而理直，凛乎日月为昭。今即从海门作妙解，亦只是至善注脚，终脱不得"善"字。（《刘子全书》卷十三、五十一丁）

清初的陆桴亭则认为许敬庵的诘问是很无力的：

敬庵之学，于时独为纯正，然所得亦浅。一杯水岂能救一车薪之火哉？（《思辨录辑要》后集，卷九）[①]

周、许二者的立场之优劣姑且不论，实情正如陆桴亭所说，而刘念台的"诚意之哲学"，实际上也可以从中看到顾及周海门一派的主张而形成的痕迹。陶石篑在承认周、许两家各自意义的同时，巧妙地将许氏的思想收摄到周氏这里，曰：

昔日钱（绪山）王（龙溪），今时周（海门）许（敬庵），义无胜劣，教有开遮，所谓各具一双眼共济群盲，各出一双手同扶众跛者也。虽然，语贵明宗，学须择法，同修而迂直顿异，共证而日劫悬殊，如农夫立苗，当先滋其根柢，如大将讨贼，务直捣其窠巢，故明一善，而万善咸归，悟一非而百非敛迹。然则无善即进善之捷径，无非乃去非之要津，何必自滞有途，指为实境，反疑妙悟，摈作虚言乎？（《歇庵集》卷十四，二十四丁《书周子九解后》）

要了解周海门的思想史观，可以从他编纂的哲学史《圣学宗传》的内容以及性格入手。"宗传"之"宗"是与"教"相对的术语，它意味着为了防止

[①] 陆桴亭又曰："海门固非矣，敬庵九谛，初无卓见，又乌能相难乎？亦徒为角口而已。"（《思辨录辑要》后集，卷十一）

"教"之泛滥与分化的弊病而从根源上进行统一的根本精神，这对于周海门来说不用说就是作为无善无恶之体的"心"。然而在心学体系中，如人们时常会举"礼乐名物之类无关于作圣之功"（《传习录》卷中《拔本塞源论》）为例，与其对历史性的、文化性的素材进行整理与探讨，不如说对于产生历史、文化的主体之存在才是最关注的，特别是像极度重视当下现成的龙溪风的心学那里，有将一切都押在现实体验之直观的浓厚倾向，所以很难形成客观的历史观。虽说有喜好攻击别派的恶习，但具有一定历史观（名分史观）的朱子学将心学一概指为空疏虚寂，其主要理由之一就在这里。

不过，心学很难形成客观的历史观，这并非其对于历史的排斥，而是因为将历史握于掌中、进行自由操控的缘故吧。与其谨小慎微地追寻事实，不如将重心放在左右事实的生命之流动上。所以在那种思想史［**译者按：指心学家所编纂的哲学史**］中，心学家所切实追求的不是忠于思想变迁的客观描写，而必须是通过年代、列传的形式，读出其中的作为心之投影的世界观的转移变化。"六经皆我注脚"是著名的心学命题，事实上，对于心学来说，不仅六经，从太古以来的思想史也同样被视为心之注脚。例如禅家所编纂的传灯录，虽然采取追寻历史发展的形式，但主要还是着眼于对禅宗历代祖师的精神构造以及悟道体验、垂示钳锤之描写，轻视对历史的因果关系乃至社会发展的动态等等，无论从哪里开始，读到哪里结束，其各自之篇章都是一个完结的整体，这种迫近读者理解的方式，是因为将传灯之流传视为超历史的、超因果的真心的多样性表现①。所以在这种意图下所构建出来的思想史，是为了从历代思想家的言行举止中探寻精神形成之决定性因素，从而成为睁开自己的独立之活眼的素材，对于试图探寻思想变化发展的客观意义的人来说，当然对此会有很大的不满。

---

① 杨忆撰《景德传灯录序》中也说："若乃但述感应之征符，专叙参游之辙迹，此已标于僧史，亦奚取于禅诠？"强调了普通的僧传与传灯录之间的区别。

放言心学拥有歪曲或者无视史实的权利，这与其说是僭越，不如说加快了心学本身的空洞化，然而让心学屈从于史实也是不恰当的。儒教的心学在成熟之后不久，恰逢周海门所处的时点上，其心学式的思想史编纂可以说是一个划时代的着眼点与功绩。恰如周海门自己所说，"前无辙迹可循，后无典要可据"（《圣学宗传》卷四"孟子"条），作为周海门心学之佐证的资料、话题、说示，通过从古代圣王到明代诸儒的言行的采集，可以说随处可见夹带私见的"评释中国心学发展史"式的东西。在被收录的人物中，虽然也采用了朱子学道统路线上的很多人士，但已完全被心学化。所以此书被贬为"殊胜驳杂"（陆桴亭《志学录》），或者"海门主张禅学，扰金银铜铁为一器，是海门一人之宗旨，非各家之宗旨也"（黄宗羲《明儒学案凡例》）。对于与周海门心学不同调的人而言，此书根本就只有负面的存在意义吧。但是这些批评，如果并非针对作为心学的装置之巧拙，而是试图抹杀周海门的心学本身，那才会对中国思想史的理解带来无可挽回的扭曲[①]。

在翻阅《圣学宗传》后首先会注意到的是，乡土之先辈宋儒杨慈湖被给予非常高的评价，其话语作为文证可谓随处可见。王阳明云："杨慈湖不为无见，又着在无声无臭上见了"（《传习录》卷下），对于杨慈湖思想（应该是指"不起意"说）中在现实的分别之相中进行活动的意欲稀薄这一点表达了不满，而到了王龙溪，则完全以我流解释杨慈湖："知慈湖'不起意'之义，则知良知矣。"（《王龙溪集》卷五《慈湖精舍会语》）"慈湖'不起意'之说，善用之，未为不是。"（同上，卷五《与阳和子张问答》）将杨慈湖视为心学路线上的伟材。周海门的慈湖说恐怕也是受此影响吧。

---

① 尊崇海门的袁中郎说："圣学宗传大有功于此世，然诸传尚有未亲切处。"（《袁中郎集尺牍·答陶周望》）他高度评价宗传的正面意义，也同时为描写的不彻底性而感到惋惜。

古今论学之言，撒手悬崖，无丝毫粘挂，道人所不敢道，盖惟慈湖一人而已。诵其言，真自痛快。（《圣学宗传》卷十一"杨简"条）

杨慈湖会得到如此高的评价，是因为其极度厌恶概念之分别的无为清净之体验，与拒绝理障的海门心学之间存在着一致之处吧，不过还有一点要注意的是周海门与慈湖的"己易"（心易）之间的共鸣：

善学《易》者，求诸己，不求诸书。古圣作《易》，凡以开吾心之明而已。（同上，卷二"文王"条）①

在当下将时间理解为"现在之一念"，在"己易"被归为现在之"己心"。如此，时间与空间的图式完全在心中被编织建构出来。宋儒为了对抗禅学，将"天"与"心"进行区别对待的倾向比较强，在心易的立场下，这样的二重构造就完全失去意义了②。

在上述心学路线的思想史解释中，最成问题的是对朱子学的处理。在本书（卷九）"朱子"条目中，首先引用了王阳明的《朱子晚年定论》，"今人但知读先生（指朱子）之粗，而不知味先生之精也"，给所谓正统派的朱子学接受态度狠狠地刺了一针，最后则以"已上语语归心"作结。如此，周海门以朱子的理先气后说为未定之说，关于太极的一异离合，也认为分合与受之说太留痕迹（卷六"周敦颐"条）。更特别的是，对于朱子的排佛论，曰："先生最辟佛，而又未尝不参寻游戏其间，其中固不可测也。"（卷九）那么朱子为何要提倡排佛呢？这是为了排斥二乘之佛教，而并未拒斥大乘（《证学录》卷一、十六丁）。如此，周海门更进一步，在永乐帝时候

---

① 参看同书卷一"伏羲"条。
② 《圣学宗传》卷一"帝舜"条。《证学录》中亦曰："故天与心不可判，判天与心而二之者，非惟一之旨矣。"（卷三、七丁）

编纂而成的《大全》之外，还编辑汉唐宋的遗文以及本朝诸儒的言说，以羽翼《大全》（同上，卷四、三丁）。这当然是为了将程朱理学置入心学脉络而做出的考虑。要而言之，周海门的朱子学观，从朱王折中阶段更进一步，达到以王学统摄朱子学的地步，而且不拘泥于儒佛之分界线，阔达宽容。这对朱子学者来说，不得不感到完全是无法忍受而牵强附会的手法。所以朱子学者对周海门的非难，往往要比对阳明更加严厉。清儒劳余山如此批判周海门编纂的《王门宗旨》：

> （阳明）其后龙溪、心斋竟入于禅，直取释氏之书，引证其淫辞，《王门宗旨》一书，虽阳明亦不料其蹉跌至此也。（《余山先生遗书》卷七《辨王门宗旨之非》）

由此也可以看出，阳明心学到了周海门这里，出现了多么独特的色彩。

五、陶石篑的思想

陶石篑（以及其弟陶石梁）被视为海门思想的发扬者。在黄梨洲看来，从周海门到陶石篑，佛教思想的浸淫更加深刻，最终甚至产生了轻视名节而重富贵的风气：

> 先生之学，多得之海门，而泛滥于方外。以为明道、阳明之于佛氏，阳抑而阴扶，盖（先生）得其弥近理者，而不究夫（指儒与佛）毫厘之辨也。其时湛然、澄密、云悟皆先生引而进之，张皇其教，遂使宗风盛于东浙。其流之弊，则重富贵而轻名节，未必非先生之过也。

（《明儒学案》卷三十六）

依据周海门的《东越证学录》（卷四），万历己亥年（二十七年）秋，陶石篑以及群友数十人在王阳明的祠堂中进行祭告，期以月会，辛丑年（二十九年）中秋夜，同志五十余人在王阳明曾驻留之地碧霞池的天泉桥上进行宴会。这些同志的结社就是证修社。陶石篑在其撰写的《证修社会跋语》（《歇庵集》卷十四、二十二丁）中叙述其由来：

> 越，二王子（阳明、龙溪）之乡也，自龙溪殁而讲会废，钱君刘君与同志若干人，始缔为社，名曰"证修"，而偈海门子主之。以仆之辱交于海门也，令书一语于册后。

由此可知，此结社以周海门、陶石篑为领袖①。那么，"证修"这个名字又是什么意思？这并非标榜"证"与"修"之并存，也不是为"证"而"修"，实际上是以"无修之修""无证之证"式的"修证一如"为目标而进行的实践②。周海门批评悟修并重论："夫使悟必兼修，则是修外有悟，修外之悟，可云悟乎？是所谓悬驰而已矣。使修必兼悟，则是悟外有修。悟外之修，可云修乎？是所谓履错而已矣。故真悟不必言修，真修不必言悟。"（《证学录》卷七、十五丁《祁生璧语序》）这种修悟一体观就成为证修社的指导精神。

那么，为什么陶石篑被认为比周海门更加沉迷于佛学，道学意识更加稀薄？陶石篑认为，在当今学界，不见大而溺于小，有以下五种弊病，即"殉小利、饰小谨、兢小节、矜小闻、惊小辩"，佛老二氏并不在其中，这

---

① 《证学录》卷六《证修会录序》参照。
② 参看石篑的《证修社会跋语》。

是因为二氏并不为智巧华艳，不溺于小节（《歇庵集》卷七《原学》）①。在这里，"大"和"小"作为对比，绝非是指分量的多少，而是依据是否能够维持心性来进行区分的。例如"矜小闻"就不是说见闻狭隘，而是说博学多识，但并没有由此带来主体的统一性；"兢小节"也是指虽然在个别行为上能够巧妙遵守节度，却没有与人的内在紧密结合起来的意思。最应当引起警惕的是，沉溺于这类表面虚荣之"小"而迷失了"大道"，所谓"大道"，其实无非就是常光现前的自得自足之道而已。由此，佛老不仅不会成为自得自足之障碍，而且如果能够从中得到确立心性之秘诀，寻求自我挺立的根基，又有什么过错？人们或许会因为王阳明、王龙溪有辟佛之语而认为在良知自得之学中并没有佛学存在的余地，实际上二王之本义是在当时的时局下，不得已而辟佛，由此告诉人们自得之道，并由此自得使得佛种得以存续下去：

> 儒者之辟佛久矣，最浅如昌黎者，深如明道者，既昌言辟之矣。即最深如阳明、龙溪之流，恐人之议其禅也，而亦辟之。又何怪今之俗士哉！（中略）使阳明不借言辟佛，则儒生辈断断无佛种矣。今之学佛者，皆因"良知"二字诱之也。（《歇庵集》卷十六《登第后寄君奭弟十五首》其十）

所以对于历来围绕良知的说明都不能仅仅从字面上进行理解，不能将表象误解为心的本质。良知与"仁"乃至"中"一样，都是表现心之状态的一个术语（"征称"），是"心之图绘"。所以如果执着于良知说之表象，而以自得之道尽于此，就相当于不知道火而称"炎"，不知道水而说"湿"一样

---

① 从这样的见地出发，石篑对老庄加以独特的解释，例如《解庄·知北游篇》第一段，加上如是批语："此庄生漏逗之言，几于□后说法华矣。"随处可见佛庄一体论的口吻，这是很值得注意的。《解庄》采用内阁文库藏版本。

(《歇庵集》卷六、四十六丁《重修勋贤祠碑记》)①。如此，陶石篑坚定不移地走在良知路线上，但与此同时也终于离开儒家的藩篱。

> 学求自知而已。儒释皆津筏边，事到则舍矣，若其迹，则自难强同。（同上，卷十五、三十五丁《与徐鲁源先生二首》其二）

原本儒佛调和论在明末思想界就是司空见惯的现象，不过现在陶石篑在龙溪、周海门所传的儒佛交错处决然下了断案，磨练出更加洗练纯粹的形态。所谓打破教派之藩篱，并不是说将教派视为无用之物。而是要将本来屈从于教派、隐蔽在教派之后的自己的本心引入"空"之广场上，如宋代的大慧宗杲所经常说的"熟处生，生处熟"，要求将不留下一点残云的心彻底暴露在外。

> 学道人善是己善，过是己过，迁是己迁，改是己改，以无善为善，故见过愈微，以罪性本空，故改图甚速（中略）到此则过是过，善亦是过。分别是习气，饶你总不分别，亦是习气。直得念念知非，时时改过，始有相应分，是真迁善，是真改过，是名随心自在，亦名称性修行。（《歇庵集》卷十五《与周海门先生十三首》其一）

如果能将这样的境地称之为"悟"，则"形充空虚，是悟境，全放下，故契此"（《解庄·天运篇》，二十二丁注），若无法放下，就会被呵斥为"一形禅有大虚妄"（同上，《至乐篇》，二十丁注）。当然，从教学中解放出来而

---

① 《解庄·大宗师篇》第一段的批语如下："宗物之所者道也，师心之所，未成于心。但生死去来者，影像而已，仁义礼乐亦是其名件。仅知之一字，真儿孙边事。但为真人，然后有真知。但以无知之知，能登假道。然所谓无知之知，亦是济道之舟筏。而况于知乎哉。而况于仁义礼乐乎哉。"

驰骋于性空，往往会出现夹杂私意而助长欲望的危险①，但正因为真正了悟性空，才能除去所有的先入之见与偏向，把握事实的如是之相，去除心头的阴云。一旦遗忘提倡性空主张的苦衷，就无法探寻到由此所产生的高昂之格调的实践动力的根源②。对于万历末期的野心家沈一贯妖书事件，陶石篑与唐文献等联手起来，始终保持严肃态度，黄梨洲对此断言完全与禅学无关，是依赖于儒教的素养③，这种看法只能当作笑柄来看待。

当时陶石篑的知己袁宗道在写给李卓吾的书信中极为赏识陶石篑："陶石篑为人绝不俗，且趋向此事，极是真切。"（《白苏斋类集》卷十五）他们所说的"此事"几乎可以断定是禅之悟，袁宗道写给陶石篑的下面这封书信就是明证：

> 贤伯仲闭门参禅，精进勇猛，令我愧叹。不知此时参得如何？"三界惟心，万法惟识"一语，似无可疑者。便令解不得，亦无损；纵使解得，中甚用也？（中略）弟近来亦止向"无"字上做工夫，些小光景，见解都不认着，只以悟为则。亦决不敢嫌此事淡淡。（同上，卷十六《答陶石篑》）④

233

与陶石篑有交往或者表达好意的僧侣，与周海门一样，有紫柏达观、湛然圆澄、云栖袾宏等等，此外还有妙峰百松、雪浪洪恩。陶石篑与紫柏达观之因缘，是万历辛丑（二十九年）在京城时，听说紫柏达观在西山，便想

---

① 石篑言："古人见性空以修道，今人见性空以长欲。"（《歇庵集》卷十六《与焦弱侯》）

② 石篑言："今以生夺熟，以真夺妄，非有纯一不已之功，何异杯水当舆薪之火哉。"（《歇庵集》卷十五《与我明弟》）

③ 黄梨洲言："然先生于妖书之事，犯手持正，全不似佛氏举动，可见禅学亦是清谈，无关邪正。固视其为学始基，原从儒术，后来虽谈玄说妙，及至行事，仍旧用着本等心思。"（《明儒学案》卷三十六）

④ 参看《袁中郎集》收录的写给陶石篑的书信。陶石篑也曾称赞袁宏道的为人："袁中郎礼部天才秀出，早年参究，深契宗旨。"（《歇庵集》卷十五"与友人"）

要前往拜谒，但因为同志数人非难达观，危惧之下打消了拜访的念头，失去了见面机会。此后读了紫柏达观之法语而敬佩不已的陶石篑，为自己错失良机而对一个好友感喟道："近始见紫柏老人，语实有证据处，恨当时不曾一睹其颜论。"（《歇庵集》卷十六、十五丁《与董玄宰年兄》）[1] 紫柏达观在生前评价好恶参半，最终愤死于狱中，陶石篑将其行迹比作《法华经》中的常不轻菩萨："紫柏视众人为佛，不得不度。众人视紫柏为狂，不得不死。于乎何足恨哉。"（《歇庵集》卷十四，三十四丁《紫柏和尚像赞跋语》）

与湛然圆澄的关系，陶石篑弟弟石梁所撰《圆澄塔铭序》中有详细记载[2]，而湛然圆澄的名著《宗门或问》即经陶石篑之校正，陶石篑在《湛然禅师像赞》（《歇庵集》卷十四）中以无限的亲爱之感描绘了圆转洒脱的湛然圆澄之为人。

如此，在儒学中接触左派王学之面面，在佛教中与当代杰僧中之数人有亲交，充满了磨练求道之经历的陶石篑，被同志、先辈告以不要走向过激与无节操，对他来说，这种令人愤懑的世相的改变，除了求助于炎炎燃烧之心火而显现流行的大用，以及念念放下之妙诀，别无他法。不是说消火。去除火中的杂质，改变火的燃烧方式。为了让火继续燃烧，就不能离开人伦之世界。为了改变火的燃烧方式，必须对"心"这个装置进行改组重建。"可见禅学亦是清谈。"——黄梨洲对陶石篑的批判很显然是无的放矢。陶石篑曰：

不孝虽愚昧，然灼知伦物即性道，不敢弃离，亦不敢以此误人。

---

① 依据《湛然圆澄语录》卷六，记载了如下场景：京师嘉熙寺内，除了达观、月川两位僧人之外，还有宰官数人一起观月，这当中也有陶石篑的名字。由同书末尾的塔铭、行状，这是万历三十年的事情，正与石篑在京城的时节相同。由此看来石篑有过与达观相见的机会。陶石篑书信中所说，或许是有什么特别的含义吧。

② 其中有这样一段文字："所交缙绅，皆当代名士。而与余兄弟特善，所以获管窥兹事，得师力为多。"

（《歇庵集》卷十五，三十五丁，《与徐鲁源先生二首》其二）

将陶石篑的这种义愤，以虽然并非理想的形式进行表现并实行的，就是李卓吾。万历二十九年进入京城成为翰林院编修的陶石篑，在翌年春得知李卓吾在通州狱死的消息，他无疑对于围绕本案的中央政界的险恶阴森的空气有很深的体会。即便李卓吾的言行有过激或者不顾他人之嫌，但将七十六岁的老翁投入监狱进行拷问，并最终逼死，当局者的这种做法，不只是对一个公愤者的压迫，还意味着对于一切想要以纯粹之己心而生活下去的人的挑战与恐吓。李卓吾之死，使得陶石篑对于官僚生活之前途开始抱有深刻的疑虑。

> 卓吾先生虽非真悟正见，而气雄行洁，生平学道之志甚坚，但多口好奇，遂拘此祸。当事者处之太重，似非专为一人。卓老之不宜居通州，犹吾辈之不宜居官也。有逐我者，旦夕即行，无之，亦当图抽身之策。（《歇庵集》卷十六、四十一丁《辛丑入都寄君奭弟十五首》其三）①

235

然而道之真伪邪正，并不应当由当代之掌权者（在此场合下指沈一贯）来决定。即便是今日被视为正统的程朱理学，在朱熹生前也不是被打为伪学吗？"古今谈学者众矣，其谁不伪之？然则贪名逐利，败度坏族者，乃称真乎？"（《歇庵集》卷十五"与周海门先生十五首"其五）李卓吾之死带给陶石篑的震撼，要远远大于周海门，这是因为陶石篑的异端品格要更加浓厚吧。但是，所谓"异端"，在刘念台或者黄梨洲这里被直接界定为无视伦常

---

① 又曰："卓吾之学，似佛似魔，吾辈所不能定，要是世间奇特男子。行年七十六，死无一棺，而言者犹哓哓不已，似此世界，尚堪仕宦否。"（《辛丑入都寄君奭弟十五首》其四）

规范的邪道，这无非是囿于门派的偏见而已。"体羸多病"①（《白苏斋类集》卷十六《与李宏甫》）的陶石篑，拖着病弱多感之躯体，探寻着在危机中生活的人的理想姿态。但是其学统没有很好的后继者，又受到以刘念台为中心的正统派的严厉批判，最终沦于消亡。对此经过，刘念台以他自己的视角做出如下说明：

> 昔海门先生开讲郡中，其后有一二败类者，或言浊而行浊，或口是而心非，致为陶文简公厉声举发，其人遂自窜去，而学会亦从此告罢，至今以为口实，令人不敢举"道学"二字。前车之鉴，亦可戒也。（《刘子全书》卷十三《会讲申言》）

明末的浙东思想史，由刘念台做了上述总括，而他是如何与周、陶二家做出思想上的对决，留待他日再论②。

---

① 黄汝亨撰《歇庵集序》中也写道："陶子净寂如处女，清瘦如山泽。"
② 本文没有提及陶石梁的余裕，在拙稿《明末の禅僧湛然圆澄について》中稍有提及。

第九章

明末儒佛调和论的性格

一

　　中国传统思想与佛教之间所产生的围绕异端之争论，从六朝以来就有很多分歧，对于宋明儒者而言，一方面他们会承认自身与佛教之思想的近似性，另一方面又会因此而视佛教为甚于杨墨的危险思想，以至于要一口咬定佛教是"弥近理而大乱真"（朱子《中庸章句序》）的地步，这并非因为宋明儒者关心人格神、灵魂不灭、神道奇迹等所谓宗教学上的论题，而是关乎存在规定之根本样式的核心问题，亦即是说——是否承认使得维持现实社会之支配背后的客观定理，可以说是维持人伦共同体的基本法的名教伦理之先验实在性，抑或是能否找到超越人伦之束缚的无定形、无法则的绝对境地。不仅如此，儒家所言之"理"，是不断寻求天命（天之所与）的权威所赋予的普遍性，而认为即今当下之主体（本来心）才是佛，不承认任何在此之上的超越者之影迹的佛教心学（禅）被"正统"视为最大的"异端"，可以说是理所当然的。本来，"正统"与"异端"这种以宗教教义（dogma）为基础的思想之判教与解释，是拒绝相互对立者之间的平等、煽动双方的激烈斗争欲望，而明太祖打出看似宽大的三教并存之思想政策，当然也是为了正统与异端之间达成均衡来达成权力体制的稳定化。因此，正统在得到维持正统之名目的保证的同时，成为拥戴权力的辩护者，必须付出沉重的代价——尽量弱化为了应对社会动态而检验自我的能力，异端则在被容许继续存在的同时，必须像猫一样安静地顺从于国策。正统与异端之间的对抗意识得到缓和，波澜不惊的思想界渐渐就堕落为丧失自律能力的休眠状态。在永乐皇帝统治下的三大全编纂事业，本可以期许成为朱子学正统化的光辉夺目之纪念碑。但真挚的朱子学者却感叹"永乐间道义名节之士未见，只有许多才子出来弄诗文"

（《居业录》卷四），出现的只是思想空白的时代而已。

对于正统的衰退之现象，在正统派的内部，必须要对以正统之名而安住于此的空虚进行反省。但是在这里要问的是，这单单是正统之真假、朱子学路线之变化，还是说在正统之权威与范畴之深处所隐藏的人之本身的整体存在方式相关的东西？如果仅仅是前者，那么明代思想史也只是重复宋代思想史，或者最终成为后者的亚流而已。但是，对构建得十分牢固的正统儒学进行结构之改革与体制之改善，乃至于前进到与异端都很难加以区分的地带，这正雄辩地说明思想界的底流更多地向后者之方向进行倾斜的事实。不过话说回来，这种思想革新之运动，既然是在儒教内部进行自我检证的前提下进行，因而名教伦理之优先性受到严密保护，与异端之间的断层也会不断得到确认，但在既成的哲学范畴被一个个加以重新检讨、追求毫无矫饰的人（在这个时代最通俗的意义上的表现即是"心"）的本源存在方式的时候，"性即理"的朱子学之基本命题，必然会从根基上受到动摇。所以表面上所争论的是儒学之真假，实际上从整体来说最重要的问题是"心"之真假。提倡"自然"也好，尊重"气质"也好，肃正官界也罢，所有的问题都无非是对此（心之真假）的解答。

在儒学内部的这种结构性变革中，必然会带来儒学与异端之间的关系变动，特别是多年来作为心学、倾注心血于极限状态下探求磨练的禅，作为媒介给试图确立新的人类形象的士人之灵魂带来了多种多样的触发之契机，这已经是无法阻挡的趋势了。本来，明末之儒者认为：

> 恭惟我圣祖开基创业，建立三宝，崇重法门，超越百代，而一时名德，光扬佛祖之道，不减在昔，盖千载一时，自此而降，渐渐寂寥，而嘉隆之际极矣。（憨山德清《梦游集》卷三十一《刻五大师传题辞》）①

---

① 陈垣《明季滇黔佛教考》也提道："计明自宣德以后、隆庆以前，百余年间，教律净禅，皆声闻阒寂，全中土如此。"（中华书局，1962 年，第 13 页）

明代中期的佛教界，并没有可以为天人之眼目的有能力的师家，作为异端者的活跃的反叛精神几乎全然不见踪影，但儒教内部酝酿出的革新之气运，渐渐积蓄了比同种交配更强的异种交配之转换力量，到王阳明的心学一出现，确立了决定性的方向。

王阳明的心学，对于僵硬而形骸化的正统儒学，对于历来只是小修小补程度的反省与改良一举加以总清算，尝试从"拔本塞源"的人性论层面对于人伦共同体加以再构造，使得正统儒学的根底都有所动摇，但反而获得了使面临危机的名教伦理免于彻底破产的功绩。与此同时，将确保"正统"的权限不交给政权体制或者既成的价值体系，而是"个个圆成"的人的自主判断，由此打开了正统与异端之间的交错所产生的不可预知的自由之道路。可以称为"未完结之完结"的阳明学之性格，其理解的困难之处就在于此，现在就其异端论而言，值得注意的是，（王阳明）早在中年时期（所谓龙场悟道之前）就立陈情绪化地攻击排斥佛老的无意义性，认为异端与正统之间的区分不当求之于固定的教派，而应当求之于本心之存在样态与主体之自觉形式（参看《王文成公全书》卷三十一《山东乡试录》）：

> 夫杨、墨、老、释，学仁义，求性命，不得其道而偏焉，固非若今之学者以仁义为不可学，性命之为无益也。居今之时而有学仁义，求性命，外记诵辞章而不为者，虽其陷于杨、墨、老、释之偏，吾犹且以为贤，彼其心犹求以自得也。夫求以自得，而后可与之言学圣人之道。（同上、卷七《别湛甘泉序》）

认为自得之有无浓淡才与圣学之真假权实有关。后来确立独特哲学的王阳明，倾力于区分良知说与佛老（特别是禅学的顿悟说），并不得不做自我辩解，但很显然，他所创立的心学所最关心的，绝非是对"异端"的敌对意识之燃烧、在与异端绝缘的情况下寻找防御"正统"的活路，而毋宁是超越教派之类别、判教的良知一念所确立的主体性。他完全清楚，由良知当下一念的瞬间之向背顺逆，可能使正统忽然间就转变为异端，而这才应当是良知说的真正面目。经常有人认为，良知说与朱子学相比，对异端更加宽容，使得儒学与异端之间的界限变得十分模糊。但如上所述，良知一念的向背顺逆，决定了究竟孰为正统，孰为异端，还有比这更严厉的异端论吗？像宋儒那样，对异端"如远淫声美色"，不得不说实在是太幼稚了。难道不是每个人都时常会有掉落到异端之中的可能性之存在吗？认为异端之存在依据是外在的，一听到异端两个字就叫嚣着（けたたましく）加以排击，并以此为能事的诸多朱子学者，实际上并未与异端进行对决，而只是背对着异端逃跑而已。从异端那里逃走，与念念不断地时刻准备着与异端进行对决，这两者究竟是谁对异端更宽容？①

保持着对异端的严肃批判之态度，从阳明学的门流之中，出现了类似"先师良知之学，乃范围三教之灵枢"（《王龙溪集》卷一《三山丽泽录》）这样大胆的发言，虽然由此受到众多非难，但最终还是发展成盛极一时的动摇正统儒学的儒佛合体之思想运动。

二

良知说未必会粉碎名教伦理，但也不会与异端轻易达成妥协。而且其使得正统儒学之根底产生动摇、对明代思想史的决定性转换发挥作用，要

---

① 当然，如果将此问题改为"究竟何者对异端比较有利"，那么答案就会变得很复杂吧。但这个问题恐怕与良知说之关注点并无关系。

首先归结于打破了"性即理"说的"理"之先验性与优先的性格，从"天"那里将主动权夺回而交给人自身之主体。亦即是说，"理"并非作为先在于主体的安定化存在从而支配人的思维、判断以及行动，而是被界定为由良知当下之一念不断地被创造与形成之物。如是，掌握在人手中的"理"，就具有了无定形、无方所的"无"之性格，其解体之操作也是无限的，由此而具有从有到无、从无到有、从善到无善、从无善到善的极具张力（きわどい）的实质。与顽强坚守性善说的朱子学相比，在阳明学派这里，不管内部有多少差异，必须时刻与无善无恶之教义打交道的原因，就在于上述良知说的基本性格以及历史使命。

"致吾心良知之天理于事事物物，则事事物物皆得其理矣。"（《传习录》卷中）良知所具备的理，如果是具有超越客观之定理、具有丰富的弹性与自发性之物，那么随着其自律能力之提高，理的解体与再构成，也就可以期待迅速无碍地得以进行。反过来说，不具有自律能力的固化之理，会使良知的生命力枯竭，乃至妨碍良知的自然的发用流行，所以必须要加以断然拒绝与彻底破除。危及良知说之存否的大敌，与其说是佛教之唯心论，毋宁说是这种凝固化的理意识——上述反省在思想界中得到广泛传播，并通过与佛教的无所得之空观以及明心见性的体验的结合，甚至产生了试图打破胶着化的理意识、彻底进行人类改造的风潮，这可以说是明末思想界的一个重要现象。过去在宋代思想史上，克服了揭示"理障说"（"理"是分别之意识，所以会成为"悟"之障碍的学说）的佛教之空寂性、无规范性，确立了通过对各个事物所具有的定理之认识才是实践工夫之基本条件、集大成于一身的朱子学，到了明代却反而变成为理所束缚，乃至为杀理、悖理之物而受到非难。例如焦竑说道：

> 孔孟之学，至宋儒而晦。盖自伊川、元晦，误解格物致知，至使学者尽其精力，旁搜物理，而于一片身心，反置之不讲。阳明先生始

倡"良知"二字，示学者反求诸身，可谓大有功矣（中略）释氏直指
人心，无儒者支离缠绕之病，故阳明偶于此得力，推之儒书，始知其
理，断断乎非后儒之所讲解者。（《澹园集》卷十二、七丁《答友人问》
金陵丛书本）

又例如，屠隆批判朱子的思量分别之论，认为这只是由妄想而起的尘缘
分别：

今晦翁所云，正是尘缘分别妄心，万劫生死根本。殊不知以妄心
思量分别，只益迷倒。悟得妙明真心，则不思量而思量，不分别而分
别。一真寂照，万法洞然。（《佛法金汤录》卷下、六丁、延宝刊本）①

思想界的局面就此发生转变，儒者之中提倡"理障者"也辈出②，宋代思想
史的儒佛对立之要素，至少在此一派当中其意义完全被消灭。万历以后，

---

① 杨起元也认为朱子的"明德论"带来了本性之胶着化。参看拙稿《罗近溪的思想》（本书
所收）第八节。

② 参看以下资料："盖王先生之学，入理界最初之论，故能廓摧理路之碍，而晓然示人以行
也。"（赵贞吉《赵文肃公文集》卷十六《重刻阳明先生文粹序》）
"事障易损，理障难也。人性湛然，本无一物，不知者至多，其意识以蔀之，蔀去而性自若，非能
有增也。"（焦竑《澹园集》卷十三《答蔡昆石》）
"盖汉唐之注疏，解在字句，宋儒稍入义理，又为义理所障。此学至我朝诸儒，始大著明，旧时窠
臼，翻却殆尽。"（周汝登《东越证学录》卷十九《与喻中卿》）
"儒宗（程朱）大振，而影响支离之弊亦起，垂五百年，理障横生，入圣无路，而阳明王子，以良
知荡涤之。"（管东溟《师门求正牍》卷下、附录《祭奠天台先生文》）
"宋儒因执此理为实，故逐物以穷之，以分别之妄心，测度影响之幻境，自谓物可格，知可致矣。
不知事物之变，机如闪电，事物之赜，纷若尘沙。不能洞其根源，而区区逐物，能尽照哉。"（永觉
元贤《瘗言》卷上）
当时，有志于正统儒学之复兴的顾宪成对理障说流行的风潮加以批判："释家有理障、事障之
说，便是无善无恶的注脚。试看理是甚么，唤他是障。或以情识认取，或以意念把捉，或以见解播
弄，或以议论周罗，则有之矣。却是人障理，非理障人也。"（《小心斋札记》）如果用刚才引用的永
觉元贤的接下来的话加以对照，就可以看出两者之对立："况有能分别之心，是谓人执，有所分别
之理，是谓法执。二执并与，众咎斯作，虽勉强为善，而叛道愈远矣。呜呼！宋儒失本求末，认末
为本，其颠倒若此，岂曰大本之能立耶。"（《瘗言》卷上）

儒佛调和论盛行的背景，一般可以认为是由上述儒学本身的内部之变化所做的铺垫。

为了考察万历之后的儒佛调和论的性格，作为一个线索，让我们来看一下这个时代的《楞严经》的流行①。《楞严经》是一部极具波澜而复杂的经典，其所说之内容很难加以单纯的概括，但对于停滞于某一境位的心之诸相，依次加以剖析，使得内心深处潜伏的妄念妄执之巢穴暴露在白日之下，不留丝毫寸影，这种深刻的心理描写是其重要特色，对此应该没有人会怀疑。"纵灭一切见闻觉知，内守悠闲，犹为法尘分别影事"（《大正藏》卷十九、一〇九上），《楞严经》中的这句话②，可以说是对止步于不彻底的道理之上、希求平稳之延续的学人的严厉告诫与鞭策。佛家对此有"此经（《楞严经》）恐洙泗濂洛所未及道"（《云栖遗稿》卷中《答开封尹张居士舜典》）之自负，但基于良知的心学，斩断了理障、事障，专注于自身之反省、探寻自身存在之原点的时候，可以说传统观念所设定的正统与异端、外典与内典之分别已然是第二义上的。杨起元就说道：

245

> 程子曰：人须是识其真心。嗟夫！真心岂易识哉。弟非学佛者也。因其书，然后稍窥心体，回视儒先所论，如隔靴搔痒，入海较砂，深为可惜（中略）即如佛说楞严一经，其征心者，亦良苦矣。其仁后世者，亦可谓至矣。学以求心者，安可置之漫然不省耶。（《杨复所太史家藏文集》卷七《与曾植老》）

---

① 陆光祖认为阅读佛书要遵循如下之次序："先阅《楞严注解》，次阅《法华要解》，又次阅《坛经》，然后阅《圆觉》《维摩》《五灯》诸书。"（《陆庄简公遗稿》卷六《答曾见台中丞》）

② 天如惟则的《楞严经圆通疏》卷一（二二三左、续藏经版本）在解释楞严经这句话的时候，引用了温陵戒环的注释："温陵曰：此（一节）依六尘，辨无自性也。分别觉观，即能推心也。此心离尘，无性不应，执以为真觉知灭，则意幽闲，然彼幽闲者，犹是法尘影事，亦无自性也。"

又，焦竑曰：

> 孔孟之学，尽性至命之学也。顾其言简指微，未尽阐晰。释氏诸
> 经所发明，皆其理也。苟能发明此理，为吾性命之指南，则释氏诸经，
> 即孔孟之义疏也，又何病焉。夫释氏之所疏，孔孟之精也，汉宋诸儒
> 之所疏，其糟魄也。今疏其糟魄，则俎豆之，疏其精，则斥之，其亦
> 不通于理矣。（《焦氏笔乘》续集、卷二）

不过，打破客观定理之优先性、标榜在自己手中创造与形成"理"的阳明
学派的良知学说，如果要避免流于私意放纵、以自己的意见代替"理"的
危险，就必须使致良知的工夫深入贯彻到心髓之深度不可。否则，良知说
将会成为新的理意识之阶下囚。如此，要求对良知内部的妄念妄执进行彻
底扫荡，上述《楞严经》的"法尘分别影事"说，就被看作典型的自我反
省之方法而得到接受。在阳明门下主张在三教对立之前确立良知之基点的
王畿，就使用过"前尘影事"的说法，万历以后，此倾向就越发显著了[1]。
当时将若干种《楞严经》之注释集大成者，恐怕要数钱谦益的《楞严经解
蒙钞》，在明末清初的险恶时代，这个迷茫痛苦的有代表性的知识人，从早
年开始直至去世为止，都在此经典中寻找安身立命之所，抱着老残之身，
以"岁凡七改，蒿则五易"的热情倾注于该书，确实可以说令人印象深
刻[2]。如此，《楞严经》中所体现的佛教之说法，就不仅不再是异端，而且

---

[1] 参看如下资料：《王龙溪集》卷九《与吕沃洲》，《续笔乘》（焦竑）卷一"慎独矣，而必
系之喜怒哀乐者何也"条，打着李贽名号的《李氏说书·论语》、卷六，葛寅亮撰《四书湖南
讲·孟子》、卷三，等等。还可以参看憨山德清给某官僚的书信："至若有志于尘劳境缘上作工夫
者，又以见闻觉知昭昭灵灵，缘尘对境生灭之念，认为真实，都谓即此便是，此又病中之病，最
难治者也，良以纵灭一切见闻觉知，内守幽闲，犹为法尘分别影事，此正所谓识神之影明，妄想
之机关，生死之堀穴，所知之大障，此尚非真，况彼缘尘扰扰者乎。"（《梦游集》卷十四《与曾
见斋太常》第三书）

[2] 钱谦益《有学集补遗》卷下《大佛顶首楞严经疏解蒙钞录》后记。

成为对于中国人而言——否，对于人类要真正确立主体性而加深自我反省的时候自然而然从内部涌现上来的良知之声音，乃至被认为是歌颂普遍真理的圣典。这是本来人心就具有的东西、从而也不妨说是中国人所固有的东西，支撑儒学之心学的原点与佛教心学之原点在此变得一致①。到了这个阶段，儒佛之和合，已经不再是两种教派的两可折中，而应当说是突破教派之框架的一心之中的活生生的体验样式，对于佛教的异端之感受可以说几乎完全不见踪影。儒佛和合在六朝以后的部分士人中开始提倡并传承下来，但这基本都是表面的妥协或者教宗传播之手段、教养之装点而已，现在我们在明末所看到的是深入到儒佛两教根底的、来源于赤裸裸的人间的毫无伪饰之欲求，二者之间的差异极大。

三

对于异端极其严厉的良知说，最终却与异端合体，这看似很像是某种自我欺骗的现象，实际上这种儒佛调和论并非有意识地要为阳明学与佛学这两种教派的沟通架设桥梁，而是内在的真心（良知）之呼唤要求确立根源性的主体，由此自然而不容已（おのずから已むに已まれず）的形成之物。所以，其实使用"异种交配"或者"二者交流"等表达都并不确切。与其竞相与物象化的异端断绝关系，不如对于异端形成的内心的缘由加以锐利的审视，良知说在渐渐告别正统的同时也与异端告别，一心一意地向

---

① 参看以下资料："或谓：佛至汉乃入中国。愚以为不然。入中国者，佛之名迹耳。其道则中国固有之也。"（《杨复所先生家藏文集》卷三《冬日记》第十节）"释氏诸经所发明，皆其理也。苟能发明此理，为吾性命之指南，则释氏诸经，即孔孟之义疏也，而又何病焉。"（《澹园集》卷十二《答耿师》）

虚明自照之自我的确立而迈进。在此，已经不是与异端之接触的宽严亲疏的问题，而是严厉地追问是否能全身心地依照良知当下之一念而涌现上来的冲动。

那么，依照上述哲学路径而产生的儒佛调和论，从单一的思想立场来进行规定是否合适？从儒教的正统论立场出发所撰写的文献中，儒佛调和论者被认为是将灵魂出卖给了异端，与破坏儒教的反叛者相提并论，但这样的见解是否真的妥当？如上所述，明末的儒佛调和论，如果看作良知的自我充足之运动而自然形成，那么由此所产生的哲学有怎样的社会性志向、怎样描绘人性，就应当完全交给各个主体自己来进行判断。因此，良知说之本身当然会反映出向各个不同方向发展、错综复杂的阳明学派之动向。故本文为了对明末儒佛调和论的多样性发展加以整理，选取了三种最典型的类型来加以考察。

第一种立场，是对于承认官僚社会机构或者士农工商之阶层秩序、因循守旧的非人间性之残渣，通过即今当下之良知的威力予以扫除廓清，为此而大胆引入佛教的明心见性说，与儒家的明德说进行合体。属于这一派的可以举出杨起元、周汝登、焦竑等名字。对此派的特色需要注意的是，他们并不承认出世法对世间法的优越性，而是将两者等同看待，试图给各安其分的伦理之考虑带来新的东西。例如杨起元认为儒家之明明德与佛家之明心见性没有本质区别，但"后世儒者，徒求治天下国家，而不知求明厥德，学佛者，徒知明心自了生死，而不知大事因缘，胥失之矣。"（《杨复所太史家藏文集》卷三《明心法语序》）儒之名教与佛之空教、老之虚教，在三者共处之处，可以找到天爱民之姿（同上、卷四《书与甸南许子》）。这样的思想，会被固陋之士指责为但广罗而暗于日用、与庸俗之众同（邹元标《愿学集》卷六《杨起元传》），但杨起元本身（其老师罗汝芳也是如此）并未致力于激烈的社会批判。

周汝登在阳明后学之中，是对王畿的"无善无恶说"最有共鸣的人，他对于当时佛教界的大人物云栖袾宏的"儒主于治世，佛主于出世"（《竹窗二笔》"儒佛配合"）的真俗二元构造的说法，发出深深的感慨，并诘问道："外纲常伦理以求高深，不知如何高深？舍家国天下以成解脱，不知如何解脱？"（《东越证学录》卷五、五十九丁）挥舞着"无善无恶"这把众论纷纷之刀的周汝登，其社会观从下面这段话来看，意外地平稳：

> 道本无奇功，惟见在为士子，则习举业，为农夫，则事耕田，为比丘，则诵经课，为宰官，则修政绩，各素其位，各安其心，而道存乎其间矣。此个工夫，彻上彻下，知头脑者，便得休歇。（同上、卷十、四丁《与范损之》）

焦竑则如前所述"佛虽晚出，其旨与尧舜周孔无以异者"（《澹园集》卷十二、二丁），是坚持儒佛之本质性合体的，而且他导入佛教"本来无一物"的目标，是伦理感情的纯粹化，而并非再往上一层的奇矫的社会之志向。曰：

> 吾心之理，种种具足，用之不尽，只为从前忿懥好乐等无端遮蔽，群疑满腹，众累塞胸，应事临民，自成颠倒。若是此类，悉空胸中，孝弟慈，滚滚流出，不待安排，皆成妙用。传言未有学养子而后嫁者也，可谓善于晓人矣。（同上、卷四十八、四丁）

儒佛调和论的第二种类型是反抗官僚社会的伪善与横暴，跳入出世之世界，从而切断与俗界之联系，敢于做出桀骜不驯的言行举动，不迎合时流，是自己受用法乐的立场。属于这一派的，可以举出李贽和邓豁渠。李贽"吾之色身，泊外而山河，遍而大地，并所见之太虚空等，皆是吾妙明真心中一点物相耳"（《焚书》卷四《解经文》）的绝对真心论，恐怕是受了《楞严

249

经》的真心论之影响吧。李贽的真心（童心）是从因袭之枷锁中解放出来的人性的真实追求所迸发出来的热情，他对于"衣冠大盗"的假道学之士大夫不断进行毫无掩饰的抨击。从真心来看，假道学所粉饰出来的价值观，是何等颠倒错乱！

> 凡昔人之所忻艳以为贤者，余多以为假，多以为迂腐不才而不切于用；其所鄙者、弃者、唾且骂者，余皆的以为可托国托家而托身也。其是非大戾昔人如此。（《焚书》卷六《读书乐引》）

以"异端者流"而自任的李贽，由于官方以及道学家的严酷打压，其社会活动之地盘逐渐被压缩，乃至虽然未必喜欢出家，却也可以说是为了保持自我的纯粹孤高的最后手段，"剃发以示不归"（《焚书》卷二《与曾继泉》）。对李贽而言，佛教不仅是脱离世俗羁绊的方向之指引，在自嘲为"恶魔般的存在"的同时也给予当下如是（そのまま）佛身现成的信念作为救济。其不知休歇的锐利的毒舌，在此救济阀之开闭合上，亦即其死亡来临为止都不会复归平静。

与李贽声气相通，乃至为之辩护的人物，即是邓豁渠。其言曰：

> 真精妙明，本觉圆净，非留生死。及诸尘垢，乃至虚空，皆因妄想之所生起。此言性命真窍，原是无一物的。今欲透向上去，必须空其所有，干干净净，无纤毫沾带，故曰：心空及第归。（《南询录》三十五丁）

很明显，邓豁渠受到了《楞严经》的真心论的影响。经历了艰苦跋涉三十年，一听到某处有良师，就不远万里奔波求教的邓豁渠，在最究竟处所得到的，是领悟到"良知，神明之觉也，有生灭。纵能透彻，只与造化同运并行，不能出造化之外"（同上、二丁），将良知说周边的一切沾带、影迹都彻底扫荡干净。之后，选择出家落发为僧、宣布不为世间之规矩所束缚的他，认为伦常、故乡、教派传统等等都落于第二义，他对于自己不归故乡的理由，是如此进行说明的：

> 我出家人，一瓢云水，性命为重。反观世间，犹如梦中。既能醒悟，岂肯复去做梦？（中略）大丈夫担当性命，在三界外作活计，宇宙亦转舍耳。（同上、十五丁）

上述第一种类型与第二种类型之间，在将佛法放入自家药笼之中、打开已经进入绝境的儒教（朱子学的）理念的新局面方面，未尝没有共通之处，但在采取剃发出家这样的大胆之行为，又进行看似疯狂的猛烈且令很多人感到不快（どぎつい）的社会批判方面，前者无论如何都无法与后者同日而语。本书先前已经指出，李贽与周汝登、焦竑有诸多截然相反之处，与举措稳当的杨起元也有风格上的差异①，杨起元就对李贽的做法表示过不安：

251

> 李卓老真出世豪杰，其炉火力，大足以陶冶人，不待言已。然剃发一事，踪迹大奇，使同世再出一李卓老，便不是，即如佛诸菩萨，表德不一，故李卓老极不喜人去学他样，渠亦不喜学佛。（《南中论学存笥稿》卷一《蒋兰居年丈》［译者按：此处原文为"刘淳寰

---

① 焦竑对此的评论，参看《澹园集》卷二十二《题杨复所先生语录》。周汝登曰："今先后谈名理于秣陵者，有比部李卓吾、太史杨复所。途径两分，而见处各有超诣。比部罢官称长者，事多逆行，卒挂弹章毙于狱。或者曰：是有以取之。然否不可知。太史躬修儒行，动履法绳，服官守己，尤毛发荡踰。久之亦挂弹章，又连丧其母，若妻与子，而身继之，是又何所取而然，亦不可知。"（《东越证学录》卷九《题秣陵纪闻》）

丈"，误]）

周汝登有"吊李卓吾"（《东越证学录》卷十六）一诗，曰：

半成伶俐半糊涂，惑乱乾坤胆气粗。

惹得世人争欲杀，眉毛狼藉在图圄。

可以认为，周汝登在此保持着一定的距离而冷眼旁观李贽的人生，其作为知己的眼光，既非羡慕，也非蔑视。周汝登还对最近否定良知本体的风潮感慨万千，并指出邓豁渠的谬误：

尝观邓子《南询录》，亦以良知不足了生死，惟人睡着不做梦时，方是妙心真脉，是此非彼（良知），边见为崇，卒至枯槁沦陷而无归。学术之谬，只在毫厘，辨不可蚤乎哉。（《东越证学录》卷六《寄赠李楮山序》）

如上所述，在第一种与第二种类型之间，其思想骨骼与社会观念都存在着不可逾越的界限，但两种类型所共通的是，虽然程度有所不同，却都对名教伦理的先验之权威加以批判并保持警戒。然而接下来要举出的第三种类型，则指向名教的再度强化（てこいれ），虽然一边也会主张"理障说"，但实则在更深的层面则试图加强名教伦理之实践，纠正和恢复阶级秩序之混乱，在这一点上，其与前两者之间形成了鲜明对比。此派的代表人物是管志道。关于他，笔者另有专论进行了轮廓性的描写，故在此不展开详论①，要而言之，他设定了超越朱子学与阳明学的第三种立场，为此大量援

---

① 参看拙稿《管东溟》。

引佛教思想，但其对于违背名教伦理将走向不归路的人之悲剧性宿命的忏悔，才是主要动机所在。为了严格保持"孔矩"（儒教之规范），他采取力挽狂澜的舍身之手法，主张皈依佛教。曰：

> 孔子以三纲五常之教含一大事，儒门中之父脉也。释氏以一大事之教含纲常，儒门中之祖脉也。（《从先维俗议》卷五、五十三丁）

他将儒门之纲常与佛门之大事因缘结合在一起，认为离开"孔矩"、专求"圆融"的禅家的张皇会破坏世教、扰乱社会秩序，因而断然否定之。这可以说是基于极其严格的士大夫意识的佛教信仰。那么，他猛烈抨击李贽也就理所当然，对邓豁渠（参看前引注释拙稿）也愤慨地说道：

> 弟又有感于天台耿师之作《邓豁渠传》。其人颇发禅解，亦能影曹溪之不思善不思恶，言未发之中，辄便张皇播弄，卑视儒门圣贤，诋中庸为不了情尘之书。宇宙中作此见者，亦不少。（《问辨牍》亨集、十一丁《答曹鲁川书》）

管志道与第二种类型之间，就有如此大的距离。那么他和第一种类型的人的关系又如何？管志道试图打破狭隘的教派之框架，在佛教那里寻求人间存在之根源，为打破固定化的理意识而精进的热情，确实引起了第一种类型的人的共鸣①。然而另一方面，他们在某些重要的方面与管志道的见解全然不同，对此也不可忽视：在管志道看来，从王艮到罗汝芳，这些士人到

---

① 管志道曾赠予焦竑自己的著述，焦竑在读后将读后感寄给对方："读之如泛沧海，登蓬瀛，可谓大观矣。弟尚愿丈，以切要一言，密相指示，俾弟无终迷焉，盖丈欲集儒禅之大成。"（《澹园集》卷五《答管东溟》）杨起元也说："海内同志，如吴下之管东溟，才识尤双。"（《杨复所太史家藏文集》卷七《与邹南皋丈》）

底层社会进行讲学、游说以及教化宣传，是和战国时代的处士横议、策士传食一样，这样的做法会使得上下之身份产生混乱，成为社会不稳定的主要原因，而焦竑则反而认为王艮才是阳明门下最得力之徒，其门下人才辈出，"至今流播海内，火传而无尽，盖其人不由文字，超悟于鱼盐之中，可谓旷代之伟人。"（《澹园集》卷四十九、八丁《明德堂答问》）可谓最高级别的赞词。将罗汝芳尊为"圣人"的杨起元，在罗汝芳与管志道之间，当然会感到思想上的隔膜（《南中论学存笥稿》卷一《管东溟公祖》）。特别是对于管志道的主要著作之一《六龙解》，他以温和的口吻提出了自己不同的意见（《杨复所文集》卷七《管东溟》）①。另可参看周汝登的评语：

> 此老（管志道）博综经藏，具大辨才，矫矫风节，懇懇真修，非特损之敬服，即仆亦敬之。近世之泰山乔岳，此老当之，真无愧者。至于学问，则须另作商量。（《东越证学录》卷十《与范损之》）

对于这样的质疑，管志道绝没有屈服而做出迁就。他在写给焦竑的书信中，指出良知见性之说容易堕落到一超直入之中，乃至见利益而狂奔，并认为其原因是：

> 世有此等学徒，理学竟成何用。斯乃流敝所趋，非二先生（王阳明、罗汝芳）本来如是，而二先生亦不无滥收轻许之过焉。似与孔子尽性至命之脉络稍间也。（《问辨牍》亨集《答焦漪园丈》）

他对于王阳明——王艮——罗汝芳这一思想的谱系持批判的态度，又认为杨起元给自己的老师罗汝芳加上谥号"明德"是不妥当的（同上、元集

---

① 参看拙稿《罗近溪的思想》第八节。

《答杨复所》)。

> 故今之学士大夫，敢于裂冠毁冕，滥迹空门，皆声闻小乘之矩，
> 非普贤大行之矩也。(《从先维俗议》卷五、五十二丁)

这段话是管志道对于李贽、邓豁渠等剃发出家之徒的攻击，不过，他在将良知、真心之膨胀与激情化视为灰身灭智之"小乘"的同时，我们也可以看出他所向往之"大乘"是何等充满了内在之自肃性与沉静的遵法意识。

由此，我们对明末儒佛调和论的三种形态的差异已经有所了解。要而言之，上述思想之风潮依然是来源于阳明良知说内在具有的自律之主体性，因此而觉醒的知识人都开始积极地从佛典中寻找哲学追求的素材与方向，并且由于各自的方式不同，绝不可能通过某种单一的思潮来加以规定。

四

对于上述儒佛调和论在明代的盛行，佛教方面又如何看待？多年来被视为异端而遭受的冷遇，是否因为这种现象证明了偏见不过是完全不知所云的误解，从而采取欢迎的态度？还是说，会担心有放纵无赖之辈会借此逃到佛教这边，由此而不得不采取慎重的警戒之策略？在回答这个问题之前，我们必须要注意，在明代中期寂寥无闻的佛教界，随着良知说之流行，仿佛是照应一般出现了诸多有才能的禅者这一事实。如前所述，王阳明的出现并非乘着佛教隆盛之潮流，反而是由于阳明心学打开的突破口所溢出的思潮，佛教心学借此机会重新获得生机，开始在社会上展开活跃的活动。本来，儒佛调和论兴盛的背景中就有很大部分是沉寂多年的佛教思想，依

赖于当时的高僧之热心指导的成分也不少。佛家在重新检讨自我存在的意义的同时，从"异端"的卑微感中得到解放，甚至出现了像"继阳明起诸大儒，无不醉心佛乘"（《灵峰蕅益大师宗论》卷四之三《阅阳明全集毕偶书》）① 这样，讴歌佛教再度迎来春天的乐观主义言论。

这样的乐观看法，当然是以佛教哲学对儒教哲学的优越性之信念为前提的，并容易产生这样的想法——儒教革新运动无非是由佛教路线之诱导而产生，王阳明其实是佛门之权现化身，此运动之后续也必将由佛者来完成与普及②。由此而产生了新的正统意识——超越以往正统的"特别之正统"意识，并且陆续出现了重新界定过去受到冷遇的对立者之地位以及出世间的权限的尝试。佛者一边充满热情地批判宿敌朱子，一方面对卷起反朱子学之狼烟的阳明学致以敬意，更进一步地，他们提倡超越儒教的佛教之优越性，并以世界之最高指导者而自任③。真诚而有才华的宰官居士们于是便聚集在他们的周围。

---

① 智旭也说道："佛法之盛衰，由儒学之隆替，儒之德业学问，实佛之命脉骨髓。故在世为真儒者，出世乃为真佛。"（《灵峰宗论》卷二之四《示石耕》）。这可以和胡应麟的我道与异端之间交互盛衰、若合符节之说相比较。

② 参看云门麦浪之语："成祖之后，典籍残缺而无征，僧行徒有其名而不知奥事。茫茫八表，求一律寺且不可得，何曾有禅教净土之丛林耶？突出阳明夫子，以应化大权，创良知之说，揭禅宗语，和会融通，使儒门英杰始知趣向，然而未光大也。时有云栖大师，实古佛之应身，愍斯恶世，来生此间，少禀生知，为当代巨儒，顿除恩爱，示菩萨遍行。其以身教众生也，则有万德种之妙行，其以语教众生也，则有百千卷之牙签。禅则有《禅关策进》等，教则有《楞严模象》等，律则有《戒疏发隐》等，净土则有《弥陀疏钞》等，校谬则有《正讹集》等。典籍迷谬者，必援古以证，僧行邪倒者，必善巧摄持，三槐硕德，八表高流，莫不望风归附。其亲炙者，必倾心伏膺，罗列祖之行门，馨无不尽，振千载之颓纲，万目毕张，虽其大用如此，皆以净土为指归也。故知圆顿之旨与净土法门何矛盾之有哉。"（《宗门设难》五〇四丁、左下，《大日本续藏经》所收）

③ 云栖认为楞严经有濂洛洙泗所不及之处，前面已经提及，他还说道："世间圣人，佛法中凡人。"（《梵纲戒疏发隐》，四三〇丁，大日本续藏经所收），还曾放言"儒佛二教圣人，其设化各有所主，固不必歧而二之，亦不必强而合之。何也？儒主治世，佛主出世。治世，则自应如大学格致诚正修齐治平足矣；而过于高深，则纲常伦理不成安立。出世，则自应穷高极深，方成解脱，而于家国天下不无稍疏。"（《竹窗二笔》"儒佛配合"条）紫柏达观也反驳朱子的排佛论，曰："朱新安不识佛心与孔子心，乃以众人之心，推好佛之心，何啻天渊相隔哉。"（《紫柏老人集》卷二十一《皮孟鹿门子问答》）又曰："夫道学虽弊，则胜俗学多矣。禅学虽弊，则胜道学多矣。"（同上、卷二《道学禅学》）

上述佛教的社会地位之提升，是在激荡的时代动向中确立自身之地位、佛法与世相之相互关联中随时进行发言的要求。并且在此，正如（儒门中的）儒佛调和论会分化为几种类型，由佛者之时代观、社会观不同而衍生出不同的样态。要探究其内容，恐怕没有比分析佛者对李贽之言行的反应更合适的线索了。采用剃发出家这样的异常之手段，在佛者看来本不值得大惊小怪，毋宁说是拍手欢迎，亦未可知。然而李贽之出家，可以说是冷眼看待世间太久，要揪出作为恶魔般自己的居所而选择的最佳场所，其主要动机绝非为了世道之安稳、身心之解脱或者罪孽之消灭。如此带着佛之假面的恶魔之入侵，作为会玷污法灯普照的佛门净土之大事，必然会带给佛教界以冲击。首先来看云栖袾宏的李贽观：

> 卓吾超逸之才，豪雄之气，吾重之。然可重在此，可惜亦在此。夫人具如是才气，而不以圣言为量、常道为凭，镇之以厚德，持之以小心，则必好为惊世矫俗之论，以自娱快。试举一二：卓吾以世界人物俱肇始于阴阳，而以太极生阴阳为妄语。盖据《易传》，有天地然后有万物，而以天阴地阳、男阴女阳为最初之元本，更无先之者。不思易有太极是生两仪，同出夫子传易之言，而一为至论，一为妄语，何也？乃至以秦皇之暴虐为第一君，以冯道之失节为大豪杰，以荆轲聂政之杀身为最得死所；而古称贤人君子者，往往反摘其瑕类，甚而排场戏剧之说，亦复以琵琶荆钗守义持节为勉强，而西厢拜月为顺天性之常。噫！大学言："好人所恶，恶人所好，灾必逮夫身。"卓吾之谓也。惜哉！（《竹窗三笔·李卓吾一》）①

他对李贽的豪杰式的过激加以批评，列举了李贽的价值观之颠倒——将

257

---

① 《云栖遗稿》（卷三、答问）中亦曰："如李卓吾作用，恐有害于佛法，无益于佛法。"

历史上被定性为恶人的人物加以高度评价，指出被历来认为是贤者君子之人的缺点，乃至不惜预言李贽"灾必逮夫身"。在云栖袾宏看来，李贽即便有苦行精进、佛法觉醒之异常实践，"又不持斋素而事宰杀，不处山林而游朝市，不潜心内典而著述外书"（同上、《李卓吾二》）。其奔放而充满激情之举动，已经超出了佛者之本分，无法对其容忍。"僧思国恩，不背国法"（《戒疏发隐》、三四二丁）、"杀有罪不背佛戒"（同上、三五八丁左）等等，在国法与佛法之间频繁地寻求妥协的云栖袾宏，一方面对于权力体制的功过是非并未做检讨；另一方面，佛心本身的观念之造型已经完成，所以要他认识到李贽破格之行为的历史客观意义，终究是不可能的。

与云栖袾宏持有类似的李贽观的僧人，可以举出曹洞宗的大家永觉元贤。他认为李贽之病在于"以情学道"，"以情学道，故无不溺于情。学问益博，知解益广，我执之情益盛"（《禅余外集》卷一《题卓吾焚书后》），将祸因归于我执，更认为李贽并未随时代而有所变化的原因在于其在喜怒哀乐之际未立"未发之中"。李贽猛烈的反抗世俗之精神中所潜藏的苦衷，在永觉元贤看来不过是一片我执（情）而已。我执即便会虚构出通往自由的假象，但也有可能成为伸张个性的动力，由此，未发之中反而可能成为无拘无束的自我确立之原点，要让永觉元贤觉察到上述人间存在之机微，恐怕是很困难的吧。①

与云栖袾宏、永觉元贤相反，对李贽的旁若无人、逆于世俗之言行深感共鸣、最终自己也身陷囹圄而自刎的是紫柏达观。被称为"末法一大雄猛丈夫"的他，与李贽一样，都为了征讨内心深处的烦恼障之魔军而制订了精悍的策略，"又吾曹断发如断头也，更有何头可断哉"（《紫柏

---

① 永觉元贤在《瘴言》卷下，对于李贽认为王畿、罗汝芳之著述应当是僧人的必读书的看法，提出"借儒语当宗乘"的反驳。又，永觉元贤在此书中有好几处批评了邓豁渠的《南询录》。

老人集》别集、卷三《与冯开之》）。对于当时的权力体制与佛门正法之间的宿命之对决有所觉悟的他，不断痛斥着堕落的官僚①。铁骨硬汉的李贽之自杀，在未"消释宿业"这点上，确实很难称得上真正的"佛祖圣贤之徒"，但紫柏达观还是认为，李贽是一个出类拔萃的人才，"今之僧俗，虽号称知禅谈禅者，则又万万不若卓头陀也"（《紫柏老人集》别集、卷三《答马诚所》）②。

认同李贽而同气相求的紫柏达观③，在李卓吾自杀的一年零九个月之后，同样在监狱中自刎而死，对二者的勇猛傲慢鞿蹩不已的士人充满恶意地评论道："异端横议足以杀身，李贽、达观是也。"（《五杂俎》卷十三）④也就是说，李贽在士人阶层的眼中是"恶魔般的存在"，紫柏达观在锱流看来就是"异端"⑤。

以上，本文以李贽观为参考轴进行了概观。佛教界对于儒佛调和论的态度并不一致，毋宁说我们会看到两种派别的尖锐对立，即毫无顾忌地发表社会性言论的末法之僧侣，与为了克服烦恼而一味追求观想澄念、沉溺于念佛公案之特殊领域中的僧侣。在此若进一步加以细分，与他们所属的传统法系之对立相比，更重要的是他们的社会观、宗教观之间的复杂的区别。曹洞宗的湛然圆澄对紫柏达观之死，同情地说道："老人垂大权之迹，逆行、顺化，一举而两得矣。"（《宗门或问》附录《达观和尚招殃传》）但

259

———————————————

① 参看拙稿《管东溟》第四节。

② 《紫柏老人集》卷首有题为"忆卓老"之偈语："去年曾哭焚书者，今日谈经一字空，死去不须论好恶，寂光三昧许相同。"

③ 《牧斋有学集》卷四十五《家塾论举业杂说》中有"李卓吾，紫柏之分身也"的说法。

④ 当然，在当时也并非没有同情达观者。例如袁宏道的下面这段话，似乎就是针对达观之遇难而言："问：从上祖师，亦有死于刑戮者，何故？答：死于刀杖与死于床榻，一也。人杀与鬼杀，何殊哉。但有好看与不好看之异耳，于学问却不相干。"（《袁中郎全集》卷十九《暑谈》）陶望龄也把达观比作是法华经中的常不轻菩萨，在末尾写道："紫柏视众人为佛，不得不度。众人视紫柏为狂，不得不死。于乎！何足恨哉。"（《歇庵集》卷十四《紫柏和尚像赞跋语》）

⑤ 在此，我们可以看到稳健派的念佛愿生者袾宏与直接痛快、不知不觉间瓦解柔情媚骨的达观之间的宗风以及社会观念的差异。两者的开导方式的不同，见诸当时的资料，特别是袾宏一派对达观的不满，可以参看《快雪堂集》卷三十八《报密藏师兄》。

目睹了对权力举旗反抗而招致的后果之恐怖的佛教界，再次回到畏缩退婴的状态，也在所难免。在此，尚且残存着"先验之定理"的顽固势力，而且儒佛调和论也未必就有利于佛教之新运，即便具备"特别之正统"之力，也不可能彻底粉碎此定理。或者毋宁说，使得这种世界观、历史观成熟的佛教自身，就是消极的。

第十章

关于《四书湖南讲》

一、明末新四书学的兴起

清儒陆桴亭对于明代学术之变迁做了如下叙述：

> 有明学脉，衍于国初，著于宣统，烂漫于正（德）嘉（靖），瞀乱于隆（庆）万（历）。何以言之？国初之学，如宋景濂、方正学，皆与闻其略，而衍其绪者也。宣统则有曹月川、薛文清诸公，是时诸公专尚躬行，不为口耳进，而居官务修职业，退而林下，略有讲贯，无聚徒讲学之风也。至正嘉时，湛甘泉、王阳明诸先生出，而书院生徒，乃遍天下。盖讲学于斯，为烂漫矣，而阳明良知之学为尤盛。龙溪、心斋诸公，继之渐流渐失，迄于隆万，此时天下几无日不讲学，无人不讲学。三教合一之说，昌言无忌，而学脉之瞀乱，于斯为极。不惟诎紫阳（朱子），几祧孔孟。吁！亦可畏哉。（《陆桴亭文集》卷一《高顾两公语录大旨》）

陆桴亭指出，明代万历以后的显著现象之一，就是永乐帝时编纂的三大全的权威之丧失（同上、卷三《性理存要序》）。同样是清儒，陆稼书曰：

> 嘉隆以降，教弛而俗衰，天下之言，不归功利，则归虚无。不以程朱为迂阔，则以为支离。纵横之习，佛老之余，皆阴托于孔孟，以诳惑于天下，曰："孔孟之道，固如是也。彼程朱所言，非孔孟之真也。"呜呼！是何异适越而北其辙。（《三鱼堂文集》卷八《同永瞻先生四书断序》）

又曰：

> 故论"四书"于嘉隆之时，不讲则不晦。论"四书"于今日，不
> 讲则不明。（同上、卷八《周云虬先生四书集义序》）

也同样将混乱归结于四书学。换句话说，从上述言论中可以归纳出如下的
图式："嘉靖、隆庆之后的阳明学之流行——以朱子学为基准的经学权威之
丧失——个性洋溢的新四书学之流行。"那么为何阳明学的流行会促进新四
书学的流行呢？

众所周知，阳明学的良知说并非探求客观世界之定理，顺从于传统规
范，而是以良知当下之一念为行动指针和判断基准，完全接受"六经皆心
之注脚"这一自陆象山以来的传承［译者按：陆象山原话出自《象山语录》
卷上："学苟知本，六经皆我注脚。"］，"盖四书、五经不过说这心体，这心
体即所谓道"（《传习录》卷上）、"六经者非他，吾心之常道也（中略）故
六经者，吾心之记籍也，而六经之实则具于吾心"（《王文成公全书》卷七
《稽山书院尊经阁记》）。又曰："凡看经书，要在致吾之良知，取其有益于
学而已。则千经万典，颠倒纵横，皆为我之所用。"（同上、卷六《答季明
德》）由此看来，王阳明即便并非无视经典，但他确立了本心（良知）对于
经典的优先性及个人之自我觉醒对于传统的优先性。既然对于经书都可以
采取如此明确的态度，那么对朱子的传注（在当时一般是以三大全的形式）
抱有根本的疑问也就不足为怪了（同上、卷七《朱子晚年定论序》）。在此，
不要说盲从于经书与传注，即便是信从的态度也因为可能带来损害良知之
独立作用而受到警诫。王阳明的上述思想，在其门下有非常敏锐的反映，
这从王阳明写给门人的下面这段话也可看出端倪：

> 教札时及，足慰离索。兼示《论语讲章》，明白痛快，足以发朱注

之所未及。诸生听之，当有油然而兴者矣。（同上、卷六《寄邹谦之》第三书）①

所以像王龙溪那样更加直接紧密地追求良知之主体性格的阳明学者就会说：

良知是贯串六经之枢纽，故曰："六经皆我脚注。"若以知识为良，何啻千里！（《王龙溪集》卷三《水西精舍会语》）

在解释《大学》的时候，认为"《大学》一书，乃孔门传述古圣教人为学一大规矩，若夫法外之巧，则存乎心悟"（同上、卷八《大学首章解义》），由此打破了《大学章句》的"三纲领八条目"之说，以为得一纲领即足矣。阳明后学右派之中，曾严厉批评王龙溪的聂双江都说："六经皆我注脚。学所以求心。求心于经，即求经于心。此心纯乎天理，不杂之以人欲，则六经皆糟粕。"（《双江集》卷五《致曲斋记》）阳明学并非视经书为无用、舍弃对文字之爱。只是说，如果不通过自己的生命体验去了解与践行，那么阅读经书只会变成"乱经"（功利主义）、"侮经"（浅闻）和"贼经"（诡辩）（参看《稽山书院尊经阁记》）。一旦主体（良知）掌握了经书解释之权限，随着阳明学的流行，其裁量改变之能力也逐渐增强，原先对三大全之经书的尊重意识，开始遭遇脱离与反转。由此，定说崩溃，异说横行，原本的学术乃至教宗之分类受到轻视，人们更注重于创造性。对于万历年间的此等风潮，焦澹园曾如此述怀：

265

---

① 此书是写给邹谦之（东廓）的，邹是阳明门下最稳健的人物，对此应该引起重视（原文着重号为笔者所加，下同）。同样是阳明门下右派（归寂派）的人物罗念庵，曾这样叙述他对"六经"的看法："六经者，圣人以其心之精微授人者也。始而为训诂，久而为传注，又久而发为议论，敷为辞章，果皆不谬于圣人否欤？是故六经古矣，人之传述六经者，未必其皆古也，为之奈何？复古之六经而已。古之六经，何也？不于其传述，而于圣人之心之精微是也。圣人远矣，心之精微不可得而求矣，复之奈何？复吾心之精微，不异于圣人之心之精微，斯可矣。"（《罗念庵集》卷八《答复古问》）

圣贤之言，岂一端而已。学者当曲畅旁通，各极其趣，安有立定一说，而使天下强屈其见，以从一家也。宋初此风犹在，故有试当仁不让于师者，疑训师友之师，于理不安，而训以为众，宰相以其与先儒违异，黜之，此仍唐之习见未改也。又有试馆职以诗之绿竹为题者，以竹为筱簜之竹，而先儒以为王刍。苙试者指为异说，黜之，亦是唐习也。富韩公尝论其非矣。国初朱注与古注疏，同颁学官，未尝定为一说，奉行者执泥，乃更甚于唐宋。近日稍稍自出意见，以伸其说，此足以破前代之谬也。（《焦氏笔乘》卷三《注疏》）

假借经书，利用经书，世上没有比这种伪善更令人憎恶，更违背本心了。借助经书权威之荫护，对于经书与自己的本质性乖离毫无知觉的儒者是如此的恶俗，对此，李卓吾感到无比愤怒：

然则《六经》《语》《孟》，乃道学之口实，假人之渊薮也，断断乎其不可以语于童心之言明矣。（《焚书》卷三《童心说》）

以李卓吾编纂为名的《李氏说书》①中，依据《大学》之解释，对经、传、心的关系做了如下论述：

孔子之心，曾子之心，我之心也。以我之心而通于曾子之心，以曾子之心而通于孔子之心，此乃释经释传之大义也，然孔子远矣。而孔子之心可得而见者，孔子之经也。曾子远矣而曾子之心可得而见者，曾子之传也。若夫我之心亦孔子之心，亦见孔子之经也。我之心亦曾

---

① 《李氏说书》的卷首写着"李载贽编辑、林兆恩阅著"，很容易察觉到这不会是李卓吾编的原本。关于此书，应当要进行种种检讨，但目前姑且将其视为受到李卓吾影响的明末四书注释的代表作之一来进行使用。

子之心，亦见曾子之传也。不以我心之经以逆孔子之经，未有能释经者也。不以我心之传以逆曾子之传，未有能释传者也。况乎不知我心之传，而擅反曾子之传，不知我心之经，而强释孔子之经者，区区之所不能知也，区区之所不能信也。（同书《大学统论》、二丁）

一言以弊之，这是对经学的心学之独立宣言。对经学者而言，没有比这个时代更令人寒心的了。所以皮锡瑞会说"论宋元明三朝之经学，元不及宋，明又不及元""经学至明而为极衰之时代"（《经学历史·经学积衰时代》）。对于这种异常的风潮，当然会有一部分稳健派学者提出慎重论乃至反对。因为他们担心，如果任由事态发展，则一切传统之权威都会崩溃，价值基准走向迷失，空虚无责任的议论将会横行于世。

耿天台曰：

今谈学者，至有以恣情纵欲为真性，以及身克己为钝下，以顽钝无耻为解脱，以笃伦尽分为情缘，其说盖祖异教，而益滋其横议，盖不独掊击周程，亦旦弁髦孔孟矣。（《天台全书》卷六《与萧给舍》）

许敬庵亦曰：

我圣祖兴，尊用儒术，订正无经四书之传注，颁行学官，明经取士，专崇正学。其意至远。国初至正德间，人才朴实，风俗淳宠，文章典雅，彬彬盛矣（中略）（而今之学界）薄先儒如尘土，弃经传如弁髦。或引儒入佛，或推佛附儒，又有非佛非儒，巧为标指，后生小子，茫然不知其从入之路。昔阳顺阴逆，藏头盖尾。今则明崇异教，凌灭天彝。（《敬和堂集》卷五《答周海门司封谛解》）

但是，被认为是应负助长儒学之堕落的责任者的佛教，在其学界内部也出现了对于轻视经典、侮蔑圣贤之风潮的警告。云栖袾宏曰：

> 不独楞严，近时于诸经大都不用注疏。夫不泥先入之言，而直究本文之旨，诚为有见；然因是成风，乃至逞其胸臆，冀胜古以为高，而曲解僻说者有矣！新学无知，反为所误。且古人胜今人处极多，其不及者什一；今人不如古人处极多，其胜者百一。则孰若姑存之。喻如学艺者，必先遵师教以为绳矩，他时后日，神机妙手，超过其师，谁得而限之也？而何必汲汲于求胜也？而况乎终不出于古人之范围也。（《竹窗随笔》初笔、"楞严"条）

永觉元贤也说：

> 国朝嘉（靖）隆（庆）以前，治经者类皆胶守古注，不敢旁视，如生盲倚杖，一步难舍，其陋不足观也。万历间，雪浪（法师）起而振之，尽罢诸疏，独演经文，遂为讲中一快，然而轻狂之士，强欲效颦，妄逞胸臆，率尔灾木，其违经叛圣之害，岂止于陋而已哉。（《瘗言》卷下）

于是，理所当然的，在这种以私意来进行经书解释的时候，记录有才能的禅师的即兴悟道之语录，就作为经书典范的替代品而得以盛行，甚至出现了看似颠倒（さかだち）的现象："乃至同一语也，谓出某经论，则弃如怨敌；谓出某语录，则爱如珍宝。"（智旭《梵室偶谈》）

在这里需要注意的是，儒学思潮的上述可谓"痛哭流涕"之变革，在耿、许二人看来，并非儒家本身的自律性发展，而是儒佛混合论这一儒学堕落形态的产物。明末儒佛调和论之盛行，不应当看成作为沟通儒家与佛家之桥梁的教宗折中论，而应当视为——明白了要依据良知说而探寻心灵

原点之道的主体，从一开始就脱离教派之藩篱，为了自我形成而自然而然
会选择的方法——这一点已经在别稿中加以论证①，如一般儒家那样，将此
视为教派之教条（dogma）的理解，绝非妥当，但从长时期受到佛教影响
的视点来看，就历史的角度而言，佛教，尤其是禅宗早在唐宋时代开始就
已经蕴含了对经典至上主义的尖锐批评，就社会形势而言，良知论之奔流
混入禅门之中而形成泛滥。禅所具有的法王意识、无圣主义、绝对现成论
等等，是冒渎圣贤、不明自己之分位的粗暴言论，乃至成为反社会之言行
的源泉，这一点在宋代思想史上也曾成为问题，而在明末的良知说之流行，
反而大胆地将禅佛教的这种自由阔达、天衣无缝之体验作为形成自我之要
素。当然，如此形成了多种类型的儒佛融合之类型，这样的时代动向，也
投射到新四书学中（后述）②。

　　以上，本文对隆庆、万历以后的阳明思想之发展普及，以及随之而起
的新四书学之形成状况进行了鸟瞰式的介绍，造成如此形势的源头，实际
上可以追溯到三大全编纂制定。当时为了贯彻政治意图，强行完成编纂作
业的短期性，与参与者的低调之见识合在一起，导致了"采取宏备，审择
未精"（《汤潜庵遗稿》卷四《四书浅说小引》）的结果③，而还要以此为基
准教学来颁行于天下，试图永远规制民意之动向，那么由此而引起反动也
是可以预想的了。"呜呼！经学之废，实自此始"（《日知录》卷十八"四书
五经大全"条），这应当不仅仅是顾炎武一个人的感慨。

　　如果人的思考过程走上他律的狭隘之轨道，那么在短期内确实能取得
省略烦琐思考的效果，但这也带来了使思考能力麻痹的副作用，由此引起

---

①　参看拙稿《明末儒佛调和论的性格》。
②　在此期间，佛门也有撰写"四书"或者《周易》之注释的书，与之相关的东西很多。憨
山德清的《中庸直指》、智旭的《四书解》《周易禅解》等是其中的代表作。
③　明末的学者吴应箕也对《四书大全》颇有微词："即醇疵未尝不相半，至其与圣道相庋者，
复不少。"（《楼山堂集》卷十六《四书大全辩序》）

思想界的停滞，在此过程中，开始渐渐感到与此轨道不契合的主体，反倒会认为预先所铺设好的思考路线是不可理喻之迷宫。在成化、弘治年间活跃的学者王恕说道：

> 至于颇有疑滞，再三体认，行不去者，乃敢以己意推之，与诸生言之，评论其可否。（《王端毅公文集》卷三《石渠意见请问可否书》）

这是王恕阅读《四书五经大全》之后充满苦涩的体验之自白。陈白沙曰："千卷万卷书，全功归在我。吾心能自得，糟粕安用那。"（《白沙集》卷六《藤蓑》）陈白沙的知己庄定山则对于经书之授受仅停留在纸上谈兵的精神之涣散发出感慨，提倡通过"吾心"来阅读经书：

> 故善观六经者，不观六经而观吾心之六经，善观四书者，不观四书而观吾心之四书，果何书哉！不楮墨而文也，不文字而见也，不诵读讲说而明也。秦火虽烈，而不可以焚，汉儒虽陋，而不可以凿也。（《庄定山集》卷八《大梁书院记》）

与王阳明有亲交，结果自始至终都比王阳明更像是一位学者的湛甘泉，虽然被人们称为是以独特的立场对四书五经进行解释（《甘泉集》卷三十二、罗洪先撰《湛甘泉墓表》），但其目的仍是"皆以正古人之谬，以开天下后世之蒙"（同上、卷七《答王德微》）①。从时代沉淀下来的此种动向中挖掘到其根源处，通过"良知"心学之解读而开拓出经书解释的决定性新契机的，还是王阳明。

---

① 《甘泉集》卷十七收录了《修复四书古本测序》一文，当中有如下一节："或曰：'夫四书者，子朱子已传之矣，而子复有《测》焉何居，是亦不可以已乎？'曰：'传解其词，《测》明其义，以翼乎传，以发挥夫圣人之训，是亦不得已也已。"

二、新四书学之动向

在明代中期以后陆续出现的四书注释中，对《四书大全》的思想内容加以稍许加工，但仍然建立在朱子学正统性认识基础上的代表作，可以举出以下三本书：蔡清（1453—1508）的《四书蒙引》、林希元①《四书存疑》、陈琛（1477—1545）《四书浅说》。

> 四书之理，李注最精。《蒙引》乃朱注之孝子，《存疑》乃《蒙引》之忠臣，《浅说》又《孟引》《存疑》合而成其集。（崇祯八年，方文撰《四书存疑序》）〔译者按：林希元《四书存疑》，大陆似乎并无收藏，在日本国立公文书馆等几个机构尚有收藏，译者未有机会查阅，故在此仅能依据日文进行意译，望读者见谅〕

上述三书有着紧密的联系，事实上，陈琛是蔡清的弟子，林次崖与陈琛是"生同乡，学同道，仕同年"（《林次崖集》卷十六《祭陈紫峰先生文》）的关系②。但是在《蒙引》中，蔡清对理先气后说就有批判（日本宽永年间刊本、卷一、十丁、五十八丁等），也不满足于《大学或问》的简单说明，指

---

① 林希元的生卒年代不详，陈琛是与之同年（正德十二年）的进士。

② 《明史》卷二八三，在《蔡清传》下面，附录了陈琛、林次崖之传。又，陆稼书在着手对《四书大全》进行修订的时候，主要依据的就是这三本书，这可以从下面这段材料得到验证："用墨笔点定，去其烦复及未合者，又采《蒙引》《存疑》《浅说》之要者，附于其间。"（《三鱼堂文集》卷八《旧本四书大全序》）在崇祯刊《四书浅说》的封面内侧，刻有出版书肆的说明文："四书之有《集注》，如天之有日月也。《集注》之有《大全》《蒙引》《存疑》，如星辰之有经纬，嵩岱之有支山，河海之有支水也。若会而通之，融而成之，不增不损，洁净精微，则《浅说》又如羲和治历、神禹治水也。"

出《或问》与《章句》之间存在着不一致，进而怀疑《或问》中多有朱子门人经手而成之物（同上、卷二、四十七丁），对于《四书大全》的小注也有很多不满。接下来，林希元《存疑》中对于《中庸章句》"尊德性、道问学"的解释（这对于朱子学的构造之理解而言很重要）也提出了疑义，认为《章句》"盖非存心则无以致知，而存心者又不可以不致知"的说明，偏重于"道问学"而非"尊德性"，与《中庸》的本旨不符（日本承应年间刊本、卷三、三十二丁）。

本来，像"存疑"这种书名标题，其本身就意味着对于传统之注释或者当代学界观点的质疑。当时已经出现了陈白沙、罗整庵这样有特点的学者，明代的心学路线渐渐走入昂扬之时期，即便是朱子学系的学者，也不可能完全不受影响①。

高拱的《四书问辩录》（万历三年自序本）既非朱子学，也非阳明学，而是从自己独特的立场出发所作，但他也主张性、气一体（卷八），认为"性即理"之说并不恰当（卷二），特别是对于朱子，认为"务多闻见，画蛇添足"（卷三）[译者按：原文为"考亭务多闻见，故于圣人直截之言之外，为此画蛇添足，失其意矣。"]，还敏锐地批评道："朱文公气象非孔子气象。"（卷六）非常明确地认为，"宋儒远人情。"（卷八）亦即是说，即便像高拱这样站在朱子学、阳明学之外的第三种立场，也已经摆脱了《四书大全》的权威。袁了凡的《四书删正》，在原则上虽然是尊重朱注而编纂的，但在其凡例中也指出："宋时理学初倡，讲究未悉，其所论著，容有与经意不合者，蒙引、存疑等书即有所指陈，而意犹未畅。"时势发展到这个阶段，我们很容易察觉到，既然儒佛调和论已经席卷当时的思想界，那么在四书的注释中非常露骨地出现此类论调，当然也就不足为奇了。本文所

---

① 蔡清称赞陈白沙的"乞终养疏"洋溢着正气（《蔡虚斋集》卷二《淮上与周公载员外书》），林次崖对罗整庵说"先儒理堕气中之说，诚可疑。执事之辩是。"（《林次崖集》卷五《复罗整庵冢宰书》）

要讨论的《四书湖南讲》也属于这股风潮，我们还可以试着从《四库全书总目提要》中所收录的明代四书注释中挑选出类似的若干种来进行介绍。

《论语商》（总目提要卷三十六），周宗建撰①：宗建刚方正直，屹然独立，而其学则沿姚江之末派，乃颇近于禅，如云人心之乐，非惰非趣，非思非为，虚中之影，水中之相，如斯之类，殆似宗门语录。

《大学千虑》（总目提要卷三十七），穆孔晖撰②：是书就《章句》《或问》引伸其说，中引佛遗教经，以为儒释一本，可谓小言破道。其引随智顗《法华经》文句解分别功德品，及《大庄严经论》之说，以格量训格物之义，亦深为王士祯《池北偶谈》所讥。《明史》儒林传附孔晖于《邹守益传》中称："孔晖端雅好学，初不肯宗王守仁说，久而笃信之，自名王氏学，浸淫入于释氏，观是书，良不诬云。"

《孟义订测》（总目纲要卷三十七），管志道撰③：是书诠解孟子，分"订释""测义"二例，订释者，取朱子所释而订之，测义，则皆自出臆说，恍惚支离，不可胜举。盖志道之学，出于罗汝芳，汝芳之学，出于颜钧，本明季狂禅一派耳。

《经言枝指》（总目提要卷三十七），陈禹谟撰④：其谈经菀，则自经史子集，以逮二氏之言，苟与四书文义仿佛者，既撮以相证，冗杂尤甚。

《中庸点缀》（总目提要卷三十七），方时化撰⑤：其体例略如时文，

273

① 周宗建（1582—1626），《明史》卷二四五有传。字季侯，号来玉。万历四十一年进士，上疏弹劾魏忠贤而被投入狱，在狱中死去。
② 穆孔晖（1479—1539），《明史》卷二八三"邹守益"条中有提及，又《明儒学案》卷二十九有载。字伯潜，号元庵。弘治十八年进士，王阳明在山东乡试中任主考官时被提拔为第一位的人物。
③ 管志道（1536—1608）之传记，《澹园集》续集卷十四《管东溟墓志铭》以及《牧斋初学集》卷四十九《管志道行状》有详细记载。字登之，号东溟。隆庆五年进士，参看拙稿《管东溟》。
④ 陈禹谟（1548—1618），字锡玄，作为四川按察司检事，在平定诸夷之叛乱中立下战功。其传记，参看《牧斋初学集》卷五十六《陈府君墓志铭》。
⑤ 方时化，字伯雨，万历二十二年举人。

其宗旨则纯乎佛氏。

《大学中庸读》（总目提要卷三十七）[**译者按：此处原文误作"大学中庸说"，今改**]，姚应仁撰[①]：其持论则多引佛经，解"淇澳"节有曰"密多者，瑟也，金刚不坏者，僴也，枝枝叶叶光明者，赫喧也。"是不止阳儒而阴释矣。

《四书测》（总目提要卷三十七），万尚烈撰[②]：于大学中庸，独尊古本，而议论宗旨，则全入异端。如解《季路问事鬼神》章，专取释氏轮回因果之说，以释圣言，驳杂已甚。其尤诞者，如原壤夷俟，乃取其母死而歌，为喜死者之得所，而非放乎礼法之外。盖姚江末流，其弊每至于此，不但李贽诸人彰彰耳目者然也。

通过上述列举，我们很容易察觉到融合儒佛的四书注释在当时有多么流行。

在上一节中引用的《李氏说书》，在《四库提要》里面并未被收录，在今日学界也被认为是有问题的著作，但即便此并非李卓吾之手定本，也基本可以视为与上面列举的诸多注释同时代的产物吧。此书在原则上是以林兆恩的三教一致思想为背景，在此列举两三条与佛教相关的说法：

> 卓吾曰：余尝窃闻之，众生举止动念，无不是罪，卓吾亦众生也，而生平之所举止动念，乌得无罪。（《论语》卷四）
>
> 或问释氏入定。李子曰：入其所当定之处而止之者，定也。又问，何名为定。李子曰：性空之谓定，以复其常定之本体也。又曰，常定是空，常空是定。（《大学》卷一）

---

① 姚应仁，字安之。此书成于万历二十三年。
② 传未详，此书成于万历三十九年。

卓吾曰：释氏之所以出离生死者，以生死之大不足以入其心也。夫生死之大，不足以入其心，则富贵贫贱夷狄患难，处之一矣。此君子之所以无入而不自得也。（《中庸》卷二）

　　上述人之罪恶论、定心论、生死论等等，作为人生之根本问题，在此书中都通过引入佛教思想来谋求解决。与李卓吾有亲交的袁宗道的《白苏齐集》卷十七到卷十九，题为"说书类"①，是叙述袁宗道自己对四书的见解，其序文中有"三教圣人，门庭各异，本领是同。所谓学禅而后知儒②，非虚语也"之语，可以说是贯彻了三教一致，特别是儒禅一致的立场。例如他对于《大学》的"知"解释道："伯安所揭良知，正所谓'了了常知'之知，'真心自体'之知，非属能知、所知也。"（卷十七、四丁），是将良知说与圭峰宗密的绝对知之说进行结合③，在解释《论语》时，他又称赞作为《论语绝句》之作者的宋人张九成与大慧宗杲的法缘："子韶与杲公游，透悟禅宗，其发明吾孔子奥言甚多，不能悉记。"（卷十七、十二丁）对《孟子》的"万物皆备于我"，以《楞严经》之说进行解释："此我非形骸之我，如释典所谓常乐我净之我也。万物皆备于我，如释典所谓色身外泊，山河虚空大地，咸是妙明真心中物也。"（卷十九、十七丁）

　　以上，明末之四书学固然有种种差异，而其中便有滔滔不绝地涌向儒佛融合论的趋势，甚至为此而被采纳为科举考试所用之讲本，而《四书湖南讲》就是在此风潮中诞生的典型的讲录本。

275

---

① "说书"的说法在明末的四书注释书中经常用到，意思应该就是"对四书的解说"。

② "学禅而后知儒"的说法恐怕是源自周梦秀的《知儒编》。参看拙稿《周海门的思想》第三节。

③ 所以在此文之前，有"至菏泽之时"云云。菏泽指的是六祖慧能的弟子菏泽神会，圭峰宗密是继承其法系的禅僧。

三、《四书湖南讲》的版本与作者

关于《四书湖南讲》，《四库提要》（卷三十七）中是如此解说的：

> 《四书湖南讲》九卷
>
> 明葛寅亮撰。寅亮，钱塘人，万历辛丑进士，是书分标三例。凡剖析本章大义者，曰"测"，就经文语气顺演者，曰"演"，与其门人问答辨难者，曰"商"。闲有引证他书，及先儒之论，则细书于后，大抵皆其口授于门弟子者也。《浙江通志》载寅亮《四书湖南讲》二十六卷，与此本卷数不合，然此本首尾完具，或通志之误欤？抑或别有续编也。

首先关于卷数的问题，乾隆年间刊行的《浙江通志》（"经籍"条）确实是二十六卷，光绪年间刊《杭州府志》（"艺文"条）在"《四书湖南讲》二十六卷"之后写道："疑原书二十六卷，后佚，存九卷耳。姑仍乾隆志以俟考。"依据以上诸说，原版本或为九卷，或为二十六卷，九州大学所藏本（虽然没有序文以及刊记，但应是明代刊本）为《大学讲》一卷、《中庸讲》一卷、《论语讲》四卷、《孟子讲》三卷，加起来正符合九卷之数目。然而，内阁文库藏本①（书林近圣居梓行）的封面背面的一页（见返し）却有"葛屺瞻先生四书湖南讲"的大字（双行），其下面有略小的字"学庸诂"，给

---

① 与内阁文库本同一版式的《四书湖南讲》在山口大学有收藏（德山毛利家旧藏）。但是内阁文库本的首页背面的上部栏外有横着书写"崇安柴邑侯发刻"的字样，山口本则没有。

人以《学庸诂》(《大学》《中庸》诂)各自有一卷的印象。由此全体就是十一卷，十分册。如果以《学庸诂》为附录，则全体就是九卷，卷数上与九大本一致①（九大本缺《学庸诂》的原因不明）。又，内阁文库本的封面背面记录了书林发刊的趣旨：

湖南学论讲，向已刊布海内。买者须认本刊全集，及新行式样为是。

可见，《四书湖南讲》是：1. 一开始只刊行了《大学》和《论语》（但这两本书未必是以同一体裁得到出版的），之后加入了《中庸》和《孟子》，作为全书刊行。2. 在全书出版的时候，《论语》部分在内容上进行了改订②，《大学》则采用初刻之讲本③。3. 初刻本除了书林近圣居以外还有别的书肆进行发行。九卷本《四书湖南讲》由此基本有了眉目，不过关于二十六卷本，则没有相关的线索。在首尾完备的九卷本的基础上加上续编的痕迹，就目前为止完全不见踪影，或许是将九卷本分为二十六卷本，也未可知。现在只能姑且存疑了。

接下来，关于本书刊行的时间，如注中所述，《大学》《论语》的初刻本出版，是崇祯三年以前的事情，那么四书完具的改订本得到出版，又是什么时候呢？内阁文库本的卷首，有"崇祯辛未（四年）门人郑尚友序""崇祯丁丑（十年）门人柴世埏序""崇祯壬申（五年）葛寅亮序"这三种，柴世埏序与郑尚友序、葛寅亮序之间相隔了五到六年的时间。

---

① 孙殿起《贩书偶记》卷三中记载："《四书湖南讲》十一卷"："《大学诂》一卷，《中庸诂》一卷，《次大学》一卷，《中庸》一卷，《论语》四卷，《孟子》三卷。四库存目载九卷本，不足。"虽然提到"九卷本"，但很难说缺的就是《学庸诂》。很可能是指附录二卷。

② 《论语讲》的开头小注中有"《论语》较原刻，多有改正"。

③ 此讲本应是崇祯三年，《大学讲》的开头小注有"大学与庚午年另讲过，较原刻迥异"之说明。

或许我们可以推测，崇祯五年左右出了改订的第一版，同样的版本在崇祯十年左右再版，也或许是在崇祯十年开始出版了改订版本。但本书有非常广泛的读者，所以恐怕前者的可能性更大，柴序可能是在改订本再版时加进去的。

关于本书的作者葛寅亮（字屺瞻），《明史》中未有立传，无从知道详情。前面引用的《四库提要》中提到他是"钱塘人，万历辛丑进士"，在本书以外还有《金陵梵刹志》（五十三卷）之编著，而且这是万历三十五年正月，由南京僧录司发行的（当时葛寅亮任南京礼部郎中），可见其对佛教的关注以及与僧人的交往。与葛寅亮有亲交的僧人，首先可以举出云栖袾宏（万历四十三年卒），虞淳熙撰《云栖莲池大师传》①以及吴应宾撰《莲池大师塔铭序》②中，葛寅亮都作为主要的受戒弟子而名列其中。有这样的因缘，所以他与出入云栖门下的冯梦祯③、汤显祖④、管东溟等有交集。葛寅亮还曾参拜明末曹洞宗的大家湛然圆澄（天启六年卒），为其语录撰写序文⑤。云栖袾宏、湛然圆澄的身边都聚集了很多士大夫，我们也不可忘记，他们对儒学都有一定的见解。

葛寅亮作为儒家的师承关系并不清楚，在万历四十六年刊行的《四书醒人语》中，作者将葛寅亮视为六才子之一而收录了其说，可见在《四书湖南讲》全书刊行之前，葛寅亮就被世人认为是对"四书"有独特见解之人了。《枣林杂俎》（圣集"葛寅亮督学"条）中记载了一条轶事，可以反

---

①　《皇明文海》卷一六九收录。不过本文所参照的是牧田谛亮著《中国近世佛教史研究》所载之版本。

②　《云栖法汇》收录。

③　冯梦祯《快雪堂集》中有记载，李质先通过葛寅亮的介绍而入门（卷五十七、四十六丁），葛寅亮的门生项于玉成为解元（卷五十八、二十丁），显示二者的交友。

④　参看《汤显祖集》卷三十六《续栖贤莲社求友文》。

⑤　其序文中曰："国朝神宗、熹宗间，洞山一派，亦如膏尽之灯矣。和尚忽于明灭之际，灼焉普照，顿令数百年阴昧，一旦消除。虽身没之后，至今犹愈明盛也。"（《会稽云门湛然澄禅师语录序》）

映其人品：

> 钱塘葛屺瞻大理，前督学湖广①，每行部，谒孔庙，辄命诸生讲
> 书。次第数十人，默定优劣，有讲"回之为人也"节（《中庸》）"圣人
> 撒手是道，贤人尚差一地位，故拳拳服膺"。葛大赏之。

葛寅亮对《中庸》的理解完全是对"阳明学——禅学"的顿悟主义之活用。
那么，葛寅亮在讲解《四书湖南讲》的时候，参照最多的学者是谁呢？从
他的《学庸诂序》来看，主要是王阳明和管东溟：

> 后之解义多家，予遍阅，辄惛惛不辨，博求之内典，返质之本文，
> 伏读沉思，经时积岁，每若恍然有见。独阳明子单挈致知之要，东溟
> 子详析性学之精。卓绝诸经，而不斤斤于训诂，于本文未全衬焉（中
> 略）夫心性之微，为千古秘密藏，从来诸儒，未之发覆，岂得至今日
> 而妄意顿明？所藉有子思子之成言在，而阳明、东溟两夫子，复先我
> 启匙。因文寻义，仅不离依样葫芦之意云尔矣。

亦即是说，沿着王阳明、管东溟这二人所开辟的道路，通过自己的努力来
发挥心性之微。受到王阳明的感化，这毫无疑问是顺着明末的新思潮之大
流，现在需要关注的是葛寅亮与管东溟的关系。本文上一节中提到，《四库
提要》评价管东溟的《孟义订测》为"明季狂禅一派"，但实则如笔者之专
文所论，管东溟并非攻击名教伦理的狂热之禅徒，而是超越了名教伦理这

---

① "湖南讲"这个名称，是由于葛寅亮曾任职湖广学政提督的缘故吧。又，叶向高《苍霞余
草》卷一收录《宪使屺瞻葛公颂德碑》一文。此碑文歌颂葛寅亮在福州闽县在职期间的政绩，当中
提到他如何缓解了对食盐贩卖的苛酷征税，如何尽心于对青年子弟的学术指导，作为官吏如何清
廉，还特别记载了他对由于地方权势者的无理占据而造成的河水拥塞进行疏导的英勇决断的事迹。

种呆板的儒家意识、试图从乾元奥秘之世界中进行防御的保守型思想家①。所以他从"性善说"追溯到"无善无恶说",从三纲五常追溯到无极元真,并非对烦琐复杂之世俗伦理的背离,而是彻底扫除缠绕在世俗伦理中的执拗之虚伪根源以及妄念,使得其达到常态化。所以他的儒佛调和论,并非使儒教彻底溶解在佛教中,也并非使佛教从属于儒教,而是希望确立通过悟道而树立人伦之再生的新的人间形象。这一点,从他对《大学》的"慎独"的解读也可以看出端倪:

> 管东溟曰:"有聪明旷达之士,或预闻于圣学,或参契于禅玄,触发性灵,渐入真境,亦庶乎其知止焉者,而伪根未拔,世味转深,反以其圆通无碍之宗,滋长其狥外为人之念。听其言,见道之言也,验其行动,众之行也。而察其心,则自欺之心也。故大学于物格知至之后,尚严慎独之防焉。"(《大学湖南讲》四十一丁)

不容许有任何自欺与伪装的管东溟,其追求确实有佛教的成分在内。所以对丧失了佛教特有的对人性进行探求的欲望的俗儒,他表示非常反感:

> 管东溟曰:"(中略)俗儒好攻佛氏之瑕,将正觉妙觉等义而故扫之。然则亦扫孔门知本知至之案乎。甚矣,成心之碍圣学也。"(同上、三十六丁)

值得一提的是,在《四书湖南讲》中,除了管东溟以外,还经常被引用的是吴观我(名应宾)。彭际靖《居士传》(卷四十四)中记载:"叔父应宾,官翰林编修,受云栖戒,为优婆塞,敬信尤笃,云栖碑志多出其手",是云

---

① 参看第 273 页注释③。

栖袜宏的热诚皈依者，与葛寅亮之道交想必很深。可以看一下葛寅亮所引用的吴观我之"诚意"说：

> 吴观我曰："意能分别物我，而驰于二，亦能比度物我，而反于一。能对境生情，而增其妄，亦能因言得旨，而悟其真。能以后念持前念而益其迷，亦能以后念破前念而损其执。心之所以即圣而凡者，以其有意也。（意者）罪之魁也，心之所以转凡而圣者，亦以其有意也，功之首也。物非意不格，知非意不致，心非意不正，身非意不修，民非意不亲，善非意不止。（下略）"（《大学讲》四十一丁）

可以说具有打破常识的冲击力①。

如果说葛寅亮的思想是在上述儒佛调和论的氛围中形成的，那么其立场就绝不会是狂荡不羁，驰骋于破坏传统以及感性之跳梁，而毋宁是对世界之乱象以及士人之伪善看得非常清楚的。正因为有社会改良之热情，他的弟子中才会出现像明末殉难之士金声（字正希）这样的人物。

金声之传记，在《明史》（卷二七七）、《明儒学案》（卷五十七）、《居士传》（卷五十二）中有载，而在《居士传》中，除了"初好阳明、近溪之学"以外，就完全没有提及其直接师承关系。但金声自己曾说过"吾师屺瞻先生"（《金忠节公文集》卷六《送王子云远游序》），又在写给葛寅亮的信中写道：

> 天下多故，月异岁增，虏寇交讧，加以乱兵，楚江上，洞庭下，至彭蠡，千二百里，水陆梗断。不孝骨肉业产，什九在嘉鱼（湖北）。今复不可问，念苍生受祸二十余年（中略）惟望老师急出，图吾君，

① 吴观我为排斥阳明学的《求是篇》（冯贞白著）撰写序文，这确实有些意外，但从其文中可见有不得已而如此之事的存在，其笔端也是充满苦涩之感的。

令四方，蒐定干戈，遄息不孝声得躬耕奉老母，以沐尧天舜日之化为厚幸（同上、卷四《复屺瞻老师》）

当时年事已高的葛寅亮，担忧时局而作出何种行动，在此无法知晓，但邀请他出马的呼声，在其他地方也能听到①，那么其思想应当是具有经世之实践性的。

四、《四书湖南讲》的思想立场

《四书湖南讲》究竟是出于何种立场进行讲授的呢？葛寅亮在解释《论语·颜渊篇》"居之无倦，行之以忠"的时候指出，明末士人心术极其颓废：

今人为政，何尝不着精神，但他精神多用在结纳要津，弥缝世态，对百姓反以为厌苦，挨得过便了懒去留心。及至行出来，又不过因制格套，铺排体面，不肯将本心做事。故夫子提个无倦以忠，要人全把精神心术去为政。（《论语讲》卷三、四十一丁）

又在解释《论语·子路篇》的"先之，劳之"时说道：

此全靠一团精神为主。精神若有倦，虽外而依着格套去做，中实懒散无味，精神必不足以鼓动矣。故须要无倦，此不在事之作辍，而

---

① 参看《钱忠介公集》卷三《与葛屺瞻书》。其中有"天下三尺童稚，望湖南夫子无不起敬"之语。又，金声有"岂四书六经语与佛法有差别耶"（《金正希先生文集》卷三《与程伯名》），很显然他和老师一样都有儒佛合体的想法。

全以心之勤惰论也。（同上、五十一丁）

在他看来，依据是否遵守格套（既成类型的行为规范）来判定人的品格，这反而会促使人的自我异化，阳明学派的心学运动试图拯救埋没于格套之中的人性，而到了管东溟这里，更是对于潜藏在人心中的恶根妄念有所警觉而导入了佛教①。管东溟之所以不得不采取这样的方法，是因为他观察到，不仅仅是宋儒所留下的格套中有伪善之弊端，而且即便是高唱恢复人性的阳明学之士人中也有不少人把"良知""真心""本来人"等挂在嘴边、实则驰骋于狂荡不羁之人欲的现象。"姚江倡学以来，讲学家之乡原不少。"（《从先维俗议》卷四、十丁）而且之所以会产生这样的邪见，与佛教内部抬头的狂禅一派之影响也有关系。于此，管东溟认为，儒者对于佛者不管是谁都轻易接受的做法是很危险的，并警告说今日之佛法"渐流为魔法"（同上、卷五、五十六丁）。如此看来，管东溟的佛法之受容看似大胆，实则谨慎，有深度而且也有节制。对于《论语·述而篇》的"吾无隐乎尔"，葛寅亮认为需要防备以"性""天"为自然流露的现成（良知）主义的偏差："世人每剿宗门唾余，调弄虚头，殆未知熟读本文，虚心一想耳。"（《论语讲》卷二、六十六丁②）他对王龙溪一系的良知现成说未必有好感，从这点上来看，也与管东溟的想法有一致之处。也就是说，其意图是要确立将孔矩（儒教之规矩）与佛证相结合的真诚切实的人间形象。以下，就这点来进一步进行探究。

1. 性的问题

一般来说，随着从性理学到心学的转移，首先会成为问题的是"天"的超越性权威之丧失以及随之而来的纲常伦理之弱化，当心学试图从佛教

283

---

① "管东溟析理之精，从来诸儒未有。"（《中庸讲》十二丁）

② 在《论语·卫灵公篇》中，他说道："今讲者不顾夫子言语，各有当机，动辄以宗门唾余，凌驾圣言，其于语上语下之旨，不大相刺谬乎？"（《论语讲》卷四、三丁）

的超俗之思想中寻求活路的时候，上述倾向还会进一步得到加强。在此情况下，可以将纲常伦理之弱化视为人间解放之征兆，如此就是彻底走向狂荡不羁的道路；反之，若想通过佛教之力量来强化纲常伦理之支柱，就必须要考虑代替"天"的治御装置。这是因为佛教才是心学的极致化之结果，要保存天的权威来与佛教联手，则只会变成是低调的折中弥合之策而已。管东溟乃至葛寅亮的苦心也正在此。首先，管东溟对于《中庸》的"天命"说是这样加以解释的：

> 三极之初，浑然一物而已。一物而含二兆，妙在有觉无觉之间，而神气之端出焉。命也者，先天之元气也，元气恍惚而含一灵，即性也。性也者，先天之元神也。元神冲漠而无朕兆，即命也。性命虽人身中物，而命曰"天命"，性亦曰"天性"，若有然宰于其中者，可以曰"天命之谓性"，亦可以曰"天性之谓命"。即此性命混合之元，为人物本来面目。（《中庸讲》十七丁所引）

在这里，基于支配关系的"天"以命令的形式赋予万物以"理"也好，围绕天、人的井然之秩序也罢，都被完全否弃，作为浑然一物之中的两种征兆，"命"是性天之元气，"性"是包含元气的灵，混合此"性"与"命"的根源者被视为自家本来之面目。原文的"天命之谓性"被逆转性地改为"天性之谓命"，"天→人"的支配从属关系由此就变为"天＝人"的一体化关系。依据朱子之注释，天以命令之形式所赋予的是"理"，此即"性即理"，而管东溟的上述解释中则全然不见"理"字，"天""命""性""气""神"等是作为浑然一物之表象而存在的。葛寅亮在与其门人的问答中，对此有更加明确的说明：

> 郑孕唐问：以理训性，是否。答曰：理是个虚字，即条理丝理之

理。譬如剖竹的凑着竹的条理，迎刃便解，扯布的顺着布的丝理，应手分裂。不然，纵尽力解裂，亦是徒然。故"理"字训作道理，止可言理即是道。若"性"字从心从生，乃心之所系生者，非可以"虚"字训也。（《中庸讲》十二丁）

在这里，"理"是事物的纹理，在此纹理上对活动与进行实践的主体进行主宰的是"性"，"理"对于"性"并没有进行内容规定的力量，充其量也就是在"性"发动的时候所找到的妥善之条理而已。人首先需要注意的不是"天理"，而是在其背后所存在的、"理"成立之前的、决定人之向背与否的根源者的信息①。而站在真妄一体观的立场，对这个根源者的向背顺逆的不同寻常的真相进行追求的是佛教，通过将佛教引入儒教之中，心学之狂荡化倾向才能得到治愈。

郑尚友问："天命一语，究论人性源头，似当从天地未判万物未生本体上说。"答曰："推到天地未判，乃是禅理。大率禅学出世，必究及无始以前，即天亦列于六凡②。儒学经世，正不把世界扫空，故尊天以为极则。曰："本书（作者按：指中庸）中如'不睹不闻、无声无臭'，岂非一切扫空乎?"曰：""不睹不闻'，即说'莫见莫显'。'无声无臭'，根着'上天之载'，俱有无互融，事理双妙，正如禅宗即色即空之旨，并不单落虚无一边，盖性体原是如此，虽千圣不能有异论也。"（《中庸讲》十丁）

---

① 所以葛寅亮是如此批判宋儒的："正如宋儒，人伦物理，何等实实躬行，一至天地鬼神，凡涉精深，辄诋为禅寂，反将夫子知命知天之旨糊抹过，有下学而无上达，恐不足以达天。"（原文"天知"，应当是"知天"之误）（《中庸讲》二十八丁）

② "天上界"在佛教中是"四圣六凡"的"六凡"中的最高位世界。

姑且不论在超俗之世界中进行自我封闭，如果要从经世的立场而一切扫空，这意味着什么？"但未能充实而先言空，则不免为口头禅，是则与圣学刺谬耳"（《论语讲》卷三、十三丁），葛寅亮也会如此进行自我辩护，但所谓"充实之空"也就是"不落虚无一边之空"，又究竟是怎样的呢？

"性"之充实，一般意味着它是"善"之当体。但如果"性善"而滞留于"善"，留下执着之痕迹，那"善"之格套化就已经开始，就是心学理念上的倒退。所以葛寅亮评价孟子的"性善说"："欲圆其旨，或云无善之善乃为性善，亦可"（《孟子讲》卷三、十二丁）。这个"无善之善"的说法，很容易使人想起天泉桥上阳明门下的"四有"（钱绪山）与"四无"（王龙溪）两说的对立。葛寅亮对此持怎样的立场？他在回答门人的提问时说道：

> 心贵空诸所有。无善无恶，乃返于空者，以此认心良，亦有见。然说善虑与恶对，而并遣之，说无又不虑与有对，而独执之，可乎？惟真空妙有，不落边见，以此言心，庶其义乃圆而无漏。（《大学讲》十四丁）

在这里，佛语"真空妙有"作为决定性概念而出现，这也就意味着将"性善"理解为"无善无恶"，或者说"性空即至善无恶"吧①。坏的性善论扫除一切恶取空之思想，满足于破坏一切，它信奉既成之格律，将思考之规格化看作正常。从前者［译者按：恶取空思想］会产生颓废，从后者［译者按：坏的性善论］则会生出伪善。无论哪一种都会带来"边见"之弊端。葛寅亮正是基于上述认识，而提倡真空妙有的。

---

① 对于当时热心鼓吹性善说的顾宪成，管东溟说："所谓无善无恶者，正至善之体，而其所谓为善去恶者，正所以复其无善无恶之体也，斯语彻上彻下，本自无弊"（《顾端文公遗书·证性编》卷五《质疑上》所引），葛寅亮的看法也应当是与其相一致的。

2. 实践的问题

阳明学实践论的中心议题，当然是"知行合一"。虽然其目标是"知"与"行"的紧密结合，但其根据则是"知"与"行"相分离之前，亦即包含"知"与"行"而使此二者成立的根源性的统一体。所以此"知"也不是朱子学"知先行后"说的个别之知、分别之知，而是根本之知、灵觉之知，但后者绝非与个别之知、分别之知相对立的东西，而毋宁是"一节之知即全体之知"（《传习录》），应当是本末一体、全个相即的东西。若将二者分别对待，良知说就会脱离现实而空转，"知行合一"说所具有的对现实世界的魄力也将随之减退。在《四书湖南讲》中，有一段值得注意的问答：

　　董玉灿问："知行合一，其化如何分难易？"答曰："知原有两样。宋儒谓'知先行后'，阳明谓'知行合一'。盖行先之知是见解，行后之知是证悟。行在中间，知是彻首彻尾有的。宋儒执见解为知，遗了证悟，阳明执证悟为知，略了见解。今且就见解之知看，起手时必先知了方行，则化境时亦必先化了知方化行。"（《论语讲》卷一、二十五丁）

阳明良知说偏向于证悟，对此阳明学正统派颇有微词，如前所述，葛寅亮和管东溟一样，都一直对良知现成派持有警戒之心①。如上文所说的"见解"与"证悟"的问题，更一般化地说，就是"修"与"悟"、工夫与本体之间的问题。从原则上说"悟修一体"，是阳明学的基本趋势，葛寅亮也并非例外。所以"修"并非向"悟"之修（悟への修），而是"悟中之修"（悟における修），无"悟"则无"修"。但在此，"修"之内容，或者说由

---

　　① 管东溟对于"智"有如下论述："佛载：人心有根本之智，有差别之智。即儒家一本万殊之说也。根本智固从一贯中出，差别智实从多识中出，两智合而知体乃至。"（《大学讲》二十二丁所引）［译者按：此处作者原文作"佛藏……"，应为摘录之误，今据原文改］

于"修"与"悟"之关系不同，而使得"悟"的内容也产生诸多变化，由此有各种学说对立的可能性存在。例如在"悟修一体论"的极致，就是王龙溪所说的良知现成论，若注重"悟"与"修"之间的乖离，则会有东林党那样的朱王折中论。葛寅亮说道：

> 今人看书，动辄说到心体。我亦未尝不说心体，但说体即见用，说用即见体，说心即见事，说事即见心。各就本文，自有一个实际。今本文只说为之难，何又增入心体。凡论仁优恻处，固要得其源委，而说向行事上，则改头换面，各各不同。譬如月在天上只一个，而影落川中，金光万道，处处有月。若所赏玩者原是水月，而索之天上，则现前光景反失之矣。（《论语讲》卷三、三十一丁）

这可以看作对光把"心体"放在嘴边、游离于当下之特殊事态的人们（亦即良知现成派）的忠告。由此也产生了下面这样的慎重考虑：

> 盖本体最是活泼。原操则存，舍则亡，呼吸之间，光景倏异。若实究造诣，则非千锤万炼，不能成就，自当别论。学者固不可当念错过，又不可虚景承当。（《论语讲》卷二、七丁）

如此，葛寅亮与管东溟一样，都主张人在获得证悟之后还需要在修炼上精进一番的顿悟渐修说。"盖理虽顿悟，功必渐修，一悟便了，无有是处。"（《中庸讲》二十四丁）本来，顿悟渐修论可以说是明末学者的口头禅，未必是管东溟一派之独有，但我们在此不可忽视其中蕴含的思想乃至社会立场上的独特性。

管东溟、葛寅亮所主张的顿悟渐修论的背景，是对于剧烈的社会变革以及偏离传统的道德理念的反对意识。传统的社会规范具有的最具体性的东西，应该就是"礼"，葛寅亮是如此界定"礼"之性格的①：

> 礼有尊卑上下之分，有登降揖逊之度等级，一毫不可僭差。如父坐子立，兄先弟后，主宾揖让之雍雍，皆是心安意适，绝无勉强拘迫之劳，何等样和，这才为可贵。（《论语讲》卷一、十二丁）

这正是对当时构成中国社会之骨架的纲常伦理的讴歌。为了应对分位之混乱②、僭上之横行、素王意识之渗透，管东溟甚至到了借助佛教唯心论的力量来进行拼死抵抗的程度，而葛寅亮也不得不对陷于顿悟主义而不能自拔的自我膨胀论的弊端发出严厉的警告：

> 人若高抬德性而蔑视礼制，必至未得，谓得轻世傲物，或因而取祸者有之，故引明哲保身之诗以相咏叹，盖深有味于礼之能物身，而证性后愈不可少此者，礼即中节之和也。（《中庸讲》九十三丁）

虽然儒家宣称礼本乎人情，但既然人情是变动不居的，礼是否又能与之步调一致呢？在当时，李卓吾、何心隐等人就对礼教与不容已的真情之间的撕裂进行了敏锐的批判，对这些霸儒之流行而感到危机感的管东溟，写下

289

---

① 对于《中庸》二十七章"礼仪三百，威仪三千"，管东溟是这样解释的："性包仁义礼智，而此独重礼，何也？圣人之陶冶人群，君子之销磨气习，莫要于礼。故见性之后，唯礼是崇，始可达于从心不踰矩之域，而圣人实以德性之尊制礼，故谓之峻极于天也。后世之学，裂为二宗，则亦以礼之全体未融耳。夫子以非礼勿视听言动，答颜子之问仁，即德性，即问学，何尝二也？性学渐漓，乃有厌礼文为忠信之薄，而专求诸心明豁达者，有似乎尊德性而实非也，是谓狂禅之学。又有琐琐于三百三千之能，而反桎梏其性灵者，有似乎道问学，而实非也，是谓拘儒之学。"（《中庸讲》九十六丁所引）

② 葛寅亮对《论语·泰伯篇》的"民可使由之，不可使知之"是这样解释的，从中我们可以看出他将"士"与"民"进行区分的明确意图："民与士别，原没有做圣贤的念头。此等人只教他由立定格式，如孝悌忠信之类，实落去做，做得一件是一件，倒有益处。若使之知，与他讲解，长了他虚见，便反把实地功夫忽略过了，倒无益而有损。"（《论语讲》卷二、八十三丁）

了"不从先进，不足以维末俗"的《从先维俗议》①的大著。礼制所带来的反人性的矛盾，不是通过对礼制本身的根本改革而进行消解，而是通过礼制来正人性的方法而得到矫正，这就是管东溟、葛寅亮等人的想法。但是这种对人心的自我磨练必须达到极端的地步（也就是说，必须超越正统的修养论、工夫论，达到拔本塞源的程度）才成为可能，为此就需要借助非常宝贵的佛教证悟。但是，如果说所谓"悟"本就是以摆脱世俗之束缚为本质的话，那么葛寅亮他们要将"悟"带入维护传统之礼教的做法，就不得不说是非常令人费解的。所以葛寅亮如此进行自我辩白：

> 性体高超，礼制琐屑，似若不类，故见地超脱者，多不能绳趋尺步。然此于性中，不过窥其影响耳。若真证性之人，自必无此。如孔子事君尽礼，拜下不拜上。与上大夫言，誾誾如，与下大夫言，侃侃如。自浮薄子看，必指为势利，乃圣人之谨饬如此。后人把礼看做不要紧的事，非毁朝政，傲睨王侯，如今何心隐、李卓吾之流，于性地非不稍有所窥，而卒不免杀身之祸。子思子若已豫料于千百载之前矣。可见本体固要高超，作用却要精细。证性愈高，持身愈当加谨，礼与性，实相成而不容偏废者。（《中庸讲》九十五丁）

如果说"礼"是高超之本体与精微之作用之间的结合点，那么前面所说的本体扫荡一切、色即是空的实质，也将会受到重大制约。在此所需要的，是阐明对于通过"礼"而集结起来的历史背景。然而葛寅亮与明末诸多儒者一样，其实并没有真正考虑什么历史观。若如此，以"礼"为结合点的体与用的矛盾，就是在"人之神灵与造化神灵，并非有隔"（《中庸讲》四十五丁）的前提之下，从人力所难以企及的超历史的世界中寻求解决方案，

---

① "先进"之说当然是取自《论语》。

历史之发展是依据造化鬼神之意志而进行，人就应当仰赖其降临而生活下去，一旦生命完结，人的领会也会带着生前的情识而永远存续下去（同上、四十四丁）。宋儒的天理天命说，构成了对人心的围栏（しがらみ），反对宋儒的上述观点、强调父母未生前真心一念的葛寅亮，却口称灵魂不灭，这完全是思想上的缺乏整合性，但也未尝不可能是因为受到了管东溟的三世因果论的影响①。当然，葛寅亮并没有像管东溟那样充满热情地讨论冥感梦兆，也没有正面提及什么三教一致论。就这点来说，他还没有像管东溟那样显现出作为儒家的自我崩溃。《四库提要》对于管东溟的批评极其激烈，对《四书湖南讲》的评价则非常克制，或许原因也在这里。然而，在这里很明显能看到作为心学的退缩，我们还有必要对其"心"之实质进行进一步探讨。

3. 心的问题

阳明心学的一个重要特色，就是将性理学里面的"性即理""心统性情"等，以及"心"与"性"之间的区隔完全撤除，将"心"理解为浑然之实在，解除了赋予"性"的先验之"理"的排他性特权，使得"心"本身来承担全部责任。这一点和前面所述作为万理之根源者的超越之"天"的权威的崩溃的事件，是相对应的。在这种更彻底的心一元论的立场下，要在"心"之中专门为"性"设立特殊领域，就会对"心"的自发、自由之活动产生牵制，使得心的机能低下。所以王阳明会说"心即理"，说"尽心则尽性"（《传习录》卷上）。对他来说，"性"是"心之本体"，或者说是"心"所具有的"理"的称呼，而并非与"情""意"相区别对待的特殊存在。所以本质上可以说心性一体。葛寅亮在论述"心"的无边无际、无古无今的时候说道："以千里外为非心，一腔内为是心，正不明夫心量者"（《孟子讲》卷三、二十一丁），这很显然是依据阳明学的观点。然而有弟子

291

---

① 参看拙稿《管东溟》末尾一节。

问他"心与性若是一，为什么会有心与性这样不同的称呼？"他回答道：

> 若分别言之，则心有本体，有作用。作用属情，而本体属性。本体每为作用所埋没，故以"性"之一字，表显其心。使觅心者好为识认。孟子云"子能顺杞柳之性"，又云"是岂水之性哉"，是木与水皆有性，随物而表其本体之必然也。然则此性安得谓另有一物而非所以表心者哉？故凡单言性该得心，单言心该得性，而心与性并言，亦微有别，是一是二，各不相妨。（《论语讲》卷四、二十七丁）

葛寅亮在此承认"心"与"性"之间存在微妙的差异。亦即是说，"心"之虚妄被归为"情"，其清净之本体则属于"性"，似乎给人以"心是有可能虚妄的，但性之虚妄是不可能"的印象。管东溟借用佛教用语而曰"随缘不变曰性，不变随缘曰心"（《孟子讲》卷三、五十丁所引），葛寅亮也提倡真妄一体（同上、八十九丁），但他的"随缘"与"不变"并未从一体二相的角度进行把握，"不变"更有优越性，从而设想了"性之永生"。来看一下葛寅亮的下面这段话：

> 心与性总是那一点灵觉，但细别之，亦有不同。性是无思无虑的，心是能思能虑的。故心之灵明活泼，可游于千里，可摄于一腔，处处皆能觉照，而性则无入无出，无乎不照者。再以有生揣之，在人身上，有个肉团心，虽灵觉的心不囿于此，而形神原不相离。一生之内，既肉团的心有生死，即谓灵觉的心有合离亦可。若性则从无始以来，百千万劫，都在这个性里。人之一生，如大海之浮沤，忽起忽灭，而性原历劫不坏。《易》云"继之者善，成之者性"。成性乃受生处，正究到未生以前。又云"精气为物，游魂为变"。"魂"即识性，"游"则去而未尝灭也。性之历生死不坏，于此亦可见。若后儒则以人死气散归

太虚，不复知有性矣。然论心亦有即指性者，盖心贯性情①。推而上之，就令乎性也，说得他无思无虑。推而下之，就同乎情也，说得他有思有虑。心原是抬上抬下得的，其于性，二而一，一而二者也。（《中庸讲》九丁）

"性"作为超越现象的不变之实在而得以确立，可谓愈发明显。当然在此场合下，"性"是"心"的不变之形态，而不是"心"中的某个特殊领域。就这点而言，必须与朱子学的心性论加以区分，但朱子学的性理学，在对历史之动态相即的"理"的流动性的把握上有很大困难，葛寅亮的性论，将本应就着历史而进行提问的课题吸收到超历史的观念世界中，这就暴露出他在具体的社会认识方法上的弱点，虽然有改变人世的企图，却最终没有获得充分的成果。想来，明末心学运动的多样化之分歧，这当中几乎都以很难收拾的社会形势为背景，象征着知识人的诸多苦恼与求索。管东溟与葛寅亮各自依据独特的思考与体验进行了尝试。并且将其也带入四书的讲义之中，在聚集了众多读者的地方，可以看作明末思想界的一曲高歌。"经学"的衰微，未必就意味着"思想"上的怠慢。

293

---

① "心贯性情"，与"心统性情"并不相同，参看下面这段问答："任嗣宏问：'先儒谓心统性情，此语果确否？'答曰：'但可云性统心情，恐难说心统性情。其意以心乃性与情交割关头。然统字未确，或当易以贯字，云心贯性情。盖统乃摄乎其下，而贯则通乎上下，虽一字之微，似不容无辨者也。"（《孟子讲》卷三、十五丁）

第十一章

明末禅僧湛然圆澄

一

明末大儒刘念台在写给其好友陶石梁的书信中这样写道：

> 今天下谈新建（阳明）之学者，未有不借路葱岭（即禅宗）。即当
> 日一种教法，所谓天泉问答等语，近日亦不复拈起。高明之士谈性宗
> 而忽彝伦，卑暗之士乐猖狂而恶名检。（《刘子全书》遗编、卷五《与
> 陶石梁》）

陶石梁曾有一段时间与刘念台合作，参与"证人社"的经营，后来与刘念
台发生分歧，到白马山聚集同志，进行讲学，二者对立的要点，就在于究
竟儒学与禅学是否可以做一体化的理解这一问题上①。陶石梁的兄长陶石篑
也是深深倾心于禅学之人②，甚至还名列在清代的彭际清的《居士传》（卷
四十四）之中，陶石篑是如何将阳明学与禅学做一体化理解的，从下面的
良知诠释中就可以看出端倪：

297

> 儒者之辟佛久矣，最浅如昌黎者，深如明道者，既昌言辟之矣。
> 即最深如阳明、龙溪之流，恐人之议其禅也，而亦辟之。又何怪今之

---

① 参看刘念台之语："吾乡陶石梁子，雅为吾党推重，特其入门不免借途于释氏，一时从游
之士，多以禅起家，卒难骤返于正，亦其弊也。仆与石梁持论，每有异同，或至水穷山尽之日，将
有废然而返者，未可知也。"（《刘子全书》卷十九《答王生子美》）又，关于刘念台与陶石梁之间的
见解分歧，还可以参看《刘子全书》卷十三《会录》以及《年谱》五十五岁条目。

② 关于陶石篑，可参看拙著《周海门的思想》（本书所收）。

俗士哉！（中略）使阳明不借言辟佛，则儒生辈断断无佛种矣。今之学佛者，皆因"良知"二字诱之也。（《歇庵集》卷十六《登第后寄君奭弟十五首》其十）

认为随着良知学的佛教化而招来士风堕落的刘念台，与认为良知学才是佛种存续关键的陶石篑，二者之间的立场差异可以说是非常明显的。陶氏兄弟以及与他们有同感的人们会如此倾倒于禅学，当然有其前辈周海门的影响，但与此同时，当时活跃于浙东地区的两位禅僧的感化也应该是很重要的因素。其中一人是密云圆悟（1566—1642），另一人是本文要讨论的湛然圆澄（1561—1626）。关于此间的事情，刘念台的弟子黄梨洲是这样叙述的：

当是时，浙河东之学，新建一传而为王龙溪，再传而为周海门、陶文简（石篑），则湛然澄之禅入之。三传而为陶石梁，辅之以姚江之沈国谟、管宗圣、史孝咸，而密云悟之禅又入之。（黄梨洲撰《子刘子行状》）

《明儒学案》卷三十六"陶石篑"条曰：

先生之学，多得之海门，而泛滥于方外。以为明道、阳明之于佛氏，阳抑而阴扶。盖得其弥近理者，而不究夫毫厘之辨也。其时湛然、澄密、云悟皆先生引而进之，张皇其教，遂使宗风盛于东浙，其流之弊，则重富贵而轻名节，未必非先生之过也。然先生于妖书之事，犯手持正，全不似佛氏举动，可见禅学亦是清谈，无关邪正。①

---

① 参看《刘子全书》卷二十三《祭陶石梁》文。

密云圆悟是临济宗之人，而湛然圆澄在当时与无畏元来一起，是被视为要中兴曹洞宗的人物，可见二人本来在法系上是不同的，但正如黄梨洲所指出的那样，当时临济、曹洞派系划分的意义，并不像唐宋时代那样是依据各自独特的悟道之体验而言，而不过是以源头而言之①，若如此，密云圆悟与湛然圆澄两位禅师的感化力，即便是以同一教化圈为对象，也丝毫不足为怪。在此，共通的是菩萨行自觉的彻底性，在悟道之后落实于救济众生之实践行动中的挺身而出的气魄，以及对于消极退婴化的禅净一致论的批判。明代初年的寥落的宗风，随着阳明学良知说为主的心学运动之勃兴，渐渐在万历年间开始有复兴之气象，随着云栖袾宏、紫柏达观、憨山德清这三大高僧的相继出现，使得佛教在解、行两方面都呈现出压倒儒门的气势，此时，在儒、佛两教之间也发生了复杂的纠葛与交流，湛然圆澄与密云圆悟就是在这样的时代风潮之中，或者毋宁说是支撑此风潮的有力师家，在明末禅宗史中占有重要的地位。

二

密云圆悟的风格被人们称为"严冷孤硬，不触机锋"（《吾悔集·清化唯岑嶷禅师塔铭》）、"操履严峻，有古尊宿之风"（《密云语录》黄端伯序），但其实他是以南宋的大慧宗杲为模范，在诱引儒门之徒上取得丰富成果的。后者将禅之悟境与士大夫的生活意识相密切接触，并在对人性之变革中展现出其异常的手腕。陶石篑言："圆悟老人之语，较妙喜殊平实。"（《歇庵

---

① 黄梨洲曰："今日五家宗派，存者唯临济、曹洞，皆起自中衰。而近世禅者两相訾謷，然其分济分洞，不过从源流而言之耳。问其如何为济，如何而为洞，摘索悟由，刻画淄渑，恐当身亦未辨也。"（《吾悔集·清化唯岑嶷禅师塔铭》）

集》卷十五《与幼美兄》其三)

密云圆悟自叙自己在出家之前，因为家境贫寒而未尝读过儒书经史（《天童密云禅师年谱》"三十三岁"条），年谱"四十三岁"条记载了他阅读《论语》《孟子》的场面，"五十七岁"条则描绘了这样的光景：他在庐山东林寺看到题在墙壁上的王阳明之诗而有感，又在当时听到轰雷之声，写下了"不爱圣学不援儒，不求佛道不入社，山僧与俗及朝官，同是乾坤无避者"的诗句①。

他"终不为开第二门，彻骨彻髓，独超千七百则"（道忞撰《密云行状》），保持着严冷的风格，但他的教示在俗世士大夫之中却得到了平实的评价，这是由于其简略之表现与迅速的行动力之所至吧。和陶氏兄弟一起钻研佛理的袁中郎说："参禅到平实，便是最上乘"（《袁中郎集》卷二十三《与黄平倩》），但要想不为俗意识所牵引而又能平实地宣讲佛法，这绝非凡庸之师家所能达到。在这一点上，湛然圆澄也并非一根筋式，而具有非凡的见识。关于湛然圆澄的风格与教化态度，陶石梁叙述道：

> 生平不为律缚，脱略轨仪，从前所为，一无覆藏，肠直如弦，舌快如矢，遇人无贵贱新故，皆以本色语相钳锤。杂以谐调，未尝有所拣择。诸方颇有少丛林之讥，然识者自贵尚之，不以率故贬其道价也。中年以来，耳根几断，而应机迅捷，受命如响。所交缙绅，皆当世名士，而与余兄弟特善，所以获管窥兹事，得师力为多。（陶石梁撰《会稽云门湛然禅师塔铭》）

---

① 王阳明的原诗（《王文成公全书》卷二十《庐山东林寺次韵》）与之相应的部分是"远公学佛却援儒，渊明嗜酒不入社。我亦爱山仍恋官，同是乾坤避人者。"对两首诗进行比较，就可以看出从儒佛两教对峙的彼岸出发、以俗世为"无避"而具有旺盛菩萨精神的密云圆悟的风格，真是跃然纸上。

由此可知，湛然圆澄是一个并不拘泥于禅林封闭的风习与清规、毫无隐瞒的（あけすけなく）人，是可以让一味墨守禅林传统的人们感到极度不快的豪放师家。其旷达之处，甚至达到了使热心的崇佛者周海门都觉得有必要加以抑制的地步①，在紫柏达观为妖书事件所困的时候，禅林中充满了恐惧警戒之色，而偶尔入京城的湛然圆澄（万历三十年，时年四十二岁）则毫无惧色，宣讲平易简洁的佛法，一时为人们所器重（陈懿典撰《会稽云门湛然禅师塔铭》）那么，所谓禅之平易化又是什么意思？历代祖师都如此强调禅之难悟，只有上根器之人才可能领悟，而现在却要以平易平实之风接近世人，这难道不会带来禅风的弛缓吗？"无贵贱新故，皆以本色语相钳锤"，而且还不落于俗套，反而被称赞为平易简洁，这大概就是说，将"悟"不视为圣物而进行把玩，就着现实社会的波澜起伏而使之流动不已的意思。将禅开放给无论贵贱高下之人，使其本色得到觉醒，就必须向内检讨日益胶着化的禅林清规，同时向外不断创造随着机缘而变化应对的说法教化。从清规的束缚中挣脱出来，这确实可以规避成为傀儡的危险，但由此而奔走于全然无规范的禅之社会化、生活化，反而可能会脱离出家人之本分而变得仿佛成了政客，这样的忧虑也不是没有道理的。特别是宗教团体在某种程度上受到国家管制的条件之下，要充分发挥作为禅者的本来之自由精神，对时政进行活跃的批判，就不得不成为像紫柏达观那样的典型的霸禅。当时禅林的保守派对于霸禅魁首的紫柏达观被捉拿逮捕一事②，表现出非常露骨的轻蔑情绪，而湛然圆澄则孤身一人为紫柏达观进行辩护，这点必须要引起注意。湛然圆

301

① 周海门《东越证学录》卷五有如下记录："湛然患有头痛之疾，问先生乞药。先生曰：'头痛如何？'湛然曰：'头一时痛，来须岑寂一回方可，不然，痛不可忍。'先生曰：'此是佛祖教诲处，要汝岑寂，不可医他。'湛然曰：'如此，安得时时痛？'先生曰：'也强如时时不痛。'湛然颇近旷达，故先生规之如此云。"

② 关于紫柏达观，参看拙稿《管东溟》（本书所收）。

澄是如何看待紫柏达观死于狱中的结局呢？在湛然圆澄所著《云门显圣寺散木禅师宗门或问》（《大日本续藏经》所收）末尾所附的《达观和尚招殃传》的开头有如下这段记叙：

> 达观老人横遭癸卯（万历三十一年）之季冬，而众议骇然。或谓其道力之未全，或谓其我慢之招得，或谓其定业之难逃。而石篑居士请予折之。予曰：皆不知达观老人也，予独知之。老人垂大权之迹，逆行、顺化，一举而两得矣。何也？由末法浇漓，世道侵丧，人心浸樊，师法不扬，致使如来慧命将危，特以示之也。（下略）

又为了使得紫柏达观的遗骸得到火化，湛然圆澄写下了"达大师，达大师。生前好恶相半，灭后非是两忘。天人已失依怙，四众永没舟航"，以表惋惜之情[1]，更在其教示中说道：

> 若是吃闲饭，斗是非，造谤书，揭恶款，损行止。如此修行，实为魔业，所谓滴水难消，尚不免于地狱，何能望成圣道哉。（《湛然圆澄禅师语录》卷四、一一三丁）

他认为此辈皆是狮子身中之虫，并感慨佛法不能破三武之法难，还为身中之虫所破，这一方面是对因为妖书事件而惨死的紫柏达观的无限同情，一方面也是对非难自己的禅林的反驳。因此在湛然圆澄看来，使得佛法陷于堕落之危机的，不是走出山门、进行不分僧俗的社会教化与福利大众，而毋宁是禅林内部惰性地重复念佛、诵经、坐禅、公案等传统而已。

---

① 《湛然圆澄禅师语录》卷七、一三七丁。语录依据《大日本续藏经》。

予走遍天下丛林，所见知识也多。其间上等，教人念佛求生西方。其次，听经学嘴头。其次，诵经作福。这一着子，罕有提持者。间有提持，不过商量古人旧公案，去古转远，可谓自救不了。古人所弃，今时唤作极则事，为可惜者也。即如越中冬间坐禅颇多，要真正悟明，我三十年来，未见一人。做首座的，不过办几堂斋，持念佛唤作话头，不语抵作口实，无甚开示。学人进堂，并不请问，如小猪撞乳相似。撞过一冬，唤作坐禅。遮个都是薄福事，有甚利益。（《湛然圆澄禅师语录》卷四、一〇七丁）

湛然圆澄的禅林观既然如此，那么前面引用的陶石梁的"生平不为律缚，脱略轨仪"的评语，就并非意味着湛然圆澄是无视传统清规而自由奔放，而应当是以当时的日益形骸化的禅林为背景，对比性地描绘出湛然圆澄的特殊活泼的言动作略①。湛然圆澄和紫柏达观一样，都治理石塘、建造亭桥、修复古刹，积极从事于利济有情（陶石梁撰《会稽云门湛然禅师塔铭》），当时的统治者压抑讲经论道，真正的修道者陷于消极退婴的状态，禅林愈加衰退，他们对此都感到忧心忡忡（《慨古录》三六五丁）。

那么湛然圆澄是如何界定自身立场的？让我们来看一下他题为"自号没用"（《湛然圆澄禅师语录》卷八、一四八丁）之偈：

溪边一腐块，其形若沉檀。

取之无所用，刻之无所长。

弃水不之去，付火不之然。

能死盗贼心，善却世人贪。

---

① 所以《慨古录》（《大日本续藏经》所收）三七〇丁有"今时沙门，视丛林为戏场，眇规矩为闲事，乍入乍出，不受约束"之叙述。

日夕三光下，优游天地间。

都云没用物，我道得安闲。

这不用说是借用了庄子的"无用之用"来讴歌自己的心境。《语录》卷八中还有"又号散木"之偈，《慨古录》中有署名为"无名叟"的"山僧自愧，不能谈禅"（《湛然圆澄禅师语录》卷二、九十三丁）、"山僧不解佛法"（同上、卷四、一一二丁）等等。这些表达并不仅仅是卑下谦恭之意，而是自觉远离俗流、以显示偏离规矩的禅之弘扬者而自任的意气。"穷则独善其身，达则兼济天下"（《孟子·尽心上》）也并非儒者独有之行动指南，在禅者本来就是寻常之事①，也正因为如此，墨染之衣就如是而为作业之衣，从而产生出与死灰枯木禅、义解禅、念佛禅相异的独特的散木禅②。《庄子》中的散木，正因为无用（没用）才能发挥出异常的力量，更不用说活禅（霸禅）之散木了。其对现实社会的旺盛的行动欲望，甚至还被戏称为"馋禅"③。其不修边幅的程度，有时候甚至是与他交往甚密的朋友都会感到危惧，但要走在急速回升的明末心学运动的最前端，也并不允许拘泥于小节。对此末法的特殊现象，憨山德清有如下之礼赞：

西来一脉，至我明百余年，一丝垂绝久，未见有力振者。何幸得公蹶起东南，建大法幢，独扬单传之道，以开群蒙。使法门后进，顿舍陋习而归之，如水赴壑。诚一代之伟事也。老朽昨游吴越，幸睹光仪，庆法道之盛，赞莫能已。（《梦游集》卷十四《与云门湛然禅师》）

---

① 参看语录卷六、一一八丁。
② 此语为笔者自己所造之词。
③ 参看《歇庵集》卷十四《湛然禅师像赞》。

三

在所谓万历三大高僧中，湛然圆澄对紫柏达观的霸禅之行径有相当的共鸣，他作为禅者，对社会活动抱有非常积极的热情，这一点前文已经有所交代，而作为其受戒之师而得到敬仰的，是三高僧中的最年长者云栖袾宏。在《湛然圆澄禅师语录》中，能找到对云栖袾宏表示谢恩之意的话语（八十八丁、九十二丁等），还有代替云栖袾宏宣讲其著作《梵网经戒疏发隐》的（一二六丁）。与紫柏达观不同，云栖袾宏虽然对于儒教思想本身持批判态度，但对于与国家权力或者官僚阶级之间的摩擦还是持尽量温和态度的禅净一致论①。在他的主著《阿弥陀经疏钞》（卷三）中，是这样叙述极乐法王之弥勒佛与往生者之间关系的：

> 佛如王者，彼国虽无君臣父子，然佛为法王，有君主义。生彼国者，依佛学佛，有人民义，非如此土，版籍所统，实编氓也。

这样的想法并非要对现实的社会结构所带来的诸多矛盾加以严厉批判，而毋宁是将现实世界之课题的解决寄托在彼岸。所以他对举业当前的俗世之信者说道：

---

① 参看拙稿《真心をめぐる儒仏の対立》（《九州中国学会报》第七卷所收）第三节。又，下面这句话可以说非常好地道出了云栖袾宏与憨山德清、紫柏达观之间的教导方法上的差异："师与云栖紫柏，同时称三大宗师。弘（曾弘）皆亲受记莂。云栖以低眉作佛事，师与紫柏，以努目作佛事。"（《梦游集》卷五十五附录、曾弘撰《憨山大师口筏引》）

> 世间法，如为子而事亲以孝，为臣而事君以忠，乃至人伦庶物，——与道非碍，所贵者，任理随缘，无心顺应而已。（《云栖遗稿》卷上《答王弱生应菀》）

完全主张人应当随着当下的因缘、道理而进行顺应。若如此，则越是强调所谓"官游即参禅"，越是会减弱禅对于现实世界的活泼自在进行翻转的能力，只能成为在封闭的场域内的一种精神安慰剂，或者说是对既成格律的遵守而已。也无怪乎其禅净一致说与紫柏达观乃至憨山德清相比，会让人觉得很弱（弱々しさ），散发着极其平稳的气息。所以，即便他说"弥陀即是全体"（《阿弥陀经疏钞》卷一）或者"西方在目前"（同上），现实世界与理想国之间的矛盾，也不会诱发而产生即今当下的社会实践能量，反而使得理想国仅仅获得了成为缓和现实世界之矛盾的缓冲地带的地位而已。如此，例如他对于王阳明的军功有一定评价，但还是说出"阳明于禅未深，安能以杀成佛事哉"（《云栖遗稿》卷下《答姜本无居士》），这完全是将佛教的戒杀思想进行机械的评价基准，完全没有从事态的历史客观性进行洞察。

湛然圆澄对于作为受戒之师的云栖袾宏的说法并没有从正面进行反驳。但在有人问"云栖和尚何以一皆念佛劝人"的时候，他回答道：

> 子莫谤云栖，云栖必不如是。何也？他如开杂货铺，人买珍珠，与之珍珠，人买鼠粪，则与鼠粪，曾无定计。

湛然圆澄认为云栖袾宏的净土说是权假，本旨是参禅，但因为就如同卖杂货一般，很多人只看到其门墙，而没有看到其堂奥，由此而认为他只是追求净土往生，这是非常严重的误解（《宗门或问》、一六四丁）这很明显是在缓和与师教的背离的同时叙说自己的佛法。被世人称为"净土之宗子"

的云栖袾宏，我们很难想象其念佛往生之旨是权假方便而已。湛然圆澄在被问及参禅与念佛往生之间的优劣的时候说道：

> 念佛惟凭彼佛提携，全叨愿力。参禅克究真心，只是自因。求人求己，优劣可见。（同上、一六三丁）

在解释"西方十万亿土"的意思的时候，认为这是超越数量之物：

> 才有数量，即受烦恼，不名极乐矣。才有觉照，即属取舍，有取舍，即受生死，不名本性无量寿佛矣。是故禅门直指一念未生前。（下略）（《湛然圆澄禅师语录》卷七、一二八丁）

必须承认，他的思想重心，与以"参禅不碍念佛，念佛不碍参禅"之古语为金科玉律的云栖袾宏相比，是大幅度偏向于禅一元的①。思想重心的上述移动，意味着什么呢？这一方面是禅思想史的问题——禅从禅净融合回到本来的姿态，另一方面，更重要的是意味着从云栖袾宏的立场向紫柏达观的立场，或者说从丛林禅向散木禅的回转。无用者意识与念佛赎罪观念，无论如何是很难结合在一起的。

在这里需要注意的是，在湛然圆澄之后稍晚出世、在其宗风依然留存浓厚的地区成长起来的黄梨洲，曾这样区分如来禅与祖师禅：

307

---

① 湛然圆澄《楞严经臆说》（《大日本续藏经》所收、一九三丁）亦云："今时之辈，愿东愿西，舍此取彼，何其谬哉。"又，袁中郎在列举与其亲交的僧侣名字时说道："僧则云栖、戒善、湛然、立玉。云栖古佛，戒善法王，湛然、立玉禅伯。"（《袁中郎集》卷二十二《致吴敦之书》）在这里，袁中郎区分"古佛"与"禅伯"的意图不是很明确，但或许可以猜测："古佛"保持着严格的戒律生活，而又具有一定的包容性，"禅伯"则脱离了从来的格套，是义无反顾前行的活禅风格。

佛氏之学有如来禅、祖师禅之异，然皆以空有不二为底蕴。如来禅言心性，祖师禅恶言心性；如来禅言体，祖师禅言用；如来禅谈空，祖师禅论实事；如来禅槁木死灰，祖师禅横纵权术。为祖师禅者之言曰：不怕瓮中走却鳖，故只在事为上立脚，心之存亡邪正，一切不足计也。两禅之不同如此。而如来禅自真空而妙有，祖师禅自妙有而真空，其归则一也。凡程朱诸儒之所辟者，皆如来禅，其于祖师禅曾未之及也。（《南雷文案·与友人论学书》）

过去是有体无用的空寂枯槁之禅大肆流行，今日则是有用无体之禅流行于天下，机诡变诈，从"昭昭灵灵"转变为"治天下国家"，他担心这种禅会扰乱天下国家（《南雷文案》外卷《寿张奠夫八十序》）。如来禅与祖师禅之间的意义或者异同，在禅学史上未必有定说①（这从禅的本质来看毋宁说是理所当然的），黄氏的上述区分究竟来源于何处，并不清楚，但如果说到在当时的禅僧中重视"用"的人，很容易就让人想起紫柏达观②，如果说湛然圆澄与其宗风很相近，那么黄氏上述言论的背景也就不难进行推测了。亦即是说，黄氏的说法见证了社会关心极其浓厚、强调作用的禅风在两浙地区是如何流行的。依据《湛然圆澄禅师语录》：

僧问：祖师禅如来禅是同是别。师云：古越是杭州。曰：恁么则同也？师曰：长江分彼此。（卷六、一一九丁）

师乘凉次，叹云：如今祖师禅，却被诸方混乱，我今只说如来禅。

---

① 例如《大慧宗杲语录》卷二、《天目中峰广录》卷二十九等都谈到如来禅与祖师禅没有区别，万历年间的学者管东溟也认为如来禅之外还有所谓最上一乘祖师禅的说法完全是魔说（《从先维俗议》卷五）。就发生学上来看，祖师禅之语很明显是禅门独特的体验的自我夸耀，但若对此采取墨守的态度，则祖师禅也可能会一转而变成野狐禅，就最究极的境地而言，也必须不执着于如来禅与祖师禅之间的区别。

② 关于紫柏达观的"用"思想，参看拙稿《管东溟》。

僧问：祖师禅、如来禅，是同是别？师云：一点水墨。进云：意旨如
何？师云：两处成龙。（卷六、一二〇丁）

显示出其不拘泥于区别两种禅的态度，但在《云门显圣寺散木禅师宗门或
问·补遗》中，湛然圆澄将天台宗与如来禅相配，将达摩禅与祖师禅相配，
告诫弟子"如来禅、祖师禅不可相滥耳"。这并非湛然圆澄对于两种禅之间
的区分的决定性断案，而只是他将"渐升堂奥"的天台宗与"镇坐中庭"
的达摩禅进行对比的基础上借用两种禅的名义的方便之言而已，湛然圆澄
的本质应当还是不区分两种禅的散木禅之发扬。而黄梨洲也正是沿用禅家
相传的术语，用"祖师禅"来形容散木禅的。那么究竟为何会产生这样的
作用禅呢？

四

　　在这个时代，禅者的一般课题，并非过去从唐代到赵宋王朝以后在同
一佛门内部进行教相佛教之间的热烈对决，也不是禅门内部分为五家七宗
的复杂多歧的关系之处理（当然嗣法在一定程度上会成为问题），而毋宁是
如何使得禅体验渗透到俗世人们的现实生活中去的问题，是由此而对现实
社会进行变革并推动社会前进、由此需要使用怎样的策略与教导的问题。
而在当时，以迅疾之势风靡全社会的是阳明学的良知说，而且阳明学与朱
子学不同，其基本原则是直接将浑然之一心的全部作为天理之具备者，将
真妄顺逆之全部赌注押在一心之向背之上，所以对于同样基于本心、以转
迷开悟为绝对条件的禅家来说，确实会卷起微妙的波澜。因为由阳明学之
良知说，人性的根源主体性得以确立，如果就此，作为一即一切之主体而

超越现实（现実を乗り切って行ける），那么必须从禅门中寻求究极之悟的理由就会丧失，反之，如果说禅学之一心与阳明之良知不同，或者是超越良知之物，那么阐明其原有，同时也必须明确禅学自己本来就具有对于人性之形成不可或缺的独特之本质。如果就像朱子学的信奉者经常挂在嘴边说的那样，以"阳明学为禅学"之命题为真，那不仅对于阳明学之存续与否是极其严重的事态，而且在更深刻的意义上，也必须追问禅学存在的意义。因为如果禅门这边默认朱子学派一直将阳明学视为禅学阵营的看法，那么阳明学所肩负的社会责任以及学问之课题等等，禅门要想偷偷地进行替代并寻求适当的处理方案就不再可能。如果禅门轻易放过这个问题，那么进入禅学阵营的阳明学，甚至就可能忽然杀入禅之大本营而宣称"禅学乃阳明学"①。究竟将阳明学视为同伴还是敌人，这对于万历年间的僧侣而言是一个极其微妙的问题，总体来说当时高僧虽然对阳明学要比对朱子学有好感，但仍然自豪地认为佛教拥有阳明学所无法穷尽的心性论与悟道论。

例如云栖袾宏就认为王阳明并不精通禅（前引），王阳明的良知说与佛教的真知是有区别的，良知依然没有达到"真知"的境地（《竹窗随笔》初笔"良知"条），儒学主要是用来治理俗世的，佛学则是出世之学，儒学若过于高深，纲常伦理就无法成立（同上、二集、"儒佛配合"条）。紫柏达观也认为，穷尽六合之内外的佛教才是天下道术之终极（《紫柏老人集》卷九），佛教所倡导的心的数理之妙处，是孔子老子所无法知晓的（同上、卷十），"超儒老而独高，冠百氏而弘深，舍唯识之宗而他求，未之有也"（同上、卷十二、"唯识略解"），强调了佛教唯识论的绝对优越性。但实际上在

---

① 对于这种状况下的阳明学看似毫无目标的思想漂流，清代朱子学者张武承有如下之讽刺。其论调虽然很难说公允，但可以作为知晓阳明学与禅学关系的参考："且阳明之学，好求高胜，以为良知之说高出程朱之上矣。但所谓良知正佛所呵为昭昭灵灵，第八识不断为生死根本者，恐其见嗤于禅人也，故又言无善无恶以盖之，而其徒遂显然言禅言仙，谓'良知'二字足以贯通三教。噫！此又鄙俚之甚，经书传注，所未有也。夫窃良知之说以胜诸儒，又窃无善无恶之说以敌佛氏，此其用心亦劳矣，而究为佛氏所不许。"（《王学质疑》附录《读史质疑四》）

他们周围聚集的士大夫们，无论属于儒门的何种流派，都是在道学的空气中生活，为治国安民之经纶而奔波，如果将禅学看作是与道学（儒学）全然无关的东西，则会减弱其力量，更何况将禅学仅仅视为弥补道学之缺陷的辅助者的观点，也只是会成为自灭的手段罢了。云栖袾宏认为，对于道学"有敬信之如神明者，有非诋之如草芥者"，这都是不正确的态度（《直道录》"讲道学"条），或者如紫柏达观所云"道学与禅学之俗成，自然高明者日多，而污暗者日少。即或假道学禅学，以为污暗者有之，此亦嘉禾中稊稗耳，必禾多而稗少也。若恶少稗，而欲尽去多禾，岂仁人之用心哉"（《紫柏老人集》卷二"道学禅学"条），可以说都是基于上述考虑。事态发展到这个地步，禅学必须要考虑如何将道学化作手中的鞭子进行自由操作。黄梨洲的所谓"纵横权术"的祖师禅——"凡程朱之所辟者，皆如来禅，其于祖师禅未之及也"（前引《与友人论学书》）[1]——这个祖师禅就如此勃发流行了起来。湛然圆澄与密云圆悟等禅师正是在这样的法运中活跃的人物。

311

五

湛然圆澄思想的核心是"真心"。[2]

在《宗门或问》自序中他说：

---

① 关于黄梨洲此语，笔者多少是有异议的，但因为与当下之论旨无关，故不做展开。

② 忽滑谷快天的《禅学思想史》下卷第 699 页："圆澄力说的是一心之法门"，"一心"与"真心"在内容上确实没有根本差异，但无论从湛然圆澄的用例还是从时代背景来看，用"真心"来概括可能会更加恰当。在本文引用的段落以外，还有"予昔年曾近（云栖袾宏）座下，凡见和尚示众，皆圆示真心，曾无异道"（《宗门或问》、一六四丁）等材料，值得注意。

夫如来出世以大事为本怀，诸祖相传惟真心为究竟。

《思益梵天所问经简注》序：

夫真心本净，法性本虚，由不守自性而变现随缘，迷逐无明而罔知返本。是以大觉世尊，嗟众生之沉滞，悯六道之循环，于是起同体之悲，设无为之化。

《首楞严经臆说》序说：

此经直示常住真心［译者按：此处原文作"真示"，当为印刷之误］，若悟此心，则一切事究竟坚固。

不过，以真心为绝对主体之表现，这在禅家并不稀奇，特别是在明代，已经成为贯通儒佛而使用的术语①。由此，湛然圆澄要以真心来作为其散木禅的特色，其时代就要求他阐明此与儒家的真心论有何区别，或者说有何关联。依据《宗门或问》，客人问：

儒教治世，法法可仪，事事可则，人所易为。释教寂灭空理，渺无可着，人所难为，故不之学也。师力主心宗，何能胜于常道乎。

湛然圆澄答道：

所谓空者有二焉，有有无对待之空者，儒者所设也。有有无俱泯

————————

① 参看拙稿《真心をめぐる儒仏の対立》。

之空者，释典所载也。俱泯空者，廓周沙界，圆裹十虚，弥纶八极，妙括二仪。为事理之真源，作圣贤之宗祖。

更云：对待之空，乃是人失去上古淳朴之风气、巧伪竞相产生以后，圣人不得已而言之，仁义道德是非邪正有无得失是表显对待之语。空才是极上之物，妙极一心是胜于五常之道的。在他看来，只有贯彻"空"，才能无己无家，无国无天下，如此，天子、诸侯、大夫、庶民就不会各自责备他人，"贫富一分，强弱一身，善恶一观，彼此一家"，天下安泰。如此，他断定"妙明元心初无名相，安得有所谓仁义不仁义乎"。本来之真心，是没有名相的，连"仁义"或者"天理"的痕迹都没有，道学的理意识反而就此认为这是祸害而加以拒斥（《思益梵天所问经简注》卷三）。真心是"妙括二仪"的。所以在为太极图做题时，湛然圆澄曰：

六九絷来别两仪，

分形设象示群迷。

争知太极前前事，

尼父犹云莫我知。

（《湛然圆澄禅师语录》卷五、一一六丁）

在可称之为朱子学名教伦理之典范的《通鉴纲目》序（崇祯三年，史应选序）曰："此道主潜主惕。潜则无名根，惕故无理执。"作为国纲支柱的名教伦理，为了斩断名根或者理执，必须要进行彻底的体质改善，而湛然圆澄也在考虑斩断名根、拂拭理执的方法。在他看来，只有回归到太极两仪以前的无对待之真心，才有可能。他将《大学》的"明明德"解释为自心本明之德，非有待于外，由此认为将《中庸》的"天命"解释为"命令赋予"是后儒之误解（《宗门或问》、一七〇丁），这是与当时禅家对朱子

313

学批判的通说相一致的，但湛然圆澄的批判还指向阳明学派。下面这首"良知歌"（《湛然圆澄禅师语录》卷八）可以很好地展现其阳明学观：

良知非是有知知，良知亦非无知知。

知得有无知斯在，直向有无中荐取。

若谓有知见不圆，执着无知又一偏。

有无叠成六十二，欲了除是悟言前。

悟言前，透心法，日用了了惺惺著。

待客迎宾出现成，何须百计求方略。

入斯门，得自在，神通应现周沙界。

纵横妙用总无方，答话不须拣内外。

饥便食，睡便卧，行住坐卧只这个。

柳绿花红三月天，世界拈来如许大。

有等道人强作主，只管人前弄死语。

颠拈倒用总不知，徒把良知作规矩。

有等道人恣强辩，何曾梦见娘生面。

出语茫然混正邪，徒事规模执方便。

不知性，迷自心，无始劫来认识神。

若教火内翻身后，未审那个是天真。

解天真，识通变，入门便讨公文验。

虚悬宝鉴定龙蛇，慧剑高提光焰焰。

不用思，不用算，鸢飞鱼跃道一贯。

良知良知若个知，知得良知金不换。

读完此诗，我们能直接感受到的是王阳明所强调的——作为天然自有之良知始终在现实世界中作为轻重厚薄之规矩准则而发见流行，良知自然会疾痛迫切、真诚恻怛，由之便可以获得修齐治平的实效——此主张在当时已经变得非常淡薄，人们更多地一味强调父母未生前的无执着、无束缚的天真佛之妙用。王阳明的良知说始终能让人感到"事上磨练"的淋漓汗水，而此歌则从一开始就设置了以佛教传统的思考方式与术语为主的舞台，给人留下了登场的实则是戴着良知面具的禅者的强烈印象。所以这虽说是"良知歌"，实际上应该称之为"悟道歌"。这是因为作者自身并未真正跳入良知之中、以粉身碎骨之觉悟与努力进行把握的缘故吧。不过，与前面提及的云栖祩宏贬斥良知不如佛教真知的态度不同，湛然圆澄托良知而讴歌真佛之所在与妙用的手法，其见地很值得注意，这或许也是吸引士大夫的魅力之所在。

六

依据刘念台之记载，陶石梁曾对门人言"儒释理同而为教则异，吾辈衣儒衣，冠儒冠，自合尊儒教，以称于天下"，又言"知儒释之所以分，始知儒释之所以合"（《刘子全书》卷二十一《陶石梁今是堂文集序》），但陶石梁的上述说法与其说是符合尽可能将其往儒家阵营这边拉拢的刘念台的意图，不如说是体现出湛然圆澄的感化力之渗透吧。依据《刘子全书》遗编（卷一、二十四丁）之引用，陶石梁曾担心良知滞于思虑分别，认为"不虑而知者良知，一涉思虑，便成鬼家活计，凡一切省察克治，皆落第二义"，这和湛然圆澄的"良知歌"风味非常类似。更值得注意的是，陶石梁把良知比喻为快刀子（尖锐的刃物），"能除暴去凶"，但也"能逞凶作盗，依乎人之用"，刘念台反对他的说法，认为"恐良知之力，止能除盗，不能作盗"（《刘子全书》卷十三《会录》、二十三丁），在此，陶石梁将禅家之

315

"烦恼中有菩提，不坏法性，菩提中有烦恼，不断性恶"（《思益梵天所问经简注》卷一）如是带入良知说，而刘念台则依然固守儒家的伦理观，二者的对立非常明显。

湛然圆澄的上述烦恼即菩提的思想，目标是超越真妄善恶之分别对立，"善与不善，对待生起，若无不善，则善从何起，若不行善，则不善不生，以法界性中，离对待故"（同上、卷二），主张无善无恶，因而断定《大学》的"止于至善"是"非善恶所对之善"（同上、卷三）。

这很容易让我们想起因提倡"无善无恶论"而在思想界引起轩然大波、与湛然圆澄有不浅因缘的周海门，与特别是许敬庵之间的激烈争论①。周、许二人的对立，分别由其后学风的后续者陶、刘二人所继承，而其背景是像湛然圆澄（以及密云圆悟）这样的禅僧的介入，使得儒佛之间的思想交涉更趋紧密且白热化。所以即便是像刘念台这样自始至终都扬言排佛之人，都不得不做出让步，做出训导说：为了要学圣人之道，由此不许出入佛老，那就如同入室而闭门一样，但要读真正的佛者之书②。

黄梨洲云："浙中之为禅学者，以为忠义名节无关于理学"（《子刘子行状》），并指责陶石篑之沉溺于禅学："其流之弊，则重富贵而轻名节，未必非先生之过也。"（《明儒学案》卷三十六"陶石篑"条）湛然圆澄认为真心与世谛并非截然不同之物，所以朱子的"无父无君"之排佛论是无的放矢（《思益梵天所问经简注》卷二），又称"三教设圣人之教，其旨趣本同"（《慨古录》、三六四丁），但如前所述，基于空观的"无善无恶论"通过相对性的世界而使自身显现，这种方式能在多大程度上与现实之规范紧密结合，是不无疑问的，这点也成为宋代以来反复争论的焦点。如陶石篑的下面这段话，就可以说成为佐证黄梨洲之疑虑的恰好材料：

---

① 对此可参看拙稿《周海门的思想》（本书所收）。周海门的"无善无恶论"，受到王龙溪的影响很大。

② 参看《刘子全书》卷十九、三十二丁《答王金如》第三书。

学求自知而已。儒释皆津筏边，事到则舍矣，若其迹，则自难强同。即彼教大小，皆自不同也。不孝虽愚昧，然灼知伦物，即性道不敢弃离，亦不敢以此误人。（《歇庵集》卷十五、三十五丁《与徐鲁源先生二首》其二）

无论如何强调"伦物即性道"，在自知的境地，如果最终是要"舍儒舍释"，那难道最终不会意外地产生无规范放纵的倾向吗？与陶氏兄弟交往甚深的袁中郎就曾警告陶石篑：

禅者见诸儒汩没世情之中，以为不碍，而禅遂为拨因果之禅；儒者借禅家一切圆融之见，以为发前贤所未发，而儒遂为无忌惮之儒。不惟禅不成禅，而儒亦不成儒矣。（《袁中郎集》卷二十三《答陶石篑》）

这点不容放过。在中国思想史上，对于这个曾有多次抬头并掀起风云变幻的问题，湛然圆澄以及其周围人等，究竟提供了多大程度上的崭新解答与严密论证，是不无疑问的。从其语录到对于《法华经》《思益梵天所问经》的注释等等，都很难说有特别超越前人的卓见。不过，本文前述的散木禅之独特风格，以及敢于直面社会矛盾的意气，确实是顺应了明末士人的需求。尽管如此，禅学与道学之间的关系纠葛，依然留下了很大的问题，但这与其说是暴露了湛然圆澄其本人的能力之极限，毋宁说是在更根本的层面上暗示了曾经成为历史跃动前进的原动力的禅学在总体上遇到了很大的障壁。并未描绘出禅学历史作用明确构图的湛然圆澄，尽管很感慨禅林之颓废，他对整肃复兴之方向，却没有首先诉诸禅林之自治与自戒，而是一味期待着皇权体制的指导监督："若非国王大臣，整此颓纲，此世此弊，莫能救矣！"（《慨古录》、三六八丁）如此形式的宗教复兴，最终又有怎样的命运等待着她，这已经是湛然圆澄的眼力所无法企及的了。

更令人感到惋惜的是，在这个时代，儒家所说的"理"已经摆脱了朱子学式定理的僵硬，以虚、无、空等为媒介而不断自我燃烧，湛然圆澄如果能直视此"流行之理"① 而指出时代之方向就好了。湛然圆澄如果能够如此步入道学阵营之核心从而创造出新的理，恐怕其影响力还会进一步扩大——因为他自身的禅学风格就非常坚固。明代思想史之殿军（しめくくり），最终不是以"生死话头"为第一义的禅僧，而是由以"流行之理"殉国的刘念台来担当。

---

① 例如《刘子全书》卷七《原道》下的刘念台"常心"论，很明显能看出是想要克服与超越佛教的真心论，此中就有"此流行则谓之理"的说法。

第十二章

智旭的思想与阳明学

——一个佛教心学者所走过的道路

一

众所周知，明代思想史以王阳明心学的出现为决定性的转折点，此心学之特色，首先就在于以良知现在之一念来收摄一切，对其决断加以全盘信任，在此谋求行动触发之根据，超越种种品性乃至环境之差异，坦言只要使良知充满全体，谁都可以成为与尧舜无异的圣人。人类要进行集体生活，本来确实是需要一定的道德规范、法律规定乃至社会之约束等等（此以一言而弊之，曰"理"），[译者按：在阳明学看来] 遵循先于主体而成立的"理"之权威，这并不是主体的终极价值之所在，而毋宁是要看人是否能在念念不断之心（浑一之生命）中提炼与创造出"理"，这才是存在规定之根本样式，高度依赖先于自身而给定的规矩准则的性理学（程朱学）之传统派人士无疑会对此观点加以僭上亢高之指责，但是，能够超越此批判、探求毫无矫饰的人性的赤裸裸之真相的思想家群体，在当时也随处可见。从既成价值观或者既定（おしきせ）人性观解放出来的本心，各自从世间的束缚中挣脱出来，周游天下，在宇宙飞翔。因此作为良知说的首创者王阳明，在其体悟与发扬心学时所附加上的若干条件与警告，也渐渐黯淡下去。因为这些条件与警告，其必要性都是在某种特定情况下才有意义的东西，但并非作为心学的必要条件。以绝对自律为原则的心学，严禁任何意义上的主体对外在之物的依附，将一切都置之于本心的即今当下的责任。

例如，让我们来看儒、佛的关系。王阳明确实有使用排佛表现的言论。但这是针对借用佛教的名义而出现的反社会、反伦理的现象，而并非对在佛教之名下出现的心学之本身。所以甚至在其在世的时候，其门徒中都有玉芝法聚①这样的禅僧，王阳明去世、心学风靡天下之时，儒佛之藩篱也终于被撤除与彻底崩溃。

"阳明学是否是儒家之正统嫡子""阳明学是否是释家的旁出庶子"，要为这种鸡毛蒜皮的事情（めくじらたて）而进行争论，是非常愚蠢的。心学本来就是要寻求回到教派对立之前的原点，即便心学家（在此不论他是儒家还是佛家）会谈论儒佛之优劣，这也不妨认为是其为了指示原点而呈现出来的表象或者曲折而已。所以万历年间的陶望龄曰：

> 儒者之辟佛久矣，最浅如昌黎者，深如明道者，既昌言辟之矣。即最深如阳明、龙溪之流，恐人之议其禅也，而亦辟之。又何怪今之俗士哉！（中略）使阳明不借言辟佛，则儒生辈断断无佛种矣。今之学佛者，皆因"良知"二字诱之也。（《歇庵集》卷十六《登第后寄君奭弟十五首》其十，着重号为笔者所加，下同）

屠隆也说：

> 新建王文成守仁，灵禀凤成，天才独诣。神采雄迈，智略深沉。气九死而不折，才百炼而弥精（中略）学为儒而不拘于为儒，究仙释而不露其仙释。求其底里，未易窥其际。方之古人，难轻定其品。异人哉，异人哉。（《鸿包集》卷十一《我朝人物》）

心学的出现，使得人从性理学的框架中得以解放，得到了自由的羽翼，这一方面促成了即今圣人、即身成佛的圆成思想的流行；另一方面，可以凭借我意而自由运转上下无限之区隔，在此并非心之端倪的实体，会呼唤

---

① 关于玉芝法聚，参看拙稿《禅僧玉芝法聚与阳明学派》。

深刻的自我反省（前者是阳明学左派的特征，后者是阳明学右派的特征）。也就是说，自由之光明会伴随着含混的罪恶感之阴影。如果将人性之罪恶一面过度曝光，性理学家会担心由此减弱了主体的遵法能力，轻视规范意识，从而拒绝这样的做法，而现在心学之高歌猛进中，人不得不被逼到对极善与极恶、圣人与凡人进行同时性的反观内省的境地。并且在这种对人性恶的探求中，毋庸置疑，佛教拥有远比儒教深远丰富的传统。从嘉靖开始到万历的佛教复兴运动，正是在上述思想史的脉络中发生的。亦即是说，佛教由于阳明心学之流行而从睡梦中觉醒，时代要求他们必须准备好能够应对新思潮的心学。于是以万历三大高僧为首，有才能之佛者人才辈出，他们的一个共通点，就是对朱子（亦即性理学）的批判极其严厉，而对阳明则显示出相当大的亲近感。对于朱子，评价几乎令人绝望：

> 为儒家贤者，自有人天之福，然既排佛，则闻法为难。（《云栖遗稿》卷下《答江广宥炼》）
>
> 朱新安不识佛心与孔子心，乃以众人之心，推好佛之心，何啻天渊相隔哉。（《紫柏老人集》卷二十一《皮孟鹿门子问答》）
>
> 朱晦庵教中体认天理（中略）非出世间法也，何以故？皆六识之心故。（《无异元来广录》卷三十《复居士》[译者按：此处原文作"无畏元来广录"，当为印刷之误，今改]）

对于王阳明，则曰：

> 新建创良知之说，是其识见学力深造所到，非强立标帜以张大其门庭者也。（《竹窗随笔》初笔"良知"条）

或者有所同感而承认其功绩，或者作《良知歌》（《湛然圆澄禅师语录》卷

323

八），或者和韵王阳明之诗（《密云圆悟年谱》"五十七岁"条），让人感受到接近于同气相合的安定感。如此，在密切注视阳明心学之动向的同时，佛教心学之自觉也不断深化，遂出现了标榜佛教自身之独特性、优越性（这当中也含有对阳明心学的压倒性流行的防御意味）、指出阳明学的思想的局限性、夸示佛法之广大无边的现象。阳明学不过是佛教中之浅门而已，良知说也依然没有摆脱世俗之情识——此类议论开始挂在僧人的嘴边①。这当中的儒佛优劣论之当否姑且不论，从上述概略的史学回顾就可以看出，既然心学的终极目标是对心之原点的探求，那要在儒与佛之间划定严格的界限，毋宁说会变得更困难，如果硬是要进行划分的话，无论是站在儒佛哪一派的立场上，都会使得其心学狭隘化，从而最终导致心学的生命之枯竭。有才华的宰官居士会义无反顾地倾心于佛教，以及儒佛调和论的盛行，缘由或许也在此。在这种情况下，佛教方面所面临的问题，就是如何将其庞大的教禅净律之遗产依循新时代之要求而进行整理与调和。人心可谓是变得前所未有的流动与恣意，求道之方向也有顿渐缓急、软硬广狭等种种可能。要给予这样的极难把捉的心以解脱和安定，新佛教又应当呈现出何种面相与实质？

二

以万历三大高僧为代表，这个时代的众多大师宗匠之间的共通现象，就是提倡三教一致、教禅融合、禅净融合、三学一源等，与过去的唐宋诸

---

① 参看云栖祩宏的《竹窗随笔》初笔"良知"条，以及董其昌的《容台集》卷四《重建云栖禅院记》等。

多宗派相互对立的时代相比，压倒性地采用综合主义、调和主义①。这在有洁癖的宗派观念者看来，无疑是教界的秩序丧失，尤其是禅学之堕落，给人留下这是在明代佛教前所未见之物的印象。但实际上，如果我们暂时放下宗派之立场而放眼明末诸家所处的思想大环境，就会了解到，这恰恰是与同时体验到解放与迷茫的时人的多重志向相适应的。从卓越的师家的悟道体验以及生涯之践履来看也是如此，憧憬禅风，与此同时对教律也有深刻的关注，还不惜对儒学、道家之典籍进行细读与注解，其信仰内容之复合性质可见一斑。其教学之立场既然具有复合之统一性，其所主张的实践方法也就与唐宋时代所盛行的禅门诸流派的单纯明快之顿悟主义相异，而必须采纳在觉悟之后还设定特殊的修行方法与工夫区间的顿悟渐修主义。高唱禅净一致的云栖袾宏强调悟后修行的重要性，这不需多说②，即便是像紫柏达观这样的豪杰之僧人也主张：

> 凡求无上菩提者，苟不知五难之精粗，横谓一念不生，全体自现。何烦琐琐而广求哉。殊不知博则能约，不博而约者，非约也，横莽也。
>
> （《紫柏老人集》卷二十一《金钟坚字说》）

325

憨山德清曰：

> 予尝观楞伽，分顿渐四门。一顿顿，二顿渐，三渐顿，四渐渐。知此不可执一而论。虽顿悟，而不废渐修。佛祖之心，本无二也。
>
> （《梦游集》卷十二《王芥庵朱白民请益》）

---

① 当然也有若干例外，但在此姑且搁置不论。
② 参看《竹窗随笔》初笔"悟后"条、《阿弥陀经疏钞》二二〇丁（续藏经本）等。

当然，同样是顿悟渐修、教禅一致的主张，师家各自也会有微妙的区别①，但若将此倾向一律贬低为堕落与错乱，则是无助于对其思想史之意义的阐明的。阳明学派四分五裂，其波澜之所及，出现了各种各样竞相争斗的朱王折中论、修正朱子学等等，思想史界的一般动向与日渐不可能单一化的佛教风潮是表里一体的关系。亦即是说，特定教派的复兴已经无法打动高僧的灵魂，站在众说纷起、奔流不息的思潮中，身体一方面被左右晃动，另一方面则努力确认坚固的立足点，伸展双臂，抱住流逝之物。儒佛两大路线的交错，变得愈加紧密，对此现象，明末的儒者刘念台以儒家的口吻叙述道：

> 今之言佛氏之学者，大都盛言阳明子，止因良知之说，于性觉为近，故援之以广其教，而衲子之徒，亦侵假而良知矣。呜呼！古之为儒者，孔孟而已矣。一传而为程朱，再传而为阳明子人，或以为近于禅，即古之为佛者释迦而已矣。一变而为五宗禅，再变而为阳明禅，人又以为近于儒，则亦元黄浑合之一会乎。（《刘子全书》卷十九《答胡嵩高朱绵之张奠夫诸生》）

以上述思想史动向为背景，继万历三高僧而出现的，就是智旭②。

---

① 钱谦益曰："万历年中，诸方有三大和尚，各树法幢。紫柏以宗，云栖以律，憨山以教。三家门庭稍别，而指归未尝不一。譬之近世名医，其亦犹东垣、河闲、丹溪之诊治，不执一方而能随方疗病者欤。"（《牧斋初学集》卷八十一《天台山天封寺修造募缘疏》）

② 智旭云："智旭，生于万历己亥，二十四岁壬戌为天启二年。痛念生死事大，父未葬，母不养，决志出家。时紫柏尊者已寂圆中，云栖老人亦迁安养，憨山大师远游曹溪，力不能往。其余知识，非予所好。乃作务云栖，坐禅双径，访友天台。"（《灵峰蕅益大师宗论》卷六之一《退戒缘起并嘱语》）

三

与万历诸大家相比，智旭的思想形成的重要特色，就是在其他诸家那里，阳明学并非形成其教学的直接材料，而不过是作为随时唤起关注的间接材料，在智旭这边，阳明学是其生涯中的决定性素材，是他在皈依佛门之后也能一直动摇其心魂的原动力之一。

智旭在十二岁开始学习儒学，也与一般人一样有对佛教的辟异意识，但在十七岁时候，他读了云栖祩宏的《自知录》序以及《竹窗随笔》，由此领悟到排佛之误（《八不道人传》）。在此数年期间，他所学习的是怎样的儒学呢？当时一般的年轻学子的为学之目的，无非就是以程朱学来求得科举及第，智旭从此［**译者按：指程朱学**］开始学习，这应该是稳妥的理解吧。"余少时亦拘虚于程朱"（《灵峰蕅益大师宗论》卷五之一《示范明启》）之语，就是证据①。但这个以千古之道脉为己任（《灵峰蕅益大师宗论》卷五之一《与行恕》）的心存壮志而又善感的青年，终究是无法在形骸化的传统儒学之权威面前屈膝下跪、甘于做官僚预备生的。为他提供追求真正的探求智慧的转变契机的，正是云栖祩宏的著述以及王阳明的良知说（《梵纲经合注缘起》）。单说良知，依据每个人的选择重点之不同，会产生诸多理解接受的可能性，而智旭所言"良知寂感之谈"，指的应当是《传习录》卷中《答陆原静书》中王阳明所叙述的贯通有事无事、寂然感通、永远是浑然一

327

---

① 还有这样的告白："少年主张理学，妄诋三宝，过犯弥天，应堕无闲。"（《灵峰蕅益大师宗论》卷一之三《陈罪求哀疏》）"悗宋儒陈腐见识，一毫未净，未可深谈佛法。况坐陈腐障中，欲商真正宗教，诚难诚难。"（《灵峰蕅益大师宗论》卷五之一《寄万韫玉》）

体的良知说的性格①。不过，主张体验浑然一体的良知说，与一事一行都要加以功过格式检点的云栖袾宏的《自知录》，不得不说这是一个非常奇妙的组合。因为如前所述，良知说是不依凭既成价值观以及"理"意识，而是寻求依靠自力来不断产生确立自身的理性，而功过格的本旨则是依据既成的道德观或者戒律来每天进行严肃的功罪检点。前者让本心可以无碍地流动，后者则给心配上了一定的准绳。如今要将上述两者进行融合的话，就意味着心（良知）会从漫无边际的自我膨胀中得到自肃，倾力于不容许有分毫含混的自我反省。与此同时，个别的善恶意识避开从头到尾都纠缠于细枝末节，不断向心之本源回溯，进行自主的解析。这对于智旭的思想形成究竟意味着什么，也就很清楚了。

二十岁的时候，他说自己"闻地藏本愿，发出世之心"（《八不道人传》），此"地藏"是《占察善恶业报经》（智旭后来有做注释）中的菩萨，经文曰：

> 若欲观宿世所作善恶业差别者，当刻木为十轮，依此十轮，书记十善之名，一善主在一轮，于一面记；次以十恶，书对十善，令使相当，亦各记在一面。言十善者，则为一切众善根本，能摄一切诸余善法。言十恶者，亦为一切众恶根本，能摄一切诸余恶法。（《大正藏》卷十七、九〇二丁）

认为应当严格占察（瞻视并进行详审）善恶，为此有必须遵守的每日的忏悔法。而且对此占察的哲学意义，智旭是如此进行说明的：

> 当知若所占察十界善恶业报，若能占察二十智品差别，一一皆以

---

① 《王文成公全书》卷四《答王石潭内翰书》也有同样的叙述。

一实境界为体，离此一实境界，别无分毫能所可得。能所皆是一实境界，本非能所，不必扫除能所，方名无能所也。以能所本不可得，无可扫故。（《占察善恶业报经玄义》、六十五丁左、《大日本续藏经》本）

也就是说，站在浑一的心学的立场上，善恶能所之对立都被集约统一到"一实境界"中。此"一实境界"正是现前一念，所以他将天台宗的妄心观作为其宗教哲学之核心。在此意义上，良知说与《自知录》的结合，可以说是形成智旭思想原型的重要因素，他如此叙述王阳明的功绩以及和自己的良缘：

王阳明奋二千年后，居夷三载，顿悟良知，一洗汉宋诸儒陋习，直接孔颜心学之传。予年二十时所悟，与阳明同。但阳明境上炼得，力大而用广。予看书时解得，力微而用弱。由此悟门，方得为佛法阶渐。（《灵峰蕅益大师宗论》卷二之四《示李剖藩》）［译者按：此处原文作"示蔡二白"，误］

甚至说："余每谓明朝功业士。远不及汉唐宋。理学则大过之。阳明一人。直续孔颜心脉。"（《灵峰蕅益大师宗论》卷六之四《西方合论序》）如此的赞美，显示出其与王阳明之间的无法切断的琴弦之存在。智旭在转向佛教之后，逐渐觉察到儒佛两教的隔阂。而且王阳明的意象还是一直在他的胸臆中留有浓厚的影像①。这是智旭对王阳明——作为开明心眼之激发者，同

---

① 智旭的门人成时云："孔子、颜子、文中子后，阳明子，处隐显闲，蕅益子（智旭）继之，大阐开显之道。缅想时会，应非偶然。"（《灵峰蕅益大师宗论》序说）这是将王阳明与智旭视为站在同一路线上前后呼应而出现。这当然是对老师的真情的传达。"佛法之盛衰，由儒学之隆替。儒之德业学问，实佛之命脉骨髓。故在世为真儒者，出世乃为真佛。"（《灵峰蕅益大师宗论》卷二之四《示石耕》）智旭大胆的儒佛一体论，也正是在此路线上发出的。

时对权力者的威压以及陈腐知识人的恶意攻击毫不屈服，具有坚守心学之牙城的殉教者之气魄的推崇所至。万历年间的高僧中，有直面权力者而愤死于狱中的紫柏达观，也有被流谪岭南的憨山德清，但在官界之污泥中孤身挺立、能成"炼酥成酒之功"（锻炼儒教之心学而产生佛教心学之功）、以一生来完成明代心学运动之回天事业的王阳明，才真正应该获得先驱者的荣誉。

> 学无论儒释，其贵真贱伪一也。学果真，虽一时受谗被抑，精光终不可掩。学苟伪，虽一时欺世盗名，丑态终亦必露。故曰斯民也，三代所以直道而行。夫直道即良知本体而已。致此本体，可建天地，质鬼神，俟百世，况斯世之民哉。顾斯世之民信之，而权奸独诬陷之，俗儒独排斥之，彼权奸俗儒独无良知邪，特有以蔽之弗能致之耳。呜呼！均此本体，但弗致则与瑾彬同恶，能致则与阳明同善。读圣贤书者，宜何如慎其独也。今世佛门，陷足于伪者亦多矣。吾为此惧，欲闲之而未能。阅此书，不觉感愤流泪云。（《灵峰蕅益大师宗论》卷四之三《阅阳明全集毕偶书二则》）

这个感怀王阳明之苦衷的心，就如是转变为对当时佛教界的愤怒，燃起其使命感。智旭是一个燃烧公愤的孤独之人。在可以称之为自传的《八不道人传》的开头有"八不道人，震旦之逸民也"之说，此命名之由来，是自己的良心不允许执着于古之儒、禅、律、教与今之儒、禅、律、教（合起来是八种）。亦即是说，他将教派之藩篱逐个打破，成为绝不拘泥于一宗一派之束缚的脱离者。如果要贴上"三教一致""三学一源""天台复兴"等标签，确实能给人以八面玲珑的印象，智旭之本愿反而是成为教界的局外人（疏外者）①。智旭正是为王阳明的"呜呼！今之人虽谓仆为病狂丧心之人，亦无不可矣"（《传习录》卷中《答聂文蔚》）的仰天之绝叫而产生共鸣的逸民。《八不道人传》末尾以"道人笑曰：知我者唯释迦、地藏乎，罪我者亦唯释迦、地藏乎！孑然长往，不知所终"的自尊而又自戒之语作结的时候，他的愤怒之眼应该是闪耀着光辉的。在他眼里看来，当时的佛教界是怎样的状况呢？

> 今时丧心病狂无耻禅和，影响窃掠。听其言超佛祖之先，稽其行落狗彘之下。复有一辈怯弱之人，我相习气放不下，名利关锁打不开，希望讨一适性便宜的路头，不肯彻底向一门中透去。禅不禅，教不教，律不律，行门不行门。依稀仿佛，将就苟且，混过一生，毫无实益。百千万劫，依然还在生死。（《灵峰蕅益大师宗论》卷二之一《示象岩》）②

此间，智旭和万历年间诸多高僧一样，都是作为非常广泛的三学履修、教禅融合论者而活跃的，而且其宗教哲学的根据是天台宗式的"现前一念"。这又究竟是怎么回事呢？

---

① 钱谦益记载了当时人们对智旭的批判："此师律仪清肃，心眼孤明，著作专勤，未见其止。若其自立坛墠，凌躒古今，破立自由，是非不少，当俟诸方哲匠，公虚楷定，非蒙所敢豫喙也。"（《楞严经解疏钞》卷首之一、四十三丁左，《大日本续藏经》版本）《八不道人传》三十二岁条曰："于是究心台部，而不肯为台家子孙。以近世台家，与禅宗、贤首、慈恩各执门庭，不能和合故也。"又自注云："时人以耳为目，皆云道人（智旭）独宏台宗，谬矣，谬矣。"被贴上天台宗的标签，对智旭来说完全是非本意的，毫无疑问其志向在其他地方。

② 智旭又云："吾悲儒释真风，今日尽皆扫地。良由学儒者急富贵，学佛者在利名，元无佛祖圣贤襟期，故学问操履行门，皆适助其虚妄。如良田然，种未植，莠未芸，而灌以粪腻，益增芜藏而已。"（《灵峰蕅益大师宗论》卷四之二《圣学说》）

四

在此，有必要返回到他悟入的基本原型进行探讨。如前所述，他的思考的基本指向，是在良知心学（然后在此基础上积累佛教心学）和功过格样式相杂糅的基础上而成立的。心学是植根于心之原点，从而是无定体、无方向、无善无恶的，是由主体之决断而可以喷涌化生出一切的浑一者。当他把功过格的善恶意识也纳入其中的时候，将会使得自己向内省路线一直走下去，而心学（特别是阳明心学）所特有的另一重要侧面——勇敢面对社会体制之歪曲、在客观世界产生出新局面的工作，几乎会被放入括号中。"治国齐家不过百年活计"①（《楞严经玄义》、二一〇丁左，《大日本续藏经》版本），智旭的上述话语，意味着在佛教唯心论面前，儒家的为学目的之体制改善等等根本都算不上数，这种完全无视学问之手续而一举归到佛教之万能性、认为社会问题之解决并非难事的上述言论，不得不让人感到他的观念形态已经是浮于具体历史的波澜之上的东西了。②

---

① 参看下面这段话："四凶居尧舜之世，而不能自安其生。孔孟丁春秋战国之乱，而不足以改其乐。故知得失全由自心，外境何与焉。今人不治心而问境，无乃惑乎。"（《灵峰蕅益大师宗论》卷四之三《偶书二则》）

② 智旭完全从观念论来把握儒教的本质，认为只要内观修身可行，则齐家治国平天下等社会关系之调节都将轻松完成，这从下面这段话也可以看出端倪："唐虞三代虽往，而吾人心性元未尝往。春秋之时有孔颜，六朝之末有王通，宋有陆象山，明有王文成。后之学者，苟契于心性之源，谓尧舜孔颜至今未亡可也。然尧舜孔颜不过达心外无法，故物格而良知自致，知至而意诚心正，修齐治平，不劳功力。何尝以八条目三纲领，乱此一以贯之之传也。"（《灵峰蕅益大师宗论》卷二之五《示叶天纪》）王阳明确实为了确立良知而赌上一切，而且"凡某之所谓格物，其于朱子'九条'之说，皆包罗统括于其中；但为之有要，作用不同，正所谓毫厘之差耳。"（《传习录》卷中《答罗整庵少宰书》）阳明宣称，朱子学的客观工夫论之着眼已经被融摄到他自己的方式中去。所以王阳明说道："天命之性具于吾心，其浑然全体之中，而条理节目森然毕具，是故谓之天理。"（《王文成公全书》卷七《博约说》）很显然，良知说到底就是就着现实世界之波澜起伏而活动的当体。

过去，王阳明在论述格物致知的时候，曾说"是以失之虚罔空寂，而无有乎家国天下之施，则二氏之流是矣"（《大学问》），而智旭认为，"格物"之"物"是"迷此知体，而幻现之身心家国天下，如水所结之冰也"，"格"是"推究此身心家国天下，皆如幻影。并非实我实法。如以暖气销坚冰也"[《灵峰蕅益大师宗论》卷四之三《致知格物解》（约佛法为唐宜之说）]。洞察构成世俗世界的所有集团形态以及其成员的内心深处，看透其架构（しくみ）或者本质的有限性、虚妄性，这确实是佛教哲学的强项，但对于社会生活必不可缺的理法、约束等究竟应当如何建构的问题，总体上来看，佛家仅仅是停留在克服人性恶的层面，并未有积极的发言。而且人性恶之本身，会随着社会状况以及历史意识之变动而变幻出不同的相貌，佛教对此是非常缺乏敏感的。这就很容易陷入随着时代需要而进行伦理感觉的靠近并进行适当调整的情形，如此一来，佛者就必然会成为时代的落伍者。那么，如果作为观念之形态，即便不具备成为时代先驱的构想力，而是想要凝视时代之阴暗部位，使得自由与迷茫之矛盾和缓化，体认常住不断的生命的具体之统一，又该如何做？那就是要通过心学，人类精神之诸相已经变得无边无际与无穷复杂，包含了从极善到极恶的诸相，通过设定一尘一妄也收摄入内的根源性统一体，在其中寻求不可有任何疏忽的（めまじろがぬ）对决之场所。对这个根源性统一体，智旭界定为"现前一念"①：

　　　　离当念，别无无始可论。现前一念，即竖穷横遍之全体。根身器界善恶种子，离现前一念，竟无少许实法可得。故曰：十世古今，始

333

---

　　① 门人成时曰："先师自行，不过破流俗知见，于现前一念，了一切法而已。"（《灵峰蕅益大师宗论》序说）

终不离于当念。①（《灵峰蕅益大师宗论》卷三之三、《答大佛顶经二十二问》第十六问答）

他解释《大佛顶首楞严经》之经题：

> 此大佛顶三字，直指众生现前心性，全彰一经所谈理体也。以吾人现前一念实无分剂，亦无方隅，无有初后，并无时劫。竖穷横遍，当体绝待，不可思议，故名为大。经云：一切因果世界微尘，因心成体。又云：彼不变者，元无生灭。又云：不汝还者，非汝而谁。乃至又云：觉海性澄圆，圆澄觉元妙等，皆直指此现前一念。当体常遍，无欠无余。譬如一刹那中所见明月，即是亘古亘今之月，不可谓是月之少分。又如一点水中所现之月，即是天上月之全体，不可谓是少分月也。以吾人现前一念，了了常知，不可昏昧，故名为佛。佛者，觉也。经云：如是见性，是心非眼，当知闻觉知性亦复如是。又云：头自动摇，见无所动，手自开合，见无舒卷。又云：觉所觉眚，觉非眚中。又云：闻实云无，谁知无者。乃至其形虽寐，闻性不昏，纵汝形销，命光迁谢，此性云何为汝销灭等。皆是显出现前一念之觉性也。以吾人现前一念，不可踪迹，不可名状，离过绝非，用无穷尽，贵极无为，不堕诸数，故名为顶。（《楞严经玄义》卷上、一九六丁左）②

然而，对于这样的善恶性具说，从华严、禅宗的立场马上就会发出责难。有人问道："谓性非善恶，不碍善恶可耳。若性实具善，便不容恶。性实具

---

① 此语出自华严宗李通玄的《新华严经论》序，为智旭爱用之语，当然在此也是以天台宗的方式转用。

② 又曰："千经万论，求之语言文字，则转多转远。求之现前一念，则愈约愈亲。盖一切经论，不过现前一念心之注脚。"（《灵峰蕅益大师宗论》卷二之四《示圣可》）

恶，便不容善。"智旭答曰：

> 若谓性非善恶，不碍善恶，则善恶从何处来。混扰于性，既显性
> 后，善恶复归何处。且正现善恶时，非善恶之性，避至何处。为复断
> 灭，善恶去时，非善恶之性，又从何来。为复更生邪。若谓善恶无性，
> 随妄缘有，既无其性，谁随缘者。既随缘必有能随所随，所随即迷悟
> 染净，能随岂非性善性恶。又即彼所随迷悟染净之缘，为在性外在性
> 内，若在性外，性不遍常。若不离性，那云非具。讵知无性之性，正
> 善恶实性，设性中不具善恶，纵遇迷悟染净等缘，决不能现修中善恶。
> （《灵峰蕅益大师宗论》卷三之二、"坛中十问十答"第八问答）

毫无疑问，智旭的上述解释完全是依据天台宗的哲学。然而他在这里
将性具说与禅宗相结合，云"少室天台，本无二致"（《灵峰蕅益大师宗论》
卷二之五《示如母》）。本来，禅门之中也并非没有倡导教禅一致的，也有
说文字禅的，但这些基本都是调和华严宗真心论之产物，融合天台与达摩
禅的是极少数。然而，智旭却大胆将天台与禅宗进行结合，使他的"现前
一念"哲学平添精彩，也可以抑制禅的僭越之弊。将禅学带入其中，绝非
是要放弃或者使"性具说"弛缓化，而是要强化其紧密之高扬感，期待着
人对自身的善恶省察可以更加明了。这种结合是在天台的烦琐哲学祭台前
将禅学作为祭品而供奉，还是天台学的起死回生，在此姑且不论。我们当
下所关心的，是他为了这种综合方式究竟倾注了怎样异常的热情。例如曾
指名道姓批判智旭的僧人之一交光真鉴，就认为历来解释《楞严经》的禅
家，牵强附会地引用天台止观，为此"令观意独明，而经意障尽矣，何迷
瘤支离，亦至于是哉。"（《楞严经正脉疏悬示》、一五二丁、《大日本续藏
经》版本）交光真鉴的上述感慨，在智旭看来完全是言语道断的粗暴之言
论而已。此外，贬斥华严贤首的《起信论义记》为浅陋支离，以圭峰宗密

335

之"菏泽知"为支离矛盾（《灵峰蕅益大师宗论》卷五之三《儒释宗论窃议》），还排斥禅宗所说的"空劫前事""向上一著""父母未生前面目""威音王那畔"等等（《占察善恶业报经玄义》、六十四丁右）。因为上述言论都是"离现前一念谈真心"（《占察善恶业报经玄义》、八十三丁右）。很多禅者都沉溺于"大道不拘小节，大象不由兔径"（出自《永嘉证道歌》），智旭看到他们轻视一切毘尼细行，痛感复兴戒律之急务（《金刚经破空论》、一三四丁左、《大日本续藏经》版本）。作为护持心性的简易迅速之方法，念佛参究为智旭强烈推荐①。如此，智旭的"现前一念"之哲学，就横跨教、律、禅、净四者，披上了使常人目眩的华丽衣裳，甚至会给人留下很难窥见其真面目的印象。本来，如实地看破时人满是鲜血与泥泞（泥まみれ血まみれ）的心情而提出的"现前一念"哲学，随着智旭之愤怒（智旭の公愤のおもむくままに）而摇身一变，成为兼备教相、戒律、禅法、念佛的超人的综合宗教。这能否成为适应当时人们苦恼于自由与迷茫之矛盾的欲求，是不无疑问的。

依据智旭弟子成时之记载，智旭在晚年曾对他说"吾昔年念念思复比丘戒法，迩年念念求西方耳"，成时当时听了大惊失色。按照成时的解释，这是因为老师"令正法重兴，后决不可得，遂一意西驰，冀乘本愿轮，仗诸佛力，再来与拔"（《灵峰蕅益大师宗论》序说）。如此看来，智旭到了晚年对自己一生的宗教活动与哲学进行了深刻的反省，在某种程度上承认了自己的局限性。他在追求西方往生之归结点的时候，无论其念佛思想在中国净土教理史上有何种特色，我们已经不得不断定，其对于时代的愤慨的意识已经逐渐减弱。如此，智旭的哲学对于并不具有像他那样的特殊的精神经历的人们来说，就成为仅仅是天台学或者律学之沿袭，或者是走向观念性的终结之念佛往生的自我逃避之危险中，从而不再具有改变时代的力

---

① 相关叙述，可参看《灵峰蕅益大师宗论》卷二之一《示阅藏四则》。

量。到了这里，智旭思想与阳明学便有了决定性的距离。对于智旭之生涯，如果将其看作一个真诚的心学者的履历，确实可以说他走到了他应该抵达的地方。然而，在此也暴露出佛教方面不断围绕心学形成的观念论之局限性。就此而言，探究智旭与阳明学之间的接触、分歧，在今天也仍然是有意义的①。

---

① 本文无暇论及中国思想史上的心学的概念及其哲学性格，对此的拙见，在拙稿《心学と理学》(收入福嶋俊翁编《禅と東洋思想の諸問題》，平乐寺书店，1970 年) 有若干陈述。

译者解说

一

《明代思想研究》作为日本已故著名学者荒木见悟（以下简称"荒木"）的明代思想史研究系列著作之一，是在其成名作《佛教与儒教》（《仏教と儒教——中国思想を形成するもの》，以下凡正文中引用著作均直接采用中文译名）之后完成的第二部作品。诸位读者在读完该书之后，想必都会为荒木关于儒佛两教博大精深的学识以及宏大视野所折服，但或许也有不少读者会和译者当初一样，觉得除了了解到一些即便是专门研究明代思想也未必会关注的人物以外，似乎并没有其他太多的收获。为此，译者作为后辈，在此姑且从自身的浅薄理解出发，来试图为读者勾勒出该书以及荒木思想的一些隐伏在内的线索。

首先我们需要明确一点，《明代思想研究》乃至荒木的诸多著作，究竟属于怎样的研究性质？亦即是说，它究竟属于具有考证性质的思想史研究，还是说借助思想史、哲学史进行自身的哲学思考的研究？当然，这两者之间未必就一定是泾渭分明的，要进行"绝对客观"的区分，大概就有点像问"我们如何判断一个人是秃子？他/她的头发在多少根的区间之内算是'秃'？"。但是，例如对于研究宋明理学者而言，大都会赞同如下这个判断："牟宗三以《心体与性体》为代表的宋明理学研究，并不属于通常意义的思想史研究"，因为众所周知，牟宗三是从他自身对宋明理学的理解以及康德哲学的融摄，提出一套至今仍然具有学科范式意义的"判教"理论。所以我们或许可以这样说，如果一部研究著作，是作者事先已经有某种理论设定与价值倾向，并以此设定与倾向来设计研究主题，其所举的材料也是围绕其理论设定而出发的，那么我们大致可以认为，这并非"纯粹"的考证性质的思想史研究，至于究竟作者是否更多是在阐述自己的哲学思考，这取决于其研究对象究竟在多大程度上对其而言仅仅是材料与工具（亦即"借题发挥"），以及其理论预设与架构与研究对象、时代之间的距离等要素而定。当然，上述区分可能还是过于模糊与粗糙，但译者之所以要提及这一点，就是因为与大陆以及美国的诸多研究不同，二战以后的日本汉学研究有一些著作是看似"客观中立"，实则作者有强烈的价值判断预设与理论前提，只是因为某种"日本的"（にほんてき，此词无法完全准确地翻译为中文）暧昧或者说内敛，使得读者往往会忽视这一点①。

中国台湾学者廖肇亨在《佛教与儒教》一书"中译本导读"中指

---

① 在宋明理学研究领域内，已去世的朱子学研究者木下铁矢是译者所知的此类典型。木下在国内即便是专业研究者也很少知晓，读者可参看拙稿《一位孤高的思想家——追悼木下铁矢先生》（《国际汉学》2017年第2期）。在拙稿最后，译者曾引用丸山真男的一段话作结，而这段话其实也同样适用于荒木见悟："（前略）如此，在我看来，思想史的研究者或者说思想史家的工作是居于以下两者之间的——以历史思想为素材而展开自己的哲学的'思想论'与一般历史叙述。在这个意义上，思想史家的工作难道不与音乐上的演奏家很相似吗？音乐通常是再现艺术（中略）我们虽然能直接面对乐谱，但却无法从中得到其意趣（中略）因此演奏家、可以说是作为再现之艺术家的演奏家——当然管弦乐指挥者也包含在内——与作曲家或者画家、文学家不一样，并没有完全自由的创造的权力。他们没有办法随意凭借幻想而飞翔。他们基本上要受到他们所要演奏的乐谱之限制。亦即是说，必须通过对乐谱之解释来实现对作曲者之灵魂的再现。如果做如此解释的话，此作品的形式上的构造，其先行之形式或者其所接受与继承的形式，在当中所蕴含的理念，或者该作品的时代背景等等，都是无法无视的（中略）但即便如此，对于演奏家、至少是作为艺术家的演奏家来说，这绝不意味着对乐谱的机械的演奏，机械地再现乐谱也不是问题之所在。在此意义上，乐谱的'客观'解释在事实上是不可能的。演奏要成为艺术，必然包含着作为自己的责任的创造之契机。但这也不是自己随意的创造。如果说作曲家之作曲是第一层级的创造的话，那么演奏家的演奏就是追创造。是在之后的创造——nachschöpfen。"（《忠誠と反逆—転形期日本の精神史の位相》，筑摩书房，1992年，第378—379页）

出："荒木见悟《佛教与儒教》一书是从思想史的角度摆脱儒佛优劣的角度，真正尝试客观就儒佛两家之间的关系加以勾勒。""荒木见悟先生自始至终都是一个思想史家，他继承日本学界'原典主义'的传统，坚决反对理论先行或是师心自用的历史解释。"廖肇亨随后虽然承认荒木也有受到西方哲学的影响，但依然坚持认为"批评荒木见悟刻意援用西方理论则是最大的误解"①。但问题在于，"客观中立"就一定是"好的"，"主观"就一定意味着"师心自用"吗？

作为"解说"，这里并不允许译者拉长战线来兼顾《佛教与儒教》的评价，我们不妨以《明代思想研究》为例来看这个问题。荒木在1992年造访台湾"中研院"文哲所的时候曾发表演讲，他是这样回顾自己写作《明代思想研究》之契机的："一般认为，儒佛的交流，不论是思想上或是体验上达到了最高潮的时期是在明代王阳明出现以后。但是在黄宗羲的《明儒学案》中也可略见佛教的思想家受种种轻视，甚或无视的倾向，这是历来学界的风潮。我则随时注意不要受这种以儒教为中心的教条主义所拘束而尽可能公正地发掘被埋没的思想家"②。这一点，从《明代思想研究》荒木的序言当中也可以得到确认：

> 直到王阳明与湛甘泉等出现，才逐渐打开了新的方向，从此以后，与心学之名相吻合的思想家层出不穷，他们随心（亦即是根源性的统合的主体）之所欲，超越既成教学之框架，不涉经典之权威，完全遵从独自之思索与体认（中略）但其实这些都全然是由天之所予我者的如是之心［天与のままのなまの心］所检证与操作，

---

① 《佛教与儒教》（联经出版事业股份有限公司，2008年3月）"中译本导读"第14页。译者好友、台湾大学的李宥霆教授帮忙扫描了该书的导读部分，在此表示致谢。

② 《明末清初的思想与佛教》（上海古籍出版社，2010年）附录《我的学问观》，第182页。

由此试图构造出崭新的人之理念乃至世界观，这才是明代思想的重要特征。所以在追寻明代思想的足迹之时，从当中抽取所涉及的思想性的素材并进行罗列与分析，对其思想类型冠之以"程朱派""陆王派""朱陆一体派""三教合一派""禅净融和派"等名号来进行条分缕析型的分类，这样的做法不仅无法了解思想之实际状态，更无法理解心学源头所在。

通常我们会将明代尤其是中后期思想所存在的儒佛道三家之间的交流与互动概括为"三教合一""三教融摄"，但是荒木在此明确否定了这种观点，而提出"传统思想之素材与其说是思想构成之必需要素，毋宁说更多是仅仅停留在作为取舍选择自由的参考条件的程度而已"。换句话说，在王阳明之后涌现出的大量"心学"思想家，他们并非首先是"儒教/佛教"的信徒，然后通过与其他教派进行学习与交流，融会贯通并提出自己独特的思想，而是从一开始（当然这里所说的"从一开始"是修辞学意义上的，严格地说是从思想家本人觉悟到教派之间的藩篱以及对立都是次要的东西、真正重要的是自己的本源之心这一点开始）就站在浑然一体的根源之"心"的高度上，对诸多思想进行自由取舍与融摄。事实上，就译者之管见，确实在近年来，有学者曾提出其实朱子学也是"心学"，或者整个宋明理学其实是"心学"的说法，但那基本上无非是强调，宋明理学家虽然主张各有差异，但都承认要成为圣人，必须要通过提高自身的内在道德修养来完成，而如同西方哲学传统对"意志"的重视一样，中国人将此统称为"心"，"心"是人从凡入圣的转换之关键。但像荒木这样，从思想家个人体验的角度，对"明代思想"冠之以"心学"的做法，似乎再无第二人。当然，从客观上来说，对于明代如此众多的思想家以及纷繁复杂的人际关系、社会环境与文化、政治进行全方位的研究，除了荒木以外，至今也根本没有第二人可以做到。

从上述研究视角出发，荒木引领着读者来到了即便是"专家"也不甚了了的一些人物之领域，例如明初的宋濂，例如明末的管东溟①，等等。正如丸山真男所说②，对于一个思想家，我们究竟应当如何进行评价，是可以有多个维度与视角的，例如"历史影响"（若按照此标准，例如王夫之这样的到近代才被挖掘出来的思想家就基本没有价值），例如"学术造诣"（又可以细分为"深度""广度"和"潜在可能性"等等）。对于已经逝去的历史，作为研究者的我们能面对的只能是"历史文本"，而"文本"本身就不是什么"客观中立的"东西，就像"宋明理学"这四个字本身所包含的诸多前提与偏见一样，我们太习惯于从一个仿佛就像朱熹所勾勒出来的"道学的谱系"那样去看待整个宋元明时期的思想史，仿佛"程朱陆王"就真的是像珠穆朗玛峰一般的客观实在的最高峰，而有意无意地忽视了看似从文本出发而实则从一开始就接受了文本作者的诸多写作策略、意图乃至偏见，从而放弃了使历史向我们呈现的其他诸多可能性。荒木的《明代思想研究》，正是试图摆脱"儒家中心主义"的教条、从一个更广阔的视角来对明代思想进行宏观把握的尝试，由此我们会看到，在以"理学史"为中心的其实充满了意识形态与理论预设、在近现代由于港台新儒家的影响而依然不断自我生产与再生产的研究之阴影中，其实还有如此多的个性鲜明且各有所长的思想家的身影，在荒木的笔下，他们仿佛就在我们的面前，我们仿佛就能体会到他们的苦恼、愤怒与迷茫，以及忽然醒悟之后的兴奋与释然……

但是，笼统地说"心学"或者"根源性的统合的主体"，还是会让

---

① 当然像管东溟这样的人物不受重视，一个最基本的原因是大陆在九十年代之前的研究条件不足，连管东溟的基本著作都难以寻觅，又谈何研究。

② 《思想史の考え方について——類型・範囲・対象》，出自《忠誠と反逆——転形期日本の精神史の位相》。

读者产生不着边际之感甚至以为是鬼画符的"玄学"，所以我们还有必要来进一步探究荒木所理解的此根源主体之"心"的内涵。遗憾的是，和牟宗三、唐君毅这些其实依然处于传统学术世界中的作者不同，在战后日本的浓厚的实证主义主导的研究氛围中，荒木虽然秉承其恩师楠本正继的学风，注重从自身的生命体验出发，也如廖肇亨等学者所指出的那样，明显受到京都学派西田几多郎的思想影响，但荒木并没有大张旗鼓地用大量篇幅来讲述他自己的哲学思考，抑或是带有存在主义体验的阐述，他的诸多超出一般意义的正统思想史研究的思索散见在书中，译者在此也只是给出一个贯穿其中的理解的线索。而在解释时，译者也会根据需要引用荒木的其他著作（因为荒木对思想史的一般看法很早就形成，当中虽然有发展，但大致没有产生大的方向上的转折）。此线索以及解释是否合理，还有待读者之高见与评判。

众所周知，朱熹对于陆九渊所提倡的"心学"是非常不以为然的，为什么朱熹会对"心学"乃至"心即理"如此忌讳？一个最重要的原因，恐怕就在于朱熹认为，一旦"心"与"理"被直接画上等号，那么现实世界中的人的种种私欲杂念与偏见等等，都可以因为是"心之所发"而得到无条件的承认，由此导致的必然结果，借用荒木《佛教与儒教》所提出的著名概念，就是"现实性"直接无条件地等同于"本来性"。朱熹非常重视人之欲望，乃至由此产生的对于"天理"的种种偏离，此殆无疑问，但朱熹又要坚持（他所理解的）孟子"性善论"，他所给出的解决方案，《明代思想研究》第六章第一节是如此进行概括的：

　　　循着为什么会出现上述围绕"理"的奇异现象发生这个问题的线索，我们可以追溯到"性即理"这一根本原理——由于过于珍爱

"理"而不让其暴露在风雨寒暑之中，仅仅透过情意之帷幕而迟缓地查阅到天气的变化。正如朱子在确立定论［译者按：应该是指通称"己丑之悟"的所谓"中和新说"］的历程所告诉我们的那样，"理"若暴晒于白日之下（即"已发"主义），则确实有可能落入在洪涛巨浪之中手忙脚乱的不安定状态的危险，而且，与其阐发"理"本身所固有的反省之性格，不如在对象性现实与主观认识之间设置一定的距离。

也就是说，一方面朱熹要维护"理"之绝对性与纯粹性，另一方面朱熹又要对现实世界人类社会的诸多罪恶与不完美给出一种并非纯粹外在的解释，那就必须设定一个内在的区间，在此区间内，"理"与"气"是"不离不杂"的关系。这个会让所有宋明理学的初学者都感到困惑的"不离不杂"，用朱熹自己的话说，他一定会强调"理"与"气"并非"截然两物"，但也并不能由此就说"理"与"气"是"一"，"理（＝性）"必须要保持其纯粹性与超越性，所以一切现实世界的不圆满都会被归罪为"气"。

这种看似重视"气"与现象世界之"多样性"的解释，却并不能让荒木感到满意。原因何在？在这里就牵涉到荒木对于思想家之高下的评判问题。荒木本科就读于龙谷大学（日本著名的佛教大学）①，所以他最早是通过佛教而接触到中国思想的，之后他进入九州大学，楠本正继就教导他，必须善加利用佛学知识，由此再来研究宋明理学，一定可以开拓新的视野。荒木可以说没有辱没师门之教诲，他所出版的佛教方面的研究以及造诣，在日本都是首屈一指且受到公认的，但就本文而言，更

————

① 此处依据野口善敬的《荒木见悟先生的思い出》（《中国哲学论集》第43期，九州大学中国哲学研究会，2017年12月）所附录的《荒木见悟先生年谱》，在前文提及的《我的学问观》中，不知为何被翻译成了"宗门大学"（第181页）。

重要的是，荒木对佛教的研究与倾心不仅是学理上的，而且也贯穿在其对整个中国思想，甚至是其自身的实践体验中。他在1992年出版的《阳明学的位相》（《陽明学の位相》，研文出版）第二章"心の哲学"开篇写道："那么究竟为何在佛教内部，可以不断积累着使得中国自古以来的传统心性论为之一变的研究、体验呢？这是因为（佛教）注意到在内心中潜藏的烦恼、杂念、执着、欲望等可以障蔽本来清净之真心的诸多要素的存在，为了对此进行扫荡而不断思考着手段、方法与修行，心中的纠葛呈现出极度复杂与紧迫的气象。"（第43页）然而这种对于"恶"（或者说"妄"）的自我省察与分析，在诸如唯识宗这里，达到了极其精微乃至于堪称"烦琐"的程度，"如此细分化的烦恼克治之方法，使得作为完整之一物的心的统御能力也被消耗殆尽，心量的扩大、深化反而造成了忙于灭却散漫的细枝末节之烦恼的结果"（同上，第44页）。所以此刻就需要有回归到分裂之前的根源性的自我的要求，这也就是唐代禅宗出现的思想史意义。然而禅宗的看似直截了当而充满魄力的"即心即佛"乃至"廓然无圣"之主张，在作为儒者的朱熹看来，是完全无视现实世界的无穷复杂之细节才能出现的虚伪之自由，因而朱熹在继承程颐之"理"学的基础上，更积极地导入对于"气"的要素，并对分节化之世界投以更多的关注。

但是，朱熹的处理方式在荒木看来是不彻底的，因为通过将"理"置于"洁净空阔"的超然之世界，现象层面的一切变化都无从干涉到"理"之存在。"理"是"气"之存在依据，"气"在产生之后，其运动是完全可能脱离"理"之轨道的，对此朱熹只是感到很无奈，而丝毫没有想到，"气"乃至现象世界之无穷变幻，可以产生反作用于"理"的可能，从而促使"理"进行自我反省乃至变革的动力。所以荒木在《明代思想研究》中用充满诗意与激情的笔触写道：

345

但若相反，并不给"理"以回避腾挪来维持其自身的所谓纯粹性以机会，而使其完全带入满是风雨露雷之下，让其自己全面负担善恶真妄好恶美丑并由此不断前进——阳明学的"心即理"说正是冲着上述这点，并有着相应的自觉而加以提倡的（中略）否，"理"并非先在于"心"而确立，而是通过心的自主性不断创造出的理的实体。"心即理"说并非从"性即理"说的平面型扩展而来，而是将由"性即理"而得到安定化的"理"的存有余热的歇息之处彻底推倒，拽住其毛发而带到公共之场中，使其从谋求自我反省的地方出发。

亦即是说，"妄"或者"恶"不应当推诿给其他外在偶然之要素（"气""习""无始以来"等等），而必须加以正视，而且"恶"本身就出自人之本身，所以像朱熹那样，通过设置某种近似形而上学的架构来给"理"以"缓冲地带"，在荒木看来这依然是不彻底的。当然，荒木的上述解释是一种彻底"一元论"的立场（其实朱熹的立场也依然是一种弱形式的"一元论"），那么"一元论"所必然要面对的问题，亦即"如果恶也内在于人心，那么性善之主张是否还能成立？如果成立，那是在何种意义上说的？"对于荒木也是必然要回答的。然而就笔者之管见，荒木似乎很少触及此问题①，或许在他看来，正如近年来一些汉学家所主张的那样，中国哲学更关注的是"如何"，而不是追问"这是什么？这

---

① 在《阳明学的位相》第三章，荒木确实明确提到了如何理解"人欲"，并将人欲理解为"良知本身的松弛、怠慢、歪曲"（第70页），然而本来应当生生不息、有如太阳般普照大地的良知，为何会产生"松弛"与"怠慢"？我们把主语换成"神"，就会明白问题的严重性。"性善"与"恶的根源"问题，至少就儒学内部而言，必须放在"天—人"关系中加以考量，而在译者看来，或许是佛教的影响，荒木对于儒家所尊崇的人性之根源与万物造化之主的"天"一直不够重视，在《明代思想研究》第九章第二节中，荒木甚至认为："良知说未必会粉碎名教伦理，但也不会与异端轻易达成妥协。而且其使得正统儒学之根底产生动摇、对明代思想史的决定性转换发挥作用，要首先归结于打破了'性即理'说的'理'之先验性与优先的性格，从'天'那里将主动权夺回而交给人自身之主体。"在此，"天"其实已经被视为"理"的代名词，是外在于人的压抑人的一种观念。对此，译者存有疑义。

是为什么？"所以"恶"必须被带入"理"或者"心"之中，这首先是一个实践与工夫的问题，而存在论上的设定则是次要的。

另一方面，荒木在其诸多著作中（早期的《佛教与儒教》是例外）对朱熹思想的一个惯常批判是，朱熹之"理"因为其稳定性与外在的性格，从而变成固定不变的外在于人的超然之本体，这最终导致了对于人性的压抑，而阳明学也正是因为对朱熹思想的全面批判以及对于"心"之"绝对主体性"的确立而得到荒木的肯定，这种理解，但凡熟知日本汉学者的人都会清楚，是源自岛田虔次的影响。如果说朱熹之理气论是"外在"之理相对于人而言的绝对优先性，那么阳明学是否是作为 anti—thesis 的"内在之凯歌"呢？在岛田虔次那里或许如此，但荒木并不如此认为。诚如今日三浦秀一对《陽明学の位相》的分析所言①，荒木提出：良知是一个包含了主体与客体、内与外、善与恶等对立范畴的包容体。所以"格物"之"物"也不是外在客观之对象，而是"在良知的行为场域中感应的主客体相即的状况"（第 55 页）。我们很容易察觉到这种"包含主客"或者"主客未分"的描述中所隐含的类似于西田几多郎的"场所之哲学"的影子，不过这样的思想，早在《佛教与儒教》中就已经初露端倪（第 391 页），在《明代思想研究》中也有所体现，例如荒木评价陈献章之"自然"说："'自然'如果要真正成为自觉而具有生产性，就不得不经历与一般的非自然的、人为的东西之间的激烈碰撞与对决，由此应该就能够获得'随处体认天理'的深度与强度。就这点来说，陈白沙的自然观以及'静'的思想，难免还是有微弱与单调之嫌，不得不承认，具有明代特征的东西还没有完全成熟。"要达到"自觉"

347

---

① 《良知心学与晚明思潮——荒木见悟〈阳明学的位相〉浅析》，《湖北大学学报》第 45 卷第 1 期，2018 年 1 月，第 63 页。三浦秀一对该文的分析深入浅出，对译者撰写此解说颇有启发，在此表示谢意。

就必须使得 A 与非 A 相遇并产生对决，这让我们想起了黑格尔的辩证法，而荒木对湛若水的批评也是站在类似的立场上：

> "浑一"并不意味着"单一"。这是在内部蕴藏着无限的多样性与流动性，包含主客内外的全体构造维持紧密统一性的状态。因此在其中应当是以一即多、多即一的无尽包摄、无碍对应之理论为基础，各个事物或者概念在充分发挥各自的特性的同时，彼此相互呼应，使得全体构造之基调不断提高（中略）所谓"随处体认天理"，随处之分散性也受到"理"的制约，其逆转与变通则完全不在考虑范围之内。所以才说这无非是装扮成"浑一"的"单一"而已。

在这里，荒木非常清楚地表明，所谓的一元论心学，不是和稀泥一般将一切都放入其中，然后不假思索地认为一切都将充满预定调和地共存，而是必然充满着诸多矛盾与对立，乃至所谓"随处"之分散性，不能仅仅停留在"万法流出"的理解上，而必须考虑到此"多"虽然由"一"产生，但又随时可能颠覆"一"之稳定性（"逆转与变通"）。由此，良知就不仅是可以包含主体与客体、善与恶的一个"无尽藏"，还可以通过不断的自我扬弃而实现自我的转变与发展。当然，这一层意思，在《明代思想研究》中似乎并未得到充分展开，直到《陽明学の位相》一书，荒木才以《传习录》卷下第 22 条"于此便见一节之知即全体之知，全体之知即一节之知，总是一个本体"为例进行了如下说明："据此，良知可以根据个别事态而把自己分散，同时化成多样'一节'的良知又没有分散，而是保持了浑然一体的本体。"（第 319 页）之后荒木进一步说道："然而如果已经分节了的良知的某一节，无法被本来浑然一体（这里的'一体'不代表单一）的良知囊括，而具有了自己的特色，那么良知的浑然一体性会不会有崩溃的危险？良知学说中对异化个体所带有的背叛和离心的可能性，是否没有充分的准备？也就是说，会有从时间序列中出现的对良知的反动。"（第321页）荒木并没有解释"异化个体"是如何产生的，他只是反复强调"不断进行自我否定，并构筑新的浑一性"。

那么，我们究竟应当如何评价荒木的上述说法呢？既然荒木是从王阳明出发，那么不妨来看一下《传习录》中的几处原文：

其一，"良知/心是包含主客内外的包容体"。对此，荒木在《阳明学的位相》中是如此解释的：首先，"物"在王阳明这里，不是朱熹所说的"知识所要穷尽的对象之意"（第54页），而是"良知在行为之场中进行感应的主客相即之状况。所以格物不是穷尽物之知识，而是良知在与事物进行感应之场中避免偏向、邪曲而不得不正己（自らを正す）"（第55页）他此后还引用了一段王阳明与罗钦顺辩"格物"的材料："故格物者，格其心之物也，格其意之物也，格其知之物也，正心者，正其物之心也，诚意者，诚其物之意也（下略）"，认为"包括的和被包括的这样互相自由转换，正是借助于前述的包容性。"（第69页）众所周知，"物"和"意"在王阳明思想中有两种解释：一种是"意之所在便是物"①，在此"意"由内心自己发动，而"物"是作为"意"之对象而存在的；另一种是"感于物而动"，在此"意"是由外之感应而产生的。王阳明将"格物"解释为"格（自己的）念头"，这其实就是把"物"作为一个意向的相关项收摄到"意"之中，由此带来的诸多问题与纷争在此姑且不论，他与罗钦顺的书信中提到的说法确实值得注意。"格物"是"格其心之物"，此说按照"意之所在便是物"的理路来说没

---

① 这一点确实有现象学的味道。荒木在《明代思想研究》中曾几次使用"noema—noesis"，但在运用上同样也是一笔带过，和目前大陆学界趋之若鹜地运用现象学来解释阳明学的风格可谓大相径庭。

有问题，但是说"正心者，正其物之心也，诚意者，诚其物之意也"，这又是什么意思？如果按照荒木的解释，在此就必须解释为：通常被人们视为"客体"的"物"是包容了主体之"意"，从而反作用于主体自身，然而这种解释（这更接近于中国传统的感应论的思路，A与B之间互相感应、互为主体与客体）似乎并不符合王阳明的本意。王阳明这段话要说的意思其实是"格物、致知、诚意、正心"之《大学》条目并非如朱熹所云，是一个工夫论的递进过程，而是同一个工夫的不同面向（aspect）而已，所以在此，"正心"与"诚意"的主语必定仍然是"我"自身，我的"正心"与"诚意"是不能脱离"外物"而进行的，是必须"即物而正/诚"的。所以我们确实可以认为，在王阳明这里"良知＝心之本体"是可以包容"主体＝我"与"客体＝物"的，但是这并不意味着主客就是"相即"的关系，而更多地表现为"主体对于客体的包含，同时通过此包含关系使得主体必须肩负起对于客体的责任"。在中国传统中要寻找真正具有主客自由转换意义的思想资源，恐怕还是以禅宗为主。禅门中有大量泯灭"观"与"被观"、互为能所、互为主体的思想，对此最杰出的表达或许是"譬如雁过长空，影沉寒水。雁无遗踪之意。水无留影之心"（义怀《林间录》上）。而在王阳明的思想中，正如"格物"之内/外争论中所显示出来的那样，他虽然会反复强调"无内外之别"，但那更多是一种收摄"外"于"内"之中的泯灭"内外"，是一种尤其在反朱子学的论辩中所体现出来的强烈的"以内为优先"的价值取向。至于其他对立的"自由转换"，例如"由良知当下一念的瞬间之向背顺递，可能使正统忽然间就转变为异端，而这才应当是良知说的真正面目。"（《明代思想研究》第九章第一节）这说的无非是所谓"正统"与"异端"不能从表象上去进行判别，正如同孝敬父母并不是装作个温情之孝子就可以，而必须是探究其内心深处之是非曲直，所以依然可以放在"以内为优先"的框架下进行把握。

其二,"良知/心所包含的诸多要素,乃至由良知之运作所产生的行为与外物,可以对良知产生反作用甚至否定,从而促使良知进行自我反省,不断地构成新的浑一体。"这无疑是荒木对于黑格尔哲学的摄取与运用,但这种通过自我否定来达成"正反合"之螺旋上升的辩证思想,是否可以从王阳明本人的言说中找到呢?其实在这里无须进行辨别,因为荒木在《陽明学の位相》中就明确写道:"以上,以一即一切、一切即一的理论为背景,我们探讨了良知在时间流中的运动之样态,而叙述始终以'良知→时间'为主,对于'时间→良知'的方向并未加以明确的提及,对此不得不说是有点遗憾的。"(第 361 页)荒木非常清楚:如果良知是一种不断对于主体/客体、善/恶等进行统合的本体,在此统合中如果不存在某种自我否定或者必要的距离感,那就会产生"良知活力低下,浑一性也逐渐倒退而接近于单一性,此单一性将不得不成为与朱子学之定理异曲同工的东西。"(同上)能够融摄一切的良知如何可能保持自身又同时不断自我变革?如前所述,王阳明的道德中心主义与关怀极其强势,尤其到后期领悟到"良知"二字,甚至会出现将良知比喻为"太虚":"良知之虚,便是天之太虚;良知之无,便是太虚之无形。日月风雷山川民物,凡有貌象形色,皆在太虚无形中发用流行,未尝作得天的障碍。圣人只是顺其良知之发用,天地万物,俱在我良知的发用流行中,何尝又有一物超于良知之外,能作得障碍?"(《传习录》,第 269条)既然天地万物都做不得良知的障碍,那么背反的可能性自然也就无从产生了①。要解决这个问题,一般的处理方案无非是两种:一是弱化

---

① 译者认为,王阳明在晚年高抬良知所表现出的"良知天理化"倾向,最终不仅消解了"理",天地万物的自在问题也被化解为万物的价值问题,而在此价值体系中,作为宇宙最高实体的良知即决定并赋予现实世界以相应的价值与意义。可参看拙稿《对沟口雄三"两种阳明学"说的批判性考察——以王阳明思想中的"理"为例》,《人文论丛》2018 年第 2 辑,总第 30 卷。

此主体性，使其不再显得那么"吞没一切"。其实要寻找这样的线索也并非不可能，例如王阳明曾说过："心无体，以天地万物感应之是非为体。""你未看此花时，此花与汝心同归于寂。你来看此花时，则此花颜色一时明白起来。便知此花不在你的心外。"（《传习录》275条）像这样的表述，都以"感应"或者"事件"为先，而不预先设定某个先在的实体，有助于去除人们对于良知"恍然如有一物"的想象。二是设想某种哲学意义上的外部性，无论这是出自良知本身之运作，还是无法为行动主体之我完全回收的"他者"。但很遗憾，译者与荒木一样，都并未能从王阳明乃至阳明后学那边找到此类思想资源；至于与"我"存在根本的异质性的"他者"，这又是一个很大的题目，无论是岛田虔次、荒木见悟，还是诸如美国的 DeBary 等学者，都试图从王阳明，或者在阳明后学内部都属于"异端"的李贽思想中发现这种为近代人所认同的观念，但译者对此是同样存疑的，因为篇幅关系，不做详细展开。

以上，译者从荒木的诸多著作中提炼出他所认同的"心学"所应有的理论架构——所谓"心"，就是一种超越主客二分的根源性的主体，它能够同时包含主体/客体、善/恶等一切对立范畴，而且这些范畴在"心"中是可以不断进行互相转换的。"心"虽然是"浑一"的，但这并不意味着在其内部一切要素都被抹平或者单一化地转化为某种没有矛盾与张力的纯粹的东西，恰恰相反，"心"虽然融摄一切，但并不由此取消外部性，"心"所产生的一切随时都可能反转而对"心"提出质疑甚至否定，"心"也必须直面此否定，从而在每一个瞬间与"当下"，都不断地自我变革并重新产生出新的浑一之"心"。

显然，上述"心学"的把握依然是停留在理论层面上的，而荒木其实并不满足于空想某种看似圆满的宏大思想。在"我的学问观"演讲中，荒木坦言在 1972 年出版的《明代思想研究》以及《佛教与阳明学》（1979 年）之后，"有人批评说光只是追求抽象的理论而缺乏社会的、历史的背景描写"（第 182 页），虽然荒木很谦虚地说"这种批评自有功过"，但在译者看来，这样的批评或许对荒木的其他著作而言勉强适用（或者说，诸如《佛教与儒教》《阳明学的位相》等思想史研究都把关注点放在了思想本身的理解与评价上），但对于《明代思想研究》却完全是无的放矢。例如最基本的对于明代思想史的社会以及政治背景，荒木虽然并没有像《佛教与阳明学》那样用整章的篇幅去讨论明初朱元璋的宗教统治策略等，但第九章第一节的下面这段话可以说具有高度的概括性：

> 本来，"正统"与"异端"这种以宗教教义（dogma）为基础的思想之判教与解释，是拒绝相互对立者之间的平等、煽动双方激烈斗争欲望的，而明太祖打出看似宽大的三教并存之思想政策，当然也是为了正统与异端之间达成均衡来达成权力体制的稳定化。因此，正统在得到维持正统之名目的保证的同时，成为拥戴权力的辩护者，必须付出沉重的代价——尽量弱化为了应对社会动态而检验自我的能力，异端则在被容许继续存在的同时，必须像猫一样安静地顺从于国策。正统与异端之间的对抗意识得到缓和，波澜不惊的思想界渐渐就堕落为丧失自律能力的休眠状态。

通过"分而治之"以及确认何者为"正统＝维持皇权统治的意识形态"，何者为"辅佐＝对无法通过政治与父权制统治所回收的不稳定要素，通过宗教来使其得到安定化"的职能划分，无论是儒教还是佛教，其反噬或逆转、颠覆的力量都被极大削弱。

353

回到具体对思想家的理解以及评价问题上，例如荒木在第五章《罗近溪的思想》第116页注释②中写道：

> 侯外庐主编《中国思想通史》第四卷下册第1000页，引用了对日益苛酷的刑罚愤慨不已的罗近溪的话，认为这显然是为了劳动人民而加以关注，并严厉指责统治阶级的残暴与压迫，但罗近溪的本意，是从本来官民应当是和乐融融的赤子现成论的立场出发，对于损害此和乐的事态、条件提出问题，而并非要针对统治阶级，提出保卫人民权利的主张。当然从结果上来看，罗近溪的上述主张能够一定程度上缓和官民之间的矛盾，但这并不会给人民的地位带来根本的变化。认为罗近溪的治理政绩中有对统治者的"叛逆行为"（同上），这也是不妥当的。如果站在《中国思想通史》的立场上，例如下面这段罗近溪的"太平论"，又该如何解释呢？"予观诸君多谓今时官司任法之太严，以致生灵姓名之未顺，从是而思以一致力焉。予窃谓其非得策也。盖太之体，以平而定，则太之保，以平为先，平之用，因心而出，则平之心，以己为至。今时官司之法制，生灵之调度，吾侪安得妄与分毫？惟此《学》《庸》《语》《孟》，则是圣贤心法之所在，生平学术之所存，而亦国家之所责备吾侪，以竭力而深造之者也。"（《会语续录》上、二十丁）

在这里首先需要注意的是，和今日已经相对开放的学术环境不同，1970年代中国大陆的中国思想研究依然是以马列主义、唯物主义为主导的，荒木对此曾多次提出批评，认为不应当由于朱熹和王阳明等理学家重视"天理""良知"就把他们归为"唯心主义"，并由此判定他们是"落后的""反动的"，但荒木也并不会因为其倾心于阳明学，尤其是良知现成派而认为凡是良知现成派思想家的所言所行就都是好的，在这里，荒木非常冷静地进行了分辨，指出罗汝芳的一团生意之哲学，在主观上并没有对整个统治阶级或者制度进行反思与批判，进而以《会语续录》中的一段话，向我们揭示了思想上虽然"激进"，但对于社会现实问题却全然退缩到"内圣"之中的消极性。

对于佛教，荒木的观点也是泾渭分明的。例如在第六章《管东溟》中，他指出："大机大用""全体运用""照用自在"等语，禅门之祖师也会频繁使用，但他们所说的"用"基本都停留在特殊封闭的集团内部之应酬、作略、操作之界限内，而广义的参与社会的能动的、有计划性的手腕、经略，则只有极少数有才能的师家才能做到。荒木所认同的"少数人"，指的是因为万历年间"妖书事件"而愤死于狱中的紫柏达观，以及被流谪岭南的憨山德清，对于同样是"万历三大高僧"的云栖袾宏，虽然荒木也有专著，但他在第十一章"湛然圆澄"中提及湛然圆澄的老师云栖袾宏时就明确指出，后者对于与国家权力或者官僚阶级之间的摩擦持温和态度的禅净一致论，将现实世界的诸多矛盾与问题之解决都寄托在彼岸之净土，荒木对此的评价是："若如此，则越是强调所谓'官游即参禅'，越是会减弱禅对于现实世界的活泼自在进行翻转的能力，只能成为在封闭的场域内的一种精神安慰剂，或者说是对既成格律的遵守而已。也无怪乎其禅净一致说与紫柏达观乃至憨山德清相比，会让人觉得很弱（弱々しさ），散发着极其平稳的气息。"

还有必要提及的是荒木对王畿的评价。作为天泉桥上力主"四无说"、被王阳明视为天资最高的王畿，无论是岛田虔次还是荒木见悟，乃至东洋大学的阳明学研究重镇吉田公平和现在的继任者小路口聪，日本的一线阳明学研究者几乎都倾倒于王畿，将其视为王阳明思想的当之无愧的继承者，荒木在本书中所涉及的几个阳明学思想家——王艮、罗汝芳、张元忭、周汝登，荒木在评价他们时会以一种几乎是默认"阳明学＝王畿思想"的尺度去进行衡量，对王畿的溢美之词可以说充斥在《明代思想研究》，否，几乎可以说充斥在荒木的所有著作中。例如第七章《明儒张阳和论》第三节中提道："王龙溪思想的特色，众所周知，是将良知说向彻悟透脱的方向发展，使之升华为绝对现在之一念，无前无后、变动周流，极度忌讳格套上的模仿，工夫、价值判断乃至规矩之创造，也都赌在此一念灵明的自我发展上，此绝对现在之良知，本来在每个瞬间之当下就包含了天然的格式，与天下国家之实事相即不离，并非佛老之虚寂无为。"但即便如此，在第五章《罗近溪的思想》中，荒木却非常清醒地认识到王畿消极的侧面：

> 王龙溪的良知说达到了儒家的主体性的最高极限，其理论极其巧妙精致，但在对于社会构造的观察与反应上，却意外地疏忽与暧昧不清，可以说与王心斋的"亢高"正好形成鲜明对照。龙溪在写给同志的规约中写道："其官司得失、他人是非，一切不置诸口，违者罚。"（《王龙溪集》卷五《严约说》）他禁止同志在讲会上僭越身份而发表政治言论，又曰，"士与商贾异者，以其尚义而远利也"（同上，卷五《申约后语》），认为读书人阶层具有特别的社会伦理，对于追求利润或者通过生产劳动而产生的伦理几乎没有任何关注。亦即是说，在此既没有素王意识，也无法看到与社会动态相对应的新的人伦形态的诉求的迹象。王龙溪与王心斋相比，实践能力匮乏，坠入玩弄"悬空之一物"的结局，这是因为他的良知说在自我检验的方法以及范围上最初就受到了很大制约，对于招致典要、格式、既成之道德规范等困境的社会原因并没有从广阔的视角加以考察，而仅仅依赖自己的内心的直观之操作来试图解决问题。

荒木认为，虽然从理论上看，良知说要求人必须排除一切"知识、格套"乃至儒家传统的一系列规范与典要，而必须以赤裸裸的当下之一念，如同聚精会神准备捕猎食物的狮子一般，无论是捉兔还是捉象，都会把握周围的地形环境和猎物的一举一动，全力以赴。但在个体的实践过程中，哪怕是像王畿这样有如此彻悟的思想家，都会产生过度依赖自身的良知之直观而忽视具体现实层面的诸多曲折，也对社会的变化缺乏敏感与关注，从而丧失了良知学本应有的真正的"事上磨练"之精神。

由上述三个例证可知，荒木不仅对中国近世的社会、政治与文化知识了如指掌，而且对当时的知识人是如何运用他们的领悟与智慧来面对明末波澜壮阔而又处处充满了暗礁与漩涡的社会现实有高度的关注，并以此作为评价思想家的重要标准。而这种关注，其实从译者在前面介绍的荒木所认为的理想"心学"样态是密切相关的。亦即是说，"心"既然含摄一切，那就必须面对不管是潜伏于人内心中的诸多妄念、烦恼与执着，还是外在于我的社会现状之缺陷与矛盾，不能以"既然外在世界之纷扰并不会干扰我内心之神圣与安静"，就推导出"由此，我们就不需要对现实世界加以关注，只需要求之于己即可"的结论。因为如果试图从"我"与"外在世界"之间进行分割处理，那无非就是另一种形式的（在荒木看来）朱子学的"天理"之外在化与绝对化而已，由此导致的结果也是类似的——因为切割了与外在社会现实之联系，所以作为主体的人仅仅关注于其自身（最多加上作为共同体的诸多讲会与"同志"，但此结构之封闭性其实和禅门中彼此拜会参禅证悟并没有本质区别），看似"浑一"的"心"或者良知也就逐渐沦落为某种单一而匮乏的东西，而人也茫然不知，还在一些所谓的神秘体验中自以为自己"悟道"；本来作为社会乃至政治阶梯之中层，他们上可通过各种活动以及组织形

357

式影响朝政乃至"上达天听"，下则与当地士人以及庶民也有密切联系，一旦放弃了改变世界的意图与志向，那造成的结果就如同荒木对罗汝芳的评价之所言，事实上就是对现有政权合法性的默许（另外，罗汝芳以及其弟子杨起元，还有管东溟，在《明儒学案》中被归为"泰州学派"，但他们对明太祖朱元璋之吹捧可以说到了令人瞠目结舌的地步，荒木对此也有所提及），对充满矛盾与悲剧的明代社会现状的漠视。

如果我们进一步扩大视野，追问为什么荒木会如此倾心于明代思想，那就要涉及荒木究竟是如何看待整个明代与中国历史，乃至明代思想所扮演的角色与意义问题。就《明代思想研究》一书而言，我们看不到像岛田虔次那样开宗明义地讲述他所心仪的阳明学以及明代思想的"近代性"，以及此近代性是如何因为清军入关而被迫中断，不得不等待十九世纪外来力量冲击的宏大叙事，但荒木确实有在书中的几处注释提及岛田虔次，例如第六章《管东溟》第 142 页注释①中他写道："又，关于泰州学派的主张、影响以及思想史上的地位等等，可参看岛田虔次《中国における近代思维の挫折》。本文受到该书的启发也颇多。"事实上何止是第六章写作受到了岛田虔次的"启发"，我们单单以"解放"为关键词进行查询，就会找到诸多用例："陈白沙一般被视为明代思想的先驱者，王阳明则是大成者，这样的观点是建立在对于朱子学的定理意识的解放以及由本心来确立人的自我挺立方向的基础之上，从这个意义上说，陈白沙与王阳明之间的连续性是毫无疑问的。"（第二章第五节）"王龙溪依然有着'天地间第一等人'的士大夫之自负与责任感（中略）其解放的意识在面对传统社会的规矩法则之权威时，完全相信本心之德，是非顺逆完全不依从他人而转换（中略）习惯于传统的一般人士会认为是'殊更立异'。（下略）"（第七章第三节）

至于明代思想是否有某种"近代性（的萌芽）"，就译者所见，无论是《明代思想研究》还是荒木的其他著作，对此都并未有明确提及，但我们从他对清代的评价中也可以瞥见岛田虔次的身影。在《佛教与阳明学》一书末尾《对新心学的展望》中，他写道："明末盛开的心学（包括阳明学与禅学），在满洲军之入侵这个民族性的悲剧（按：此处原文为"民俗的"，应为笔误）面前，其根干被摧折而不得不逐渐丧失生气，这确实是不无遗憾的。"（第183页）在《我的学问观》报告末尾，荒木说："如果想要知道良知说的秘义，实在有必要试着通观这些从稳健派到过激派各种各样的思想现象（中略）清初的朱子学者们对阳明学的恶骂，究竟意味着什么呢？这是因为阳明学拥有着尊重个人自由的实质及持有朝向思想言论自由迈进的气魄之故。从政者是计量着思想统一及人类的规划化，而有碍于此的良知说则非彻底加以压制不可。"（第188页）无论是将朱子学的"天理"理解为外在压抑人性的东西，还是视阳明学为"个性解放""追求自由"之学问，这些都明确无误地揭示出荒木的立场和岛田虔次是基本一致的——作为御用官学的朱子学的天理观，随着其变成意识形态和被统治阶级利用而日益僵化，变成外在的压迫人性的观念，随着明代中期阳明学的出现，提倡人人都有内在的良知，"理"不再是外在的既成规范，而是由每个人的良知或者说本心所确立，由此，不仅人获得了内在的解放，而且对天理与既成传统的自由批判精神，也促使整个社会的自由化。但上述可以视为近代化萌芽的思想，随着清军的入关而中止，统治者清楚地认识到阳明学的颠覆性，从而有意识地打压阳明学，由此，中原的学问只剩下形骸化的朱子学还苟延残喘，儒教彻底沦为统治阶级的工具……

　　对于上述"压抑——解放"史观以及"阳明学＝近代化（萌芽），清代＝近代化的挫折"，沟口雄三很早就提出批判，他指责岛田虔次陷入了欧洲中心主义史观，并认为一方面，清代的历史意义与学术价值被不当地低估，明代与清代之间存在着更多的是连续性而并非断裂①，另一方面，沟口还主张要去除欧洲史观，认为亚洲也有自身特殊的"近代性"。在1995年出版的他与伊东贵之、村田雄二郎合写的《中国之视座》（《中国という视座》，平凡社）中，沟口从丸山真男的"近代化"理解以及对中国的"前近代性"把握开始，介绍了岛田虔次的"外＝朱子学，内＝阳明学"以及荒木见悟的"框架（枠）＝朱子学、主体性＝阳明学"，并进行了系统性批判。他指出，虽然日本的中国学者，尤其是岛田虔次等试图克服与超越丸山真男的"中国＝停滞的帝国"论而努力从阳明学思想中寻找"近代的萌芽"，但是其一，岛田虔次与荒木见悟都没有摆脱欧洲中心主义，所谓"内在的解放"很可能是他们无意识中［译者按：因为毕竟沟口也无法从当事人的言说中找到这样的根据］受到了日本近代化过程中扮演重要角色的私小说的固有"内在性"，以及日本思维构造的"义理＝外，人情＝内"的影响。其二，二者对于朱子学出现的历史意义没有给予客观准确的评价，阳明学也应当更多地被放在"朱子学的发展与深化"的脉络中进行把握。其三，岛田虔次与荒木见悟都过于关注哲学史，轻视宋元明清的社会史，从而忽略了例如明代里甲制的建立与崩溃、地方士人分权的主张与清政府接受此主张等社会变革的重要事实。

从宏观上看，荒木对整个明代思想的把握确实并没有超出岛田虔次的格局，所以对荒木的评价，在此也完全可以放在岛田与沟口之间的著名的学术论争的背景中去看。对此，译者不打算赘述，读者可以参看吴

---

① 这也是明清学术史悬而未决的重大分歧，我们还可以将问题视野扩大到"东亚"，例如日本与韩国学者近年来很多学者重视的"明清鼎革论"与日本、韩国等传统中华文明圈附属国的国家意识、民族意识的自我觉醒，甚至还涉及世界史的划分问题。

震的《十六世纪中国儒学思想的近代意涵——以日本学者岛田虔次、沟口雄三的相关讨论为中心》（《台湾东亚文明研究学刊》第 1 卷第 2 期，2004 年）一文。但是吴震的论文并未提及《中国という视座》，而在译者看来，沟口雄三所提出的一系列为朱子学"正名"的主张，以及伊东贵之在沟口的基础上对于朱子学、阳明学乃至整个儒教发展的历史的宏观把握，都是很值得分析与回应的，但这已经与本文主题无关，在此不赘。

综上所述，荒木的基本思想可以归纳为如下三点：

第一，一种真正的思想，必须是能够融摄一切的，我们可以称之为"心"，"心学"不仅包含了主体与客体、善与恶，而且可以对所有这些对立之范畴进行自由的操作与转换。"心学"之所以不是"单一"而是"浑一"，就在于其不仅可以产生一切，而且这一切被产生之物又可以反过来对"心"提出质疑与批判，促使"心"进行自我否定，从而不断产生新的"浑一"之心。

第二，既然"心学"自我设定为要包容一切，那就必须正视现实世界的诸多不完美乃至阴暗与罪恶，亦即是说，作为绝对主体之我不能停留于固守自己心中的所谓一寸净土，而需要时刻胸怀国家天下以及苍生之疾苦，必须要在领悟到此心之超然与绝对后，又返回到泥泞不堪的大地上，积极思考如何才能改变现今世界，并付诸实践。

第三，此"心学"可以称为"自由之学"，因为它不仅仅是摆脱了诸多外在束缚与成见的消极自由，更具有不容已地要求自我变革与变革世界、最终要使得整个世界都成为自由之国度的积极性。虽然明代阳明学的兴起以及随后憨山德清等高僧的内外之努力与追求因为清军入关这一偶然因素而被不幸打断，中国随后又经历了一系列苦难与挫折，但最终依然会回到"心学"的轨道上来。

361

上述三点，第三点是更加隐伏不显的，而前面两点则可以在《明代思想研究》中反复得到确认。刘述先在中译本《明末清初的思想与佛教》序言中认为，荒木在台湾"中研院"的演讲中对于台湾学者尤其是牟宗三等人的研究很推崇，以为可学之处甚多，但荒木对牟宗三的批评，刘述先认为这首先是因为"荒木先生是思想史的路数，牟先生是哲学的进路，两方面有异同是很自然的"（第3页）。而在译者看来，与花费多年时间阅读康德等德国古典哲学大家、后来也接触到海德格尔思想、始终坚持以哲学进路来评价宋明理学，并试图从孟子陆王心学之谱系中进一步研究中国之民主与科学的牟宗三相比，荒木虽然受到西田几多郎哲学以及黑格尔辩证法（甚至还可能有现象学与存在主义思潮等）之影响，但并未明确提出某种宏大的"体系"思想或者"判教"理论，但从前文译者所归纳的他心仪的"心学"来看，荒木在叙述中看似是在讲阳明学与禅学，但很多描述其实未尝不可以理解为"我认为阳明学应当是这样的"。在《阳明学的位相》等著作中，荒木甚至会坦陈"很遗憾在这个地方阳明学并没有进一步思考时间→良知的可能性，但良知理应在其内部是有自我异化之可能与必要的"，所以在写作过程中，荒木其实对于他自己所描绘的阳明学是否真的就是纯粹价值无涉的客观中立的历史意义的阳明学，持更加开放与积极的态度。所以我们不妨可以说，《明代思想研究》与牟宗三等港台新儒家之写作相比，确实可以称为"思想史"，但如果站在今日占据日本学术主流的实证主义立场来看，这其实是一部不折不扣的"借助思想史、哲学史进行自身的哲学思考的研究"，甚至还倾注了荒木自身的价值判断与热情。荒木对于阳明学的倾倒以及他对德国观念论的借鉴与吸收，与牟宗三、唐君毅相比，其实未尝不是没有共通之处的。

二

本书是日本当代著名的阳明学研究大家荒木见悟先生的《明代思想研究》（创文社，1972 年）一书的中文全译本。译者最初接触此书，是在复旦大学哲学学院攻读硕士期间。译者在恩师吴震先生家中得以借阅此书回宿舍，至今还记得当时如获至宝的感觉。但因为译者才疏学浅，《明代思想研究》又是一部介绍与考察诸多明代思想史上不受重视甚至被长期遗忘的人物的著作，所以在读完以后也并没有太多的感想。在日本攻读博士学位期间，译者也曾幻想着是否有机会能拜见这位日本战后的阳明学研究泰斗，但荒木先生当时年事已高，据说除了个别弟子以外一概不见外人，所以也只能放弃了念头。2016 年，敝校的《日本阳明学研究名著译丛》计划获得贵州省重大课题之资助，得以启动项目，项目日本方面总负责人邓红教授让我们几个翻译具体负责人挑选自己想要翻译的书，译者毫不犹豫地选择了荒木先生的《明代思想研究》一书。在译者刚开始着手进行翻译的时候，就得知荒木先生已去世（2017 年 3 月），想到再也没有办法让先生看到他的书在中国正式出版，当时就觉得倍感凄凉。如今，先生去世已一年有余，日本之阳明学研究目前也处于后继乏力的阶段，但正因为如此，就更有必要向中国的读者来介绍他的著作，让中国的研究者了解日本的阳明学研究与明代佛教研究的最高成就。学术之交流与传承本应就是超越政治、意识形态乃至国家层面的。译者在此衷心希望此书的翻译与出版，能够为日新月异的明代思想研究提供一些新的助力。

在此书翻译过程中，最大的困难毫无疑问来自原典的查找。因为日本所特有的江户训读法，荒木先生在著作中引用原文时几乎都是将中文训读为日文，但却没有附带给出中文原文，这对于日本的读者来说自然是方便的，但在重新翻译回中文的时候就会非常麻烦。尽管在目前，各种数据库的建立以及网络检索，可以使得研究者在查询与获取信息时极大提高效率，但荒木先生经常会引用一些译者都不甚了解的人物或者著作中的原文，这就给出典的查找与确认带来了巨大的困难。在此漫长的过程中，译者获得了诸多帮助，在此要感谢京都大学的好友福谷彬、王欢为译者提供《东越证学录》二十卷本以及《李氏说书》等大陆难以寻见的资料的抄录，感谢我的学生孔为凌代劳查询了一些译者手头没有也无法在常用数据库中寻找到的原文，感谢中国人民大学的刘增光教授向译者无偿提供了杨起元的《南中论学存笥稿》。即便如此，译者在国内还是没有办法获取日本方面所藏的一些珍本与孤本，所以还是有若干条原文无法得到确认，只能姑且根据日文翻译出其大意。在翻译过程中，由于时间仓促以及译者之学力不逮，难免会有错漏之处，译者之解说也或有谬误，这一切都由译者个人承担责任。

译者：陈晓杰

2018 年 9 月 18 日作

2019 年 9 月 20 日补记：

在 2019 年 9 月 14、15 日复旦大学哲学学院召开的《中国哲学的丰富性再现 ——荒木见悟与中日儒学国际研讨会》后，活水女子大学名誉教授荒木龙太郎教授曾向译者指出，《传习录》卷中有一条材料，似乎可以证明王阳明思想中有主客互换的要素。译者在此后也进行了查询，确认是《传习录》第 174 条（条目依据陈荣捷《传习录详注集评》）：

> 格物者，《大学》之实下手处，彻首彻尾，自始学至圣人，只此工夫而已。非但入门之际有此一段也。夫正心诚意、致知格物，皆所以修身而格物者，其所用力，日可见之地。故格物者，格其心之物也，格其意之物也，格其知之物也；正心者，正其物之心也；诚意者，诚其物之意也；致知者，致其物之知也：此岂有内外彼此之分哉！理一而已。以其理之凝聚而言，则谓之性；以其凝聚之主宰而言，则谓之心；以其主宰之发动而言，则谓之意；以其发动之明觉而言，则谓之知；以其明觉之感应而言，则谓之物。故就物而言谓之格；就知而言谓之致；就意而言谓之诚；就心而言谓之正：正者，正此也；诚者，诚此也；致者，致此也；格者，格此也。皆所谓穷理以尽性也。天下无性之外理，无性外之物。学之不明，皆由世之儒者认理为外，认物为外，而不知义外之说，孟子盖尝辟之，乃至袭陷其内而不觉，岂非亦有似是而难明者欤？不可以不察也。

此条是《答罗整庵少宰书》的一部分，王阳明为了回应罗钦顺对其格物说"求内遗外"的指责，认为《大学》工夫本来是不分内外的。其曰："格物者，格其心之物也，格其意之物也，格其知之物也。"此处之

365

"其"当然是指做工夫之主体自身，然而紧接着说"正心者，正其物之心也；诚意者，诚其物之意也"，这看似确实构成了某种表面上的"主客颠倒"（"格其心之物"与"正其物之心"），但"正其物之心""诚其物之意"却很难理解。此处的"其"究竟指代什么？指代主体似乎是不通的，那难道是指相对于"我"而言的他者？但如此一来，"格物"的范围就被严格限定为人与人之间的关系，并且即便我们承认如此解释，也并不符合王阳明所主张的"此岂有内外彼此之分"。下面的"理一而已。以其理之凝聚而言，则谓之性；以其凝聚之主宰而言，则谓之心"云云，也同样存在"语意未莹"（借用牟宗三的话）的问题。所以译者认为，此处王阳明并没有真正意识到主客互换或者心物互换这个层面的问题，而只是为了表达"不分内外"而大量使用此类看似具有修辞效果的句子而已。不过，在此依然要感谢荒木教授的指点与鼓励。

附录： 荒木见悟先生年谱

（依据野口善敬《荒木见悟先生の思い出》，《中国哲学论集》
第43期，九州大学中国哲学研究会，2017年12月）

1917年5月21日　　出生（本籍地：广岛县佐伯郡廿日市町300号）

1930年3月　　廿日市寻常高等小学寻常科毕业

　　　　4月　　广岛县立广岛第一中学入学

1935年3月　　广岛第一中学毕业

1936年　　龙谷大学专门部入学

1939年3月　　龙谷大学专门部毕业

1940年4月　　九州帝国大学法文学部入学

1942年9月　　九州帝国大学法文学部毕业

　　　　10月　　九州帝国大学法文学部助手

1943年4月　　广岛县立竹原高等女子学校教谕

1944年11月　　长崎师范学校助理教授

1946年2月　　九州帝国大学法文学部研究所特别研究生

1949年11月　　福冈学艺大学福冈第二师范学校助理教授

1959年7月　　九州大学文学博士

1962年4月　　九州大学文学部助理教授

1968年7月　　九州大学文学部教授

1969年4月　　九州大学评议员

1971年11月　　九州大学文学部部长

1972 年 6 月	九州大学文学部部长职位辞职
1981 年 4 月	九州大学文学部教授退休
	九州大学文学部名誉教授、皇学馆大学教授
1982 年 9 月	皇学馆大学教授退休
1983 年 4 月	北九州大学教授
1986 年 3 月	北九州大学教授退休
1987 年 4 月	久留米大学教授
1988 年 3 月	久留米大学教授退休
4 月	久留米大学客座教授、日本中国学会名誉顾问
1990 年 4 月	获得勋二等瑞宝章
1993 年 4 月	中华佛学院客座教授
1994 年 3 月	久留米大学客座教授退休
2009 年 11 月	获得西日本文化赏
2017 年 3 月 22 日	逝去，享年九十九岁，叙正四位

附录：荒木见悟先生著作目录

《亀井南冥と役藍泉》（德山市立圖書館叢書第十集）　德山市立图书馆，1963 年

《仏教と儒教——中国思想を形成するもの》　平乐寺书店，1963 年

《大慧書》（《禅の語録》第十七卷）　筑摩书房，1969 年

《竹窓随筆》（中国古典新書）　明德出版社，1969 年

《貝原益軒・室鳩巣（日本思想大系）》（与井上忠合著）　岩波书店，1970 年

《明代思想研究》　創文社，1972 年

《朱子・王陽明（世界の名著)》（与沟口雄三合著）　中央公论社，1974 年

《大応》（《日本の禅語録》第三卷）　讲谈社，1978 年

《亀井南冥・昭陽全集》（全八卷）（与井上忠等合编）　苇书房，1978 年—1980 年

《仏教と陽明学》（レグルス文庫　一一六）　第三文明社，1979 年

《明末宗教思想研究——管東溟の生涯とその思想》　創文社，1979 年

《楠本端山・碩水全集》（全一卷）（与冈田武彦合编）　苇书房，1980 年

《輔教編》（《禅の語録》第十四卷）　筑摩书房，1981 年

《大応國師語録》（《禅の古典》二）　讲谈社，1982 年

《吉村秋陽・東沢瀉》（《叢書日本の思想家》四十六）（与荒木龙太郎合著）　明德出版社，1982 年

《陽明学の展開と仏教》　研文出版，1984 年

《雲棲袾宏の研究》　大藏出版，1985 年

《呻吟語》（中国の古典）　讲谈社，1986 年

《楞嚴經》（仏教経典選十四、中國撰述經典二）　筑摩书房，1986 年

《亀井南冥と亀井昭陽》（《日本の思想家》二十七）　明德出版社，1988 年

《中国思想史の諸相》　中国书店，1989 年

《李二曲》（シリーズ陽明学）　明德出版社，1989 年

《呻吟語》（講談社学術文庫）　讲谈社，1991 年

《陽明学の位相》　研文出版，1992 年

《明清思想論考》　研文出版，1992 年

《新版　仏教と儒教》　研文出版，1993 年

《中国心学の鼓動と仏教》　中国书店，1995 年

《容肇祖著新版明代思想史》（与秋吉久纪夫共同翻译）　北九州中国书店，1996 年

《草場船山日記》　文献出版，1997 年

《島田藍泉伝》　ペリカン社，2000 年

《憂國烈火禅——禅僧覚浪道盛のたたかい》　研文出版，2000 年

《珊瑚林——中国文人の禅問答集》　ペリカン社，2001 年

《竹窓随筆——明末仏教の風景》　中国书店，2007 年

《陽明学と仏教心学》　研文出版，2008 年